失われた時1940-2022年を求めて

浦 太郎
URA Tarou

文芸社

目次

プロローグ

悪魔の兵器ナパーム弾

平成三十一年間の御代は早くも令和四年になり、月日の移ろいの速さには驚かされるが、戦後昭和に育った者にとっては混乱怒涛の時代、あの戦争の後始末をつけずにずるずると過ぎてしまったという思いはいまだに続いている。一言で言えば、戦後昭和は日本マクドナルドの創業者、藤田田の著書『勝てば官軍』、負ければ賊軍という表現がぴったりする時代であった。つまり、いまだに米軍の占領下で暮らし、中国や朝鮮に悪態をつかれっぱなしで、あの明治維新での賊軍として、勝った米軍の押し付けた憲法（官軍憲法）を押し頂いて、その異様さには触れないようにして、あまり深く考えないように暮らしてきたのである。いや、平成の御代も令和になってもその本質は全く変わっていない。

近年出版された『偽史の帝国』で藤巻一保は、明治維新で強化された日本の国体が偽りであり、日本人はその空気の中で安穏として暮らしていると指摘している。一九四五年までに我が国は米国による二大発明、原子爆弾とナパーム弾により壊滅的破壊を受け、満州、朝鮮、台湾、樺太からの引揚者やアジアの戦地からの兵士の帰還者を含め八〇〇〇万の餓死寸前の人々にあふれかえっていたのである。悪魔の兵器、原子爆弾については山田克哉の著書『原子爆弾　その理論と歴史』に詳しい。ナパーム弾についてはロバート・ニーアの『ナパーム空爆史　日本人をもっとも多く殺した兵器』に詳しい。原子爆弾の残忍さは言葉で表現することができないほどひどいものであったが、ナパーム弾もそれに劣らず残酷な兵器であった。偶然に大発見にぶち当たることを「セレンディピティにあたる」と表現するが、世界のセレンディピティの一覧にナパーム弾の製造がランクインしている。ナフサを用いると効率よい殺人兵器として使えるという発見が、セレンディピティにランクインするのだからたまったものではない。

ナパーム弾は、亡くなったノーベル物理学賞受賞者の益川敏英さんが強烈に非難する、兵器開発に貢献した科学者の典型と言えるハーバード大学のルイス・フィーザーが大学の研究室で作り出した、悪魔の兵器である。航空機から投下するものと火炎放射器で使用するものと二種類あるが、いずれも人間を焼き殺す恐るべき兵器である。ナフテン酸（ｎａｐ）とパルミチン酸（ｐａｌｍ）のアルミニウム塩（Ａｌｍ）の略語で、高温で燃焼し、広範囲を焼き尽くし、破壊する。約十万人が死亡した東京大空襲をはじめ、日本の諸都市を壊滅状態にしたのである。粘着性で、人体に付着すると水を被っても消火できないので焼き殺される。周囲の酸素を燃やすので、着弾点から離れていても酸欠で死亡する。川に逃げても消火できず、多くの人々が焼き尽くされた。

ナパーム弾は改良を重ね、より殺傷能率を高めた爆弾がベトナム戦争で膨大な量が投下されたり、火炎放射器で用いられたりしたが、ベトナムの一少女が衣服についた火の粉を振り払い両手を広げて泣き叫ぶ報道写真がピューリッツアー賞を受賞して有名になり、その残酷さが世界中から猛烈な批難を浴び、ついに使用禁止となった。この写真はベトナム人フィン・コン・ウトがAP通信サイゴン支局在籍中に撮影し、一九七三年にピューリッツアー賞ニュース速報写真部門及び世界報道写真大賞を受賞した。ナパーム弾による爆撃から逃れる村人とともに裸で逃げる当時九歳の少女ファン・ティー・キムフックの写真は「戦争の恐怖」と題され、ベトナム戦争の報道写真の中で最も有名になり、全身火傷を負ったキムフックは何回にも及ぶ皮膚移植手術を受け、生き延び、後に国際的な反戦運動家となり、キム財団を創設した。

私の親族Kは深川で病院を経営していたが、この焼夷弾で病院長夫妻は焼き殺された。娘二人は田舎に疎開していたので生き残った。私の父は、一高受験の際も戦地に出征する際も叔父にあたる病院長にはお世話になり、一九四三年四月下旬、横須賀で空母雲鷹（八幡丸）に乗船する際も見送ってもらった。その時が永久の別れであることは互いによく分かっていた。この戦は勝ち目がないが、なんとか無事に帰国してほしい、それを心から願っている、といつまでも互いの姿が見分けられなくなるまでブリッジに張り付いていた。

一見華々しかったパールハーバー攻撃は日本軍の敗退の始めであり、翌年六月のミッドウェー海戦の大敗北を大本営は日本国民から隠蔽《いんぺい》し、あろうことか大戦果があった如く嘘を振りまいていたのである。

つまり、父が南洋に送り込まれた時期は、すでに日本軍の敗戦が確定的であったのである。広大な太平洋の島々に、北満に徴兵した日本兵をただジャングルに送り込み、無理やり防寒服から薄着に取り換えさせるという、大本営の無茶苦茶な戦争戦略により、兵站《へいたん》が途切れた日本兵はただ餓死することしかなく、島々に閉じ込められてしまったのである。米軍は太平洋に点在する日本兵への兵站の輸送を潜水艦で撃沈してさえいれば、時間がかかるが日本軍は確実に自滅したのである。

ニミッツ提督の潜水艦による日本の輸送船撃沈作戦から、父の乗船した空母雲鷹はかろうじてまぬがれ、広大な環礁が拡がるトラック諸島に無事到着した。当時、戦艦大和と武蔵やまだ残っていた巡洋艦や駆逐艦が悠然と停泊していたが、肝心の航空母艦群はその姿をみせることはなかった。すでに敗色濃厚であり、矢折れ玉つきた日本海軍は、米軍の無差別な潜水艦による攻撃で輸送船や病院船まで撃沈された。だが、その明らかな戦争犯罪は後に裁かれることはなかった。

父は、一九四五年十月中旬、日の丸を翻してヤルート島に入港してきた復員船鹿島に乗船、同月末に浦賀に帰国した。当時の東京の壊滅には言葉もなく、Ｋの死亡については妹の節子の話を聞くまで全くわからず、ヤルート島での米軍の爆撃の経験からは信じられないほどの焼夷弾の大爆撃による東京都民皆殺しの惨状を聞き及んで、深い絶望感と喪失感に捉われた。終戦時、私は四歳九ヵ月であったので、当時の記憶は全くない。しかし、空襲警報があったのか、夜中に母に起こされて、庭に掘った粗末な防空壕に防空頭巾を被って母、長女、おそらく近所の隣人何人かと潜り込んだことはかすかに覚えている。いまから考えると、あんな粗末な防空壕では一発の爆弾で吹っ飛んでしまったであろう。また、隣組が集まって、母も竹槍訓練を熱心にやっていたのを覚えている。

八月十五日に玉音放送がなかったなら、米軍のオリンピック作戦で日本本土上陸が実行され、抵抗する日本人は皆殺しにされたであろう。母の竹槍の突進などはあっという間に火炎放射器で焼き殺され、我々幼子は訳も分からず、殺戮されてしまったであろう。戦後七十七年、二〇二二年二月二十四日からのロシアによるウクライナ侵略の生々しい連日のテレビ映像を見ると、デジャビューのように、高齢の太平洋戦争体験者には悪夢が蘇ってくる。ウクライナの犠牲者と都市の壊滅的破壊は、みごとに日本敗戦時の日本列島各地の焦土と映像が重なるのである。

日本はなぜ戦争をしたか

一九四五年、米軍は北海道にも進駐してきた。厚別には日本軍の弾薬庫があったので、米軍が戦車で乗り込んできた時に、六歳であった西部邁《にしべすすむ》は街道のそばに立ち、戦車に向かって石を投げつけた。戦車の砲塔がぐるりと回されたのに驚いて、邁はすたこら退散したが、小学一年生になったばかりの秋も深まったころであり、邁はたった一人で小さいながら米軍の戦車にインテファーダで抵抗したのである。いまから当時を顧みると、我が国土が米軍の焼夷弾に焼き尽くされたとはいえ、もともと、米国と比較してインフラが著しく劣っていた。日本中どこを見渡しても、米国のような縦横無尽の舗装道路などなかったのである。特に北海道では砂利道に馬車が通り、春になると猛烈な馬糞風が舞う道路しかなかったのである。後にも述べるが、マッカーサーが厚木飛行場に降り立ち、宿泊先の横浜にたどり着くまでの道中が、ろくな道路もないため一行はとても難渋したのである。当時の日本の国力が米国との極端な差異として浮き彫りになったのである。

蟷螂《カマキリ》が巨大な象に立ち向かうような戦をなぜ仕掛けたのか、米国と日本の工業生産力は十対一以上の差があったとされている。当時、我が国は石油と屑鉄のほとんどを米国に依存していたので、現在でいうところの経済制裁を米国に科されたのである。現在の視点から明らかなように、イランや北朝鮮が米国や西欧諸国に経済制裁をされたからといって、すぐ戦争の手段に突入するなどということはあり得ない。当時の日本国政府が米英との戦争を決断したきっかけは、米国にハル・ノートを突き付けられたためであるとされているが、本文でも触れるが、この外交文書には実施する時期は記載されていなかった。ハル・ノートを米国の我が国に対する宣戦布告最後通牒と捉えた東條英機を首班とする内閣は、米英との戦争突入を決断したが、なぜか、ナチスドイツが米国を戦争に引きずり込まぬよう最大限の努力をしていたかについて深く考察することができなかった。

ヒトラーは、Uボートが米軍に沈められても、すでに占領していたデンマーク領のアイスランドに米軍が進攻してきても、米国に宣戦布告をすることはなかったのである。米英は親戚国で不可分であったとしても、ルーズベルトはTVA計画の失敗から軍需産業による経済の立て直しを計画しており、すでに武器貸与法を成立させ、米国経済は軍需産業により潤っていたにもかかわらず、選挙公約で「米国の若者を戦地に追いやることは決してしない」と選挙民をだまして三選を果たしたのだから、ドイツとの戦争をおおっぴらに始めるわけにはいかなかったのである。

一九三七年の日中戦争勃発から日本軍は中国との泥沼の戦いに突入していくが、後に日独伊三国同盟を結ぶドイツでさえ、蔣介石に最新の武器を提供し、ドイツの将校まで軍事作戦に参加していた。ドイツ軍の最新兵器に日本軍は最も苦しめられ、大量の戦死者を出していた。米英仏が上海租界を植民地化し、乱立した軍閥に武器を提供し、ソ連は満州を侵略し、張学良に軍事支援をしていたのだから、日本軍は中国軍ならぬ乱立した軍閥に加担した帝国主義の植民国家との代理戦争を戦わせられていたのである。

近衛文麿が一九三七年六月四日に第一次近衛内閣を組閣し、一九三八年に蒋介石に「帝国政府は爾後国民政府を対手とせず」と宣言してしまった。軍閥が横行し、蒋介石ですら中国をまとめきれてはおらず、中国共産党も台頭していたので、中国大陸は混とんとしていたのである。つまり、まともな政府などない、列強の草刈場であった中国で、日本軍は列強との代理戦争を余儀なくされていたのである。戦後戦犯として近衛文麿に逮捕状が出されたが、フラフラした蒋介石とまともにやりあった近衛の大チョンボであった。そもそも、米国は蒋介石に爆撃機を供与し、日本本土を爆撃するフライングタイガー作戦を計画していたのである。しかし、予定した爆撃機を欧州戦線に回したので、この作戦は中止されたが、この時点で、すでに米国は日本に無警告の宣戦布告をしていたのである。

真珠湾攻撃は山本五十六がどうしてもやってみたかった戦略であったが、山本の美学では無警告ではなく、米国に宣戦布告を突き付けてから襲撃を開始したかったに違いない。マレー半島への上陸作戦は、無警告になされてもその情報は英軍に伝わるので、その後のシンガポール攻撃はだまし討ちとは言えない。プリンス・オブ・ウェールズとレパルスを航空機による爆撃で撃滅したのも、互いの戦闘の結果と言える。

東京裁判（極東国際軍事裁判）では連合国に都合の悪い事実は隠蔽され、近衛の宣言が好戦的であり、この宣言に与したものは戦争犯罪人として処罰されるという、理不尽きわまりない判決がなされたのだ。神話をはじめとする日本国家皇紀二六〇〇年は、文字こそなかったものの、三内丸山遺跡や日本各地で出土する一万六千年にも及ぶ縄文時代の土器によって、世界四大文明に先立つ文明圏があったことが証明されている。二六〇〇年にわたる、現代風に言えばエコ社会を続けてきた日本人が、なぜパールハーバー攻撃を行い、米国に日本人は好戦的民族だから徹底的にその根性を叩き直さなければならないなどと、いわゆるＷＧＩＰ（War Guilt Information Program）を植え付けられてしまったのか。

この疑問に対する明確な解釈を早くも一九四八年にヘレン・ミアーズが『Mirror for Americans, Japan』（日本版タイトルは『アメリカの鏡・日本』）を出版し、みごとに解き明かしている。当時四八歳の米国の女性がかくも正確に、日本の歴史となぜパールハーバー攻撃を行ったかを明確に論説していたことは、実に驚嘆すべきことであろう。後に引用する永野護の『敗戦真相記』やジョン・ダワーの『敗北を抱きしめて』などより、日本民族の実態をかくも正確に記述していることに、明治維新以来、日本が行ってきた坂の上の雲を目指し明治国家を確立していく過程は、実のところ、タイトロープを渡るような危うげな存在であったことがよく理解されるのである。

台湾、朝鮮、満州に莫大な国費を用いて、巨大なダムや帝国大学を頂点とする国民教育に力を注いだが、肝心の日本列島のインフラ整備がおろそかにされ、貧弱な道路や紙と木材の建築物しか当時の日本人は所有していなかったのである。軍備にしても、戦艦大和や武蔵を建造する前に、帝都や諸都市を防衛する高射砲陣地を巡らせておくべきであったろう。

ロシアによるウクライナ侵攻に反応して、ドイツは防衛費をＧＤＰの二％まで引き上げるという。現在のウクライナの戦争は、すでに前近代的要素が大きい武器による戦いである。これからの未来の戦争は、無人機や大小の膨大な数のドローンやＡＩを用いて爆撃する、とてつもない都市の破壊と一般民衆の大量殺戮をもたらす戦いになるだろう。地球上空を飛び交う人工衛星を用いた異次元の戦争が勃発する可能性も否定できない。なにしろ、共産中国は自前の巨大な人工衛星を地球軌道にのせ、宇宙空間も支配しようとしている。プーチンの戦争は見事な反面教師として、今後は戦車やミサイルを用いた都市破壊と民衆殺戮の戦争はすでに過去のものとなることを予想させる。

戦争と平和についてこれまでの考え方を根本的に考え直し、どうしたら戦争をせずに世界に平和をもたらすか、真剣に思考しなければならない。プーチンの持ち出した核戦争の脅しは、一発の核爆弾は互いの報復に次ぐ報復を呼び、地球に核の冬をもたらし、人類や地球上の全生命を死滅させてしまうからである。互いの核はあくまで抑止にしかその機能を発揮しえないのである。

日米同盟や、民主主義などの価値観を共有する国々との連携がこれまで以上に必要となり、国際的な情報網を駆使した戦いになるだろう。大都市が廃墟になる可能性があり、生き残りをかけて、スイスのように核シェルターを各地に造営し、東京や諸都市にミサイル防衛網を構築する必要がある。この場合のシェルターは、核に対するものではなく、とりあえずミサイルの爆裂から生命を保護する意味しかないであろう。つまり、核戦争で生き残っても美しい地球は消滅してしまうからである。

失われた記憶を記録に

戦争屋チャーチルと「米国の若者を決して戦地に送らない」と米国民に約束して三選を果たしたルーズベルトが、大西洋上のプリンス・オブ・ウェールズ艦上で大西洋憲章をぶち上げた時には、二人だけの密約で、日本をけしかけて戦端を開こうという腹積もりであったのであろう。開戦にいたるまで、昭和天皇と近衛文麿がルーズベルトとの平和会議を熱望していたのに、ルーズベルトは完全に無視を決め込んでいた。ルーズベルトが米国民をだまし、無理やりに日本に第一撃をやらせたことは、ルーズベルトの犯罪としてフーバー元大統領による大著『裏切られた自由』により明確に示されている。

昭和戦後は、戦場にならなかった米国を除くと、日本だけが世界史上最も平和に生活できたという奇跡的な時代であった。第二次世界大戦後、空前の繁栄をもたらした米国は、ベトナム戦争に始まる軍事行動にのめり込み、多くの兵士の死傷と膨大な軍事費の浪費により、その経済が傾きかけている。日本だけは軍事は米国に任せ、経済だけに専念していたので、気が付けば米国に次ぐ世界第二位の経済大国にのし上がっていたのである。

私は一九八一年から一九八二年にかけ、米国テネシー州ナッシュビルに十ヵ月滞在し、一九八八年から一九八九年にかけて英国ロンドンに三ヵ月半という短期間であったが、神経化学の一研究者として研究生活を送っていた。いずれも短い滞在であったが、帰国に際し、所有していたソニーのテレビやロンドンで購入した日本製の洗濯機（新品三ヵ月使用）を、ナッシュビルやロンドンの研究所員の家族にとても喜んで引き取ってもらったのである。当時メイド・イン・ジャパンは最高の品質を誇り、まさかその後、台湾、韓国、中国、マレーシア、シンガポールなどに日本製品が追い落とされるなどと思ってもいなかったのである。一九八八年末ですら、カシオの関数電卓（一万円ぐらいであった）をロンドンの研究者に贈呈すると、とても喜ばれた。なにしろ、メイド・イン・ジャパンだったのである。

一九八〇年代の日本はエズラ・ボーゲルの『ジャパン・アズ・ナンバーワン：アメリカへの教訓』（英語版一九七九年TBSブリタニカ、一ヵ月遅れで日本語版、七十万部を超えたベストセラー）が評判になったように、日本経済の絶頂期にあたり、東京都の土地の値段でマンハッタン全部が買えると日本の経済界は思い上がっていた。一九八九年十月、三菱地所がロックフェラーセンターを二千二百億円で買収したが、後に失速、日本のバブル崩壊はまさにこの時点で始まったのである。日本の総合商社はありとあらゆる商品の輸出入に関与し、たとえば、オーストラリアの鉱山は日本の工場のために成り立っていると豪語した社員もいたのである。日本のカップラーメンやカップヌードルはベトコンにも愛用された。水にひたしたり、そのまま食べたりでき、軽いので持ち歩きに便利だし、なにより長持ちしたので、最高の携行食であった。いったい誰が売り込んだのだろう。ベトコンは、陸続きで他のインドシナ諸国や中国とソ連からの兵站を調達することができた。

一方、我が軍は台湾とフィリピンの間のバシー海峡で隔てられ、南方に配備された兵士たちはたちまち飢餓に追い込まれた。撃ち殺された日本兵が軍服に米を縫い付けた無惨な姿をさらしたが、当時カップラーメンが携行できていたら、と残念に思うのである。軍需物資や兵站を輸送するのになんの援護もない輸送船は、ニミッツ配下の米国潜水艦により撃沈され続けていた。戦争を始めるにあたり、戦艦、巡洋艦、駆逐艦、潜水艦、空母と戦闘機に守られた護送船団方式を貫いていれば、すなわち、この方式がカバーできる範囲で米軍に対峙《たいじ》していたなら、あれほど無残な日本軍の敗退はなかったであろう。

真珠湾には手を出さず、もっぱらインド方面に海軍を進攻させ、陸軍はあくまで敵はソ連であり、満州の防備を固め、同盟国ドイツを側面から応援し、スターリンの共産主義帝国を壊滅させることが、大日本帝国の取るべき戦略であったのである。東條英機たちはハル・ノートの意味を逆手にとり、ルーズベルトの作戦の裏をかく戦略を立案すべきであったろう。当時の日本でそれができたとすれば、石原莞爾《かんじ》しかいなかったであろう。日本軍は中国の内戦から手を引き、満州を防備し、すでに朝鮮民族にハングルを学ばせていたのだから、ソ連の脅威がなくなれば朝鮮人を独立させることもできたであろう。

ルーズベルトにとって目下の敵であった大日本帝国は瓦解してしまったが、本来の目的である大東亜共栄圏を実現できていたら、強大化したソ連との冷戦になることもなく、現在のプーチンによるウクライナ侵略もなく、習近平の台湾侵略の可能性もないのである。ただ、米国にとって中国市場獲得の目前に立ちはだかる大日本帝国が目障りでしかたがなかったのであろう。大東亜共栄圏は、現実に起きた昭和戦後とは全く別の運命をたどったであろう。

実際に想像してみてほしい。古来中国は周辺民族を四夷あるいは夷狄《いてき》と呼び、東夷、北狄、西夷、南蛮が次々と中原に進攻し帝国を建ててきた歴史を繰り返してきた。東夷の日本人が秀吉の時代に明を滅ぼし、大東亜帝国を中原に展開し、以前のモンゴル帝国や明を倒したヌルハチの満州族の帝国のような強大な国家を築いたとしても、それは一つの歴史絵巻であったはずである。欧米人が決定的に欠いている中国の歴史観は、あたかも漢族が中国大陸の支配者であったと思い込んでいることである。この歴史観は、あの聡明なヘレン・ミアーズですら理解しておらず、秀吉による明への進攻を軍国主義的日本人の例として挙げている。中国から見れば日本は東夷であり、モンゴルや満州民族と同様、中国に進攻する機会があれば実施しただろう。遅ればせながら、一九三一年に満州事変を引き起こし、さらに中原を目指した日本軍を、米国は目の敵にしただけの話ではなかろうか。つまり、英米のメンターによって、それまでの欧米の帝国主義を映し鏡として中国を侵略してしまい、英国による清国にアヘン（阿片）を売りつけるといった非道な侵略はなかったこととして、我が日本国はスケープゴートにされたのであろう。

満州帝国皇帝溥儀《ふぎ》を押し立てて、帝国を満州族、ウイグル族、モンゴル族、漢族、日本人による五族協和の平和な国家が実現したとしたら、現在のような中国によるチベット、ウイグル、南モンゴルにおける漢族による民族浄化などの恐るべき犯罪行為など出現しなかったであろう。米国は中国に関する歴史的認識を決定的に欠いていたために、結果として共産中国という恐るべきフランケンシュタインに対峙する羽目になったのである。

マルセル・プルーストがマドレーヌの味覚から過去の記憶を思い出したように、子供時代からの様々な五感を通しての記憶、失われた時が次々と蘇ってくる。自分自身のその時点での体験は、それ以前の過去からの繋がりとさらに未来に向けての時の流れの中で様々な意味を持って認識されるのであろう。特に、昭和戦後を生き抜いた一個人の失われた時を記録に留めておきたい。

令和四年七月現在、コロナ禍は全く終息を見せない。さらに、ウクライナの人々がプーチンにより虐殺され続けている。しかし、そう遠くない将来、コロナ禍が終息し、いつかウクライナに和平がもたらされるであろう。その時に、これまでにたどってきた一個人の過去の記憶が失われた時を超えて脳裏に蘇ってくる種々の事件を書き留めておくことは、きっと役に立つに違いないと信じるのである。

昭和戦中戦後の失われた時を求めて

私の戦争体験

終戦時、私は四歳九ヵ月であった。天皇陛下の玉音放送は、その後の大人たちの話やラジオや本やなにかの媒体で聞き及んだことが自分の記憶とまぜこぜになっており、「がーがー」と、よく聞こえなかった小難しい内容を理解したとは思えない。一九四五年八月十五日の記憶ですら曖昧なので、それ以前の記憶していることはまことに微々たるものである。しかし、当時三十二歳であった母親が隣組の人々と竹槍訓練をしたこと、その槍がいつなくなったか覚えていないが、家の軒にたてかけてあったことを、ありありと思い出すのだ。

札幌でも空襲警報が何回かあって、家の裏庭を掘り起こして土盛りした小さな防空壕に、私たちは身を寄せ合って避難をした。実際にＢ29の大編隊にナパーム弾を投下されたらひとたまりもなく焼け落ちたであろう、貧弱な防空壕しか作れなかった当時の日本人が、なぜあのような強大な米軍との戦争を始めてしまったのかの疑問は、私のような平和ボケ列島人にはつい最近になるまで思いつかなかったのである。テニヤン島からのB29の大編隊は札幌までの距離を往復することができなかったので、札幌は大虐殺の殺人兵器ナパーム弾の猛攻を免れたが、玩具のような防空壕ではひとたまりもなかったであろう。

ほとんどの防空壕は終戦後取り壊され、我が家の場合は自宅の便所の肥やしで育てる野菜畑になっていたが、その作業をいつ、誰が行ったのか全く記憶にない。その後、弟と一緒に近所の悪ガキからビー玉遊びでまきあげた大玉、小玉のビー玉を大きめのコーヒー缶にいっぱいつめて、穴を掘り、未来の人に届けようと、日付と二人の戦利品であることを書き付けて埋めたのであった。戦後七十七年、二〇二二年現在もその家は残っていて、裏庭もそのままの状態で建物を建てられていないので、私と弟の戦利品は七十年後のタイムカプセルとなっているはずだ。いずれ掘り起こしてみたいと思っている。

一九四三年四月、私の父は妊娠九ヵ月の身重の母と三人の子を残して、南洋のトラック諸島（チューク諸島）に向けて、徴用医師として旅立った。その前年の一九四二年六月には、ミッドウェー海戦で我が連合艦隊は米軍により四隻の空母と一隻の重巡洋艦が撃沈され、戦死者三千名を超える壊滅的な敗北を喫していた。しかし、大本営はこの事実を国民には隠蔽したので、父は、太平洋にはすでに米軍の潜水艦がうようよしており、乗船した八幡丸の航路が危険に満ちたものであることを知る由もなかった。向かった先はトラック諸島で広大な環礁によって太平洋の荒波から隔離された内海という利点から、太平洋戦争中は連合艦隊主力が進出していた。父はトラック諸島の夏島に上陸、そこから任地のマーシャル群島のヤルート島に艦載機で送られたのである。

ヤルート島には日本敗戦後の一九四五年十月まで滞在したが、赴任約二年半の間、デング熱（現在でも死亡率が三〇％と油断のならない病気である）や南洋群島で発症することの多いアメーバ赤痢などに罹患するたびに、夏島の病院に運ばれ、入院治療をうけた。艦載機から見渡すと戦艦大和と戦艦武蔵が悠然と停泊する姿を見て、ああまだ日本軍が健在なのだ、と安堵した一時があったようである。大艦巨砲時代を象徴する大和と武蔵建造にどれほどの人材と資金が投入されたか想像を絶するが、この巨大戦艦に使用した鋼鉄を都市の防衛のための高射砲に転用しておれば、あの無残な東京や大阪その他の都市のナパーム弾攻撃で低空から侵入して爆撃しまくったＢ29を、片端から撃ち落とすことができただろう。

また、広島への原爆投下の際に日本軍は特殊なコールサインを傍受していたのであるから、エノラゲイの迎撃が可能であったし、長崎の場合は紫電改が待ち受けていたのである。この時点で米軍は次々と原爆を作成しつつあったので、広島、長崎が回避できたにしても、いつか米軍が大挙して日本列島に押し寄せてくる時期がきただろう。日本人がこの世から消失してしまう可能性すらあったのであろう。米国人の多くが信仰する聖書には、敵の民族は皆殺しにせよ、と書いてあるのだ。

ヤルート島には連日のように米軍の砲撃や爆撃機による空襲があったが、飛び石作戦をとった米軍の戦略からヤルート島は外されていた。マキン、タラワから飛び越えてケゼリンが玉砕したが、ヤルート島には米軍は上陸してこなかったのである。この米軍による飛び飛び戦法はトラック諸島にも適用され、日本海軍根拠地であったトラックに続いて、パラオを空襲し、その機能を喪失させ、フィリピンの東に位置するパラオのペリリュー島への米軍の上陸作戦による壮絶な戦闘が展開された。日本軍戦死者一〇六九五名、米軍戦死者二三三六名、戦傷者八四五〇名にものぼる犠牲者を両軍でもたらしたのである。戦後、太平洋方面最高司令官だったニミッツ提督は「諸国から訪れる旅人たちよ　この島を守るために日本国人がいかに勇敢に愛国心をもって戦いそして玉砕したかを伝えられよ　米太平洋艦隊指令長官C・W・ニミッツ」という詩文を残している。この詩文は一九八二年に建築されたペリリュー神社内に一九九四年に建立されたのである。

ヤルート島での戦病没者は陸海軍合わせて二百十数人ほどで、二千数百人いた守備隊員のほとんどは無事に日本に復員した。守備隊の司令官杉山喜八海軍少将は、逃亡したアメリカ兵捕虜三名を処刑した責任をとって、終戦後自裁して果てた。復員船氷川丸は三回にわたって将兵を本国に送還したが、最初は衰弱した病人、次にほとんどが栄養失調で骸骨のようにやせ細った兵員、父のような医療関係者は最後で、一九四五年十月に浦賀港に帰還したのである。

東京は焼け野原であったが、なぜか東京第一ホテルは営業しており、徴用医師としてごくろうであったとの政府の方針により、父はしばらくホテル滞在を許されたので、その間に東大病院で年来の宿痾であった痔の手術を受けることができた。さらに、湯河原温泉での療養も許されたので、札幌の自宅に帰ってきたのはその年の十二月になってからであった。ＧＨＱは日本の官僚の末端はよく機能していることに気が付いたが、戦後の混乱期に徴用医師にいくばくかの一時金を渡し療養の面倒までみるとは、敗戦後の官僚機構はなお健在であったのであろう。

父の帰宅は実に二年半ぶりであり、私は五歳、弟は二歳七ヵ月で、この間父親なしで過ごしていたわけである。弟が「あのオジサンいつまでいるの」と私に問うたことをはっきりと思い出すのだ。我々兄弟にとって父との触れ合いはその後も淡泊なもので、父になにかをしてもらったという記憶がない。まだ小学校に行く前であったと思うが、近くの銭湯に連れて行ってもらった時に、私は湯船に風呂枠から滑り落ち溺れてあっぷあっぷしていた。その時、どこかのおじさんが私の髪の毛を引き上げて助けてくれたが、父は洗い場で自分の頭髪を洗っている最中で、息子が溺れていることに全く気が付かなかったのである。私はその一部始終を鮮明に記憶しており、私がお湯の中から引き上げられて最初に見たのは、父が頭から湯をかぶっていた情景で、いまでもありありと思い出すのだ。

母は、赤ん坊の時は別であったろうが、私たち兄弟には日常生活にほとんど干渉することはなかった。母にとっては生きるために働きづめの人生で、一九四七年に生まれた妹の世話で手一杯になり、姉たちはお手伝いとして重宝されたが、私と弟はただ遊びほうけてその日暮らしの毎日を送っていた。日が暮れるまで家に帰ることはなく、近所の悪ガキとビー玉やパッチに明け暮れ、疲れ果てて姉二人と弟と六畳間に川の字に布団を並べて寝るのだが、私は小学生高学年になっても寝小便を垂らすので、自分の体温で必死に乾かそうとするが、いつもバレバレで布団は廊下に吊り下げられ、なんとか乾いた布団を再び敷いて寝るといった体たらくであった。

後に精神科医となって、精神病の原因の研究に従事したが、自分の経験から言って、寝小便する子に対してまで精神分析をする米国の精神科医がいるが、フロイトのエディプスコンプレックスなど単にフロイトの個人的体験に基づくもので、なぜこんな理論が欧米でもてはやされたか理解に苦しむのである。我が国の優れた学者たち、高橋義孝や下坂幸三がフロイトの精神分析に関する書物を苦労して翻訳したり、彼の全集を編纂しているのを手にして、なんという無駄な努力をしたものだとあきれている。

ノーベル生理学・医学賞を免疫寛容の発見で授与された英国のピーター・メダワーは「フロイトの精神分析は全くナンセンスで、すでに恐竜といった代物にすぎない」と述べている。すなわち、まともな科学的思考ができる科学者であれば、フロイトの夢分析とかエディプスコンプレックスが非科学的でなんのエビデンスもない絵空ごとであることは、すぐに理解するであろう。

しかし、フロイトの思想は精神医学を遥かに超え、西洋文化の一部となり、広くかつ深く、欧米人の思想の中に浸透している。世界史的に見て、世界を動かした著名人の第一位はマホメットで、次にニュートン、アインシュタインと続き、四番目にキリスト、五番目にシャカという文献がある。このランクで、フロイトは十位内にランクインするとのことである。

インディカティブ・プログラム

吉田茂が目指したもの

評論家西部邁は、著書『保守の真髄』で戦後昭和の七名の総理大臣の目指した国家の方針を簡潔に述べている。

「戦後昭和を思い返せば、吉田茂のやった占領国アメリカとの妥協も、岸信介のやろうとしたアメリカからの一定の（ただし形の上だけの）独立にも、池田勇人のいった所得倍増にも、田中角栄のいった日本列島改造にも、大平正芳のいった田園都市国家構想にも、中曽根康弘のいった不沈空母日本にも、竹下登のいったふるさと創生にも、それぞれ重要な意見が込められていたと思われる。そして今必要なのは、それら様々なインディカティブ・プログラム（指示計画）を総合してかかることではないのか」

西部は、この七人の総理大臣はそれなりに戦後日本の進むべき道を模索したと評価している。一方、安倍晋三により破られるまで最長総理就任記録を保持していた佐藤栄作については、全く評価していない。七年八ヵ月間も総理の座にあり、一九七二年には沖縄返還という戦勝によらない領土獲得（広大な米軍基地は占領されたままである）を達成したにもかかわらず、具体的な指示計画を示していなかったということであろうか。

米国政府との間に国民に隠蔽した密約が多々あったことが後に知られるようになり、佐藤に対する評価が著しく低下していったことが基盤にあるのであろう。一九六七年十二月十一日、衆議院予算委員会の答弁に際し、いわゆる非核三原則（核兵器を持たず、作らず、持ち込ませず）を表明している。しかし、ニクソン大統領との間に結ばれた沖縄返還の「核抜き本土並み」には「有事の際の核持ち込みおよび通過」を事前協議のうえで認める密約がなされていた。佐藤のノーベル平和賞は、米国からの推薦なしには授与されなかったであろう。おそらく、この賞には政治的な薄暗い背景が常に存在していたのであろう。

終戦時に内閣総理大臣であった鈴木貫太郎、昭和天皇の玉音放送後八月十七日に総理となった初の皇族総理であった東久邇宮稔彦殿下、十月九日から翌年五月二十二日までの幣原喜重郎、第一次吉田内閣に続く、片山哲、芦田均、第二次から第五次吉田内閣に続く、鳩山一郎、石橋湛山、田中角栄退任後の三木武夫、福田赳夫、大平正芳現職総理のまま死去後の鈴木善幸など、それぞれがなにがしかの総理としての働きをしたと考えられるが、西部邁は彼らを評価していない。

吉田茂の米国との妥協は、日本の国体をかろうじて維持して、国家の壊滅的崩壊からなんとか首の皮一枚で、マッカーサー元帥のご機嫌を伺いながら、日本国民を生きながらせていこうとする努力に他ならない。吉田のインディカティブ・プログラムは、マッカーサーに対する面従腹背を貫くことであった。日本国民の少なからぬ人々が餓死寸前であったので、とにかく、生きていけるように、ない知恵をしぼり続けていたのであろう。朝鮮戦争が勃発、米国政府は日本に再軍備を求めたが、マッカーサーの押し付けた憲法九条を楯に、頑として米国の方針に抵抗した。軍備より、国民が飢えないように経済第一で貫こうとしたのだ。結果的に、米軍の先兵となって日本の若者を朝鮮戦争やベトナム戦争に駆り出し、死傷者を一人も出さずにすんだのである。

この時点ではまさに英断であったが、その後、七〇年にもわたって日本国が米軍の支配下となり、米国の第五十一番目の州以下の属国として生きながらえている現状を、我々日本国民は知らないふりをして黙認しているのだ。制度上、日米安全保障条約と日米地位協定は日本の防衛ではなく、あくまで米国の占領地としての日本国であり、後に中曽根が言った不沈空母日本は、まさに米国の太平洋防衛の最前線として機能しているのである。

ところで、共産中国が尖閣諸島を侵略したとしても米軍は全く動かないであろう。米軍が出動するためには米国の議会の承認を必要としており、日本人のために米国が自国の若者の血を流すはずがないであろう。尖閣諸島は日本国民自身が身をもって防衛する決断をするしかないのである。沖縄の巨大な米軍基地や横須賀と佐世保の軍港をはじめとする米軍基地は、日本中に張りめぐらされている。当然そこには米軍の司令官や兵士が駐留しているわけで、もしもそこに中国や北朝鮮がミサイルを打ち込めば、米軍は直ちに反撃するだろう。その場合、米国の議会の承認は後付けとなるであろう。東京や日本各地にある米国の大使館や領事館が襲撃された場合も同様であろう。

しかし、尖閣諸島のような無人の日本領土を中国に占領されたからといって、米軍が島を奪還してくれるなどと日本国民が能天気に考えているとしたら、平和ボケもきわまっている。もちろん、米軍の航空母艦や原子力潜水艦が尖閣諸島を目指して遊弋《ゆうよく》することはあるだろう。だが、決して米国の若者の血を流すような戦闘行為は起きない。現時点では、尖閣諸島を守っているのは日本の海上保安庁だけである。現在の日本国憲法九条により軍事行動を禁止されている自衛隊では、中国の暴挙をただ茫然と見ているだけということになりかねない。

一九五三年の日本の独立は、米国の属国として米軍の支配下に組み込まれることによって成立したのだ。しつこく強調しておくが、米軍が動く時は米軍に危機が迫ったと判断された時だけであり、麻生幾が指摘するように、福島原発で日本政府が機能不全に陥って、日本政府の指揮権が怪しくなったと判断された時には、米軍は日本のシビリアンコントロールの上部組織となって、我らの自衛隊はその配下に所属することになる。日米安保条約と日米地位協定をよく読めば、当然そういうことになるのだ。

私はここで、我が国が米軍支配から直ちに脱せよと言うつもりはない。もうすでに七〇年以上もの長きにわたり米軍の支配下で安住していた国民が、急に独立することなどできるわけもない。共産中国に六兆円を超えるＯＤＡを貢いで、恐るべきフランケンシュタインを作ってしまったので、在日米軍なしでは我が国は共産中国の侵略に対して抵抗することなどできなくなっているのだ。残念なことに、核なき国家はウクライナのように、核保有国で核使用をちらつかせるロシアに手も足も出ないのである。むろん、ウクライナはロシアの侵攻に対して徹底的に反抗している。しかし、住民が殺害され、インフラをすべて破壊されたのがウクライナだけで、戦争を仕掛けたロシアが無傷のままであるという理不尽さはそのまま見逃されている。ロシアの諸都市をウクライナが攻撃すると、第三次世界大戦が勃発することを恐れ、ＮＡＴＯはウクライナへの武器支援に制限をかけている。

岸信介と安保反対運動

一九五七年一月、在日米軍群馬県相馬が原演習地で、米兵ジラードが、薬莢を拾うために演習地に立ちいった日本人農婦を射殺した事件が発生し、裁判管轄権が日本側か米国軍事法廷に属するかで問題になると、日本の世論が激高した。前橋地方裁判所で行われた裁判で懲役三年・執行猶予四年という有罪判決であったが、驚くべき微罪とされた。しかも、後に日本の外務省の外交文書公開で明らかになったが、ジラードへの処罰を最大限軽く、殺人罪ではなく傷害致死罪で処断するという密約がなされていた。

この二年前の一九五五年に左右の日本社会党が合同したため、それに対抗して保守合同で自由民主党が誕生した（いわゆる55年体制）。略して自民党と称する保守系の政党の幹事長に収まっていた岸信介は、一九五七年二月総理大臣に就任すると、ジラード事件は著しい不平等性がある旧日米安保条約と日米行政協定に基づく現状を国民の目に明らかにしたので、この不平等性を改定する必要があると意気込み、「政治生命をかけた大事業」として取り組んだのである。岸は駐日米国大使ダグラス・マッカーサー二世と内密に協議を重ね、沖縄の返還合意、日本国憲法の改正、日米安保条約を相互防衛が可能な体制の構築を目指し、大使からも好意的に評価されていた。

しかし、岸にとっても我が国にとっても、戦後十二年、憲法改正や日米安保条約について十分な理解がなされていなかった時期であり、国民一般にとって岸信介という人物は国民を崖から蹴落とした太平洋戦争大敗北の責任者の一人として胡散《うさん》臭い人物とみなされていた。したがって、このような人物がやろうとすることは日本国民にとって害悪をもたらすものであるに違いないと思われたのである。

岸が取り組もうとした日米安保改定に対しては、日米安保そのものを廃棄せよというグループと、岸がやることはよからぬことだとただ岸に反対するだけのグループが中核になって、全学連や総評、左翼、一般市民を巻き込んだ安保反対運動となり、一九六〇年の国会議事堂前庭になだれ込んだ一大大衆運動となった。国会議事堂周囲を埋め尽くした群衆は三十万人とも言われ、これほどの大衆運動は過去にも、その後も出現していない。

街宣用のトラック上でアジ演説をうった西部邁は後に逮捕拘留され、長年にわたる裁判の末、執行猶予付きの有罪判決を受け、その後、保守派の論客として朝まで生テレビなどに出演、『表現者』などの定期刊行物を発刊したり、全国各地での講演会で日本国の進むべき道についての熱い論陣をはったりしたのである。西部邁が東大生として北海道の厚別の実家を出立した際はまさに着の身着のままといった按配《あんばい》で、家庭は貧困のどん底にあった。安保反対運動に身を投じた若者のほとんどが、現在では考えられないほどの貧困の中で暮らしていたのである。

西部の著書の中に、三日も水だけで過ごし、ひもじい思いをしたことが記されている。貧乏のどん底にいた若者たちが、利益を追求する資本家に対して労働者が搾取されていることが不当であるとして、プロレタリア革命をとなえたマルクスとエンゲルスの思想に感化されることは、容易に想定されるであろう。西部も東大生になって共産党に入党したが、共産党宣言や資本論のなんたるかを読破し、深く理解したわけではなかったのであろう。

当時の日本国民は終戦後十三年ほどで、朝鮮戦争の三年間の特需により、ようやく餓死を免れ、なんとか生活していけるようになったものの、なお多くの人々は貧困の中であえいでいたのである。西部邁の『六〇年安保センチメンタル・ジャーニー』は、ともに安保反対運動を闘ったかつての同志の当時の印象やその後の生き方についての、深い洞察を試みたものである。この書物の解説者宮崎学は、六〇年代十年間学生運動にかかわった自分の経験から、学生運動とは「若衆宿」であったという。若衆宿は、近代の村落において地域社会を支える集団として確立した年齢集団である「若者組」が、寝泊まりしたり、共同で作業したりする時の拠点（宿舎）のことだという。ここで若者は、友情のなんたるか、裏切りのなんたるか、異性のなんたるかなどを体得したのだという。

学生運動も、それに加わることによって青年として体得すべきことを教えられる。政治とは、大学とは、社会とはなにかを、自分はどう生きるのかを。そして「若衆宿」もある年齢に達するとそこを出ることとなるように、学生運動も同様に、いろいろな体験とそれに伴う苦い思いを持って出てゆくものだったように思われる。終戦後の混乱期の長い影をなお色濃く引きずっていた時代に、問題意識を持った若者たちが国家の意図する方針に疑念を抱き反発することは、ある意味では必然であった。

結局、岸の最終的目的であるマッカーサー憲法の改正には足元にも達しなかったので、自民党結党時の最大の目的であるこの憲法改正の議論は棚上げにされ、先ずは「パン」次に「サーカス」といった経済成長一本槍の方向性、トランプ流に言えば「経済ファースト」となって、憲法改正はキッシンジャー流に言えば「瓶に蓋」状態で冬眠状態になってしまったのである。すなわち、岸から池田に、安保闘争と刺し違えて倒れた岸内閣から引き継がれた自民党政権は、所得倍増を目指して政官財一丸となって一九六〇年代をひた走ることになる。戦前、戦中、戦後の団塊世代前までの我々仲間が共通に抱いている感慨は、当時は本当に「貧困」が最大のテーマであった。食うや食わずで空腹を抱えてその日暮らしをしていたのである。

一九五五年、すなわち、55年体制開始より一九七〇年までを高度経済成長期と呼び、この間、日本は年平均一〇％という驚異的な経済成長を遂げた。池田は「国民所得倍増計画」を打ち出し、国民総生産（ＧＮＰ）を十年以内に二十六兆円（一九五八年度価格）に倍増させて、国民の生活水準を西欧先進国並みに到達させるという経済成長目標を設定し、減税、社会保障、公共投資を三本柱として経済成長を推進させた。

一九六四年の東京オリンピック開催に合わせて、各種の公共事業が全国で進められ、財政主導で日本経済を引っ張り、新幹線、高速道路、港湾などのインフラの整備は大きな需要を生み出した。池田は、六〇年安保でテレビをはじめとしてメディアが大衆の世論形成に影響を与えることを肌身にしみて感じ取り、それを逆手にとって利用する戦略を展開し成功したのである。しかし、四年四ヵ月続いた比較的長期政権であった池田総理は、喉頭がんを発症、すでに相当進行していたが「前がん状態」と発表され、本人には告知されなかった。一九六四年東京オリンピックの閉会式の翌日十月二十五日に退陣を表明、十一月九日に後継総裁として佐藤栄作の登場となった。

東京オリンピックの年、共産中国はついに核兵器を保有した。ドイツ人クラウス・フックスは第二次世界大戦勃発後英国とカナダで敵国人として拘束されたが、釈放され一九四三年にはコロンビア大学からロスアラモス国立研究所に勤務、原爆の製造に不可欠な臨界計算に多大な貢献を行ったが、戦後英国で核開発の軍事上の秘密をソ連に漏らし、原爆スパイとして、一九五〇年逮捕され、四十年の懲役刑を受けたが、一九五九年に釈放され、東ドイツに渡り、さらに中国に核技術を伝え、原爆を作ってしまったのである。

あのプルトニウム爆弾のインプロージョン爆縮の原理は、フックスが関与しなければ長崎の原爆には間に合わなかったであろう。この男はプルトニウム爆弾製造のキーパーソンの一人であったのである。当然、佐藤は米国に日本も原爆を保有することを求めた。しかし、米国国務省はキッシンジャーの「瓶の蓋」の構想のとおり、日本に原爆を所有させることなどもってのほかと却下し、以後完全に日本は米軍の核の傘のもとに覆われて、生命の安全を自分自身で守ることが不可能となった。

核の傘は単なる破れ傘であるのに、日本人は能天気にも米軍が押し付けた日本国憲法前文の「平和を愛する諸国民の公正と信義に信頼して、われらの安全と生存を保持しようと決意した」に基づき、戦争を放棄したのである。しかし、どこにそのような平和を愛する諸国民が存在しているのであろう。マッカーサーは米国がその諸国民の筆頭であると、当時は考えたのであろう。その後どうなったか、米国は朝鮮戦争、ベトナム戦争、アフガニスタン戦争、イラク戦争と次々と戦禍をもたらした張本人となり、平和をもたらすためと称して自国の多くの若者と膨大な数の敵国の兵士や民間人の血を流し続けていたわけである。

田中角栄から竹下登まで

田中角栄は一九五七年七月、第一次岸信介改造内閣で郵政大臣に就任、戦後初めて三十歳代で国務大臣になったのを手始めに、一九六二年七月、池田勇人内閣の改造で大蔵大臣に就任、一九六五年には自民党幹事長に上りつめた。まだ四十四歳であった。後に小沢一郎が自民党幹事長となったのは四十七歳であったことから、当時の自民党では破格の出世であった。またその剛腕ぶりは小沢が角栄を真似たこと、金権政治で司直に追及されたことも相似であった。

田中は、日本が米軍支配下にあることは初当選の時からよく理解していた。国会で吉田首相を援護するヤジを飛ばし、吉田に目をかけられていた。田中は最大派閥佐藤派を乗っ取り、一九七二年に五十四歳で内閣総理大臣に上りつめた。田中は米国支配下にある日本を徹底的に改造しようと奮戦したのである。中国との国交回復、日本独自の石油やウランなどの資源獲得など、米国の神経を逆なでする経済外交を繰り広げ、本人は米国の追い落としから逃げ通せると考えていた。いや、殺されてもやることはやると考えていたのであろう。しかし、米国の目障りとなった角栄の追い落としは、先ず立花隆の角栄の金権追及から始まり、ロッキード事件による刑事告発によって、日本列島改造は完全には完成をみることがかなわなかった。

立花隆の角栄の金蔓の追求は、一九六九年から一九七〇年にかけて田中ファミリー企業群が信濃川河川敷における約四億円で買収した土地が直後に建設省の工事によって時価数百億円となった信濃川河川敷資産形成を『文藝春秋』の特集で暴いたことに始まる。その金権体質の追求には、新潟柏崎刈羽原子力発電所建設時にどれだけの金が動いたかについては全く触れられていない。マスコミの大スポンサーとしての東京電力の逆鱗に触れるような記事は、どこの出版社も公にはできなかったのであろう。角栄は、電源三法で原子力発電所立地に大量の金が落ちることにより、放射能汚染の恐怖を金の魅力で覆い隠してしまったのである。

角栄の功罪は多岐にわたるが、いまとなっては、最大の失策は中国共産党に解体を迫らずに資本主義経済導入への道筋に加担してしまったことであろう。むろんニクソン、キッシンジャー路線に乗っかっただけかもしれないが、売るものがなにもなかった中国から大量の漢方薬を購入して、中国に大金をばらまいたことである。眉唾ものである中国四千年の妙薬と称して、プラセボを対象とした、薬効の検討をすることもなく非科学的な信仰を持った漢方医が、日本の各地に多数出現したのである。中には有効成分もあるが、ほとんど効果のない漢方薬がいまだに垂れ流されている。

一九七八年、自民党史上初の全党員・党友参加による総裁予備選挙によって、大平正芳が第九代自民党総裁に選任された。政策目標として、内政では家庭基盤の充実を基本とする「日本型福祉社会の建設」と都市の活力と田園のゆとりの結合をめざす「田園都市国家構想の推進」を二本柱として取り上げ、外交では日米安保体制の堅持に加え、質の高い自衛力の保持と経済協力、多角的な外交努力を複合させた「総合安全保障戦略の推進」と開かれたゆるやかな地域連帯としての「環太平洋連帯の樹立」を打ち出すなど、その斬新な発想は多くの注目を集めた。すでにこの時点で中国の台頭による日本の安全保障の危機に対して、現在の米国、オーストラリア、インドの環太平洋、インド洋構想ともいえる政策を打ち出していたのであるから、その先見性には惜しみなく称賛を贈りたい。しかし、大平はわずか一年七ヵ月で病に倒れ、彼の優れた洞察力に富んだ内外の政策は未完に終わった。国内的には高度経済成長の時代から文化重視の時代へと、国際的には資源制約と相互依存体制の進行による共同体としての地球社会の自覚なしには人類の生存が困難になることを、すでに当時からその透徹した認識を示していた。現在の世界でもっとも必要としている認識ではないであろうか。日本の総理大臣で、これほどの透徹した哲学に基づいて政策を提唱しようとした政治家は他に見当たらないのではないか。国会での答弁では「あー、うー。もごもご」とよく聞こえない発声をする人物として有名であったが、実は偉大なる政治家であった。

一九八三年一月、訪米した中曽根康弘首相は米紙ワシントン・ポスト社主との朝食会で「日本列島を不沈空母のように強力に防衛する」と述べたと記録されている。ポスト紙の報道後、中曽根は発言の有無に関し説明を二転三転し、後年のインタビューでは、実は「高い防壁を持った大きな自立」と表現したがそれを通訳が意訳したのだ、と言い訳している。レーガン大統領とロンヤスの関係で呼び合って互いの信頼関係を結んでいた中曽根が、心底から日本列島が強固な日米同盟を願い、日本列島を不沈空母と考えていたことは、容易に想像できるであろう。日本の左傾マスコミや厄介な隣人諸国を配慮して、信念を隠さなければならなかったのであろう。

同じことが、靖国神社参拝についても言うことができる。参拝ができなくなったことは、中曽根にとって忸怩《じくじ》たる思いであったろう。彼の日本国憲法改正が頓挫したことも、政治家人生で最大のやり残した課題であった。結局、中曽根は政治人生を通して「風見鶏」に終始したのかもしれない。正力松太郎とタッグを組んで、米国の指示どおりに原子力発電所を我が国に持ち込む際に、ウランの原子番号235に因んで二億三千五百万円の予算を付けたのは中曽根であり、地震と津波を繰り返す日本列島に、危険きわまりない現在の人類の知性では防ぐことができない放射能をまき散らす災難をもたらした元凶であったのである。

靖国神社と日本の軍国主義との関係は、日本人を戦争に駆り立て、戦死すれば靖国神社にまつられ神となり、英霊として靖国神社に永遠の神柱として存在する、ということだ。しかし、純粋に考えると、軍国主義で犠牲になった人々の魂の行き場がないとしたら、愛しい夫を心より慕う妻や、立派な青年に育てた両親や、赤紙一枚で戦場に赴いた恋人の魂に会いたいと思う乙女たちは、どこに彼らの魂に会いに行けばよいのだろう。靖国神社は日本人の文化そのもので、ある意味、軍部に利用されたとしても、キリスト教、イスラム教、ユダヤ教の聖地エルサレムに匹敵する聖地なのである。靖国神社参拝を非難しているのは韓国と中国だけで、米国は東京軍事裁判の正当性を変更されることを警戒しているだけであろう。

チャーチルの大戦回顧録

ヘレン・ミアーズが暴露しているように、日本軍国主義はメンターとしての米英の帝国主義を忠実に守って模倣した、つまり米英が中国やインドなどの後進国にやったことを鏡に映しただけで、要するに、米英が自らを裁くかわりに日本をスケープゴートにしたにすぎないのだ。他のアジアの国々で日本の悪口を言っているのは、各国に住み着いた華僑くらいであろう。マレーシアでは六〇％がマレー人で四〇％が華僑であり、日本の自称文化人がマレーシアまで出かけて日本人の悪口を取材してくるが、マレー人は日本人を尊敬し、大東亜戦争を戦った日本軍がシンガポール陥落までの電光石火の進撃を行い、シンガポールを陥落させた戦果を、自分たちの独立に大いに寄与したと称えている。なによりも、英国の最新鋭戦艦プリンス・オブ・ウェールズとレパルスを航空機からの魚雷攻撃で葬り去った事実は、韓国と中国を除くアジアの人々に称賛され記憶されている。

第二次世界大戦の回顧録を書いたチャーチルの大著は一九四八、一九四九、一九五〇、一九五一、一九五三年と次々に出版されたが、私は英文で読む能力はなく、膨大な翻訳本を読む時間がないので中公文庫『第二次世界大戦回顧録抄』ですますことにしたが、それでもノーベル文学賞を貰っただけに、その文章は見事な名調子である。むろん、勝てば官軍負ければ賊軍のたぐいで、自分たちに都合の悪いことは触れないのは歴史書の常道どおりではある。この文庫本で田原総一朗が解説を載せているが、「チャーチルの記述の細やかさと、どこにも勝者の驕りというものが見当たらない」と絶賛している。でも、ちょっと待ってくれ。日本軍がマレー半島に侵出した時に、どうしてそこにインド兵を主力とする英軍が鎮座していたのだろうか。自分たちは侵略でなく、遅れてやってきた日本軍は侵略だ、と断定する思い上がりが、チャーチルの思考の根底にあるのである。そもそも、ルーズベルトとの間で交わした大西洋憲章では、インドやイギリスの植民地は考慮されていなかったのであるから、周回遅れで帝国主義に参加したドイツと日本がやり玉に挙げられたのであろう。

しかし、チャーチルはマレー半島やシンガポール陥落、プリンス・オブ・ウェールズとレパルスの撃沈など、日本軍による莫大な損害にもかかわらず、戦争末期に「日本軍の名誉を生かしてやり、日本民族の生きる道を与えてやる」終結の仕方を考えて、トルーマンに提案している。特に、両戦艦を失ったことを知った時に「戦争の全期間を通じて、私はこれ以上のショックを受けたことはなかった。私はベッドの上で身もだえした」とまで怒り心頭であったのに、戦後の日本軍に軍事的名誉など全くないと無視したトルーマンとは対照的であった。トルーマンはその時点でルーズベルトがいかにして日本を焚きつけて日米戦争に引っ張りこんだかの事情をまったく知らず、ただルーズベルトの大演説「真珠湾のだまし討ち」に完全に洗脳されていたのであろう。チャーチルはむろんそのあたりの事情を知ってはいたが、日本外交官の外交音痴ぶりにはほとほと手を焼き、こちらが無理難題を吹っかけても微笑をして受け入れるのに、ある時点を超えると、突然豹変して襲いかかってくる、その結果として英国の誇るプリンス・オブ・ウェールズとレパルスと誇り高き軍人を失ったことを、いたく嘆いたのである。

チャーチルは「日本は石油がない、鉄がないなどそんなに困っているなら、なぜ外交的に交渉しなかったのか、私に言ってくれればよかったのに」という意味の嘆き節を述べている。明治維新を推し進めた大久保、西郷、木戸、伊藤、山縣、西園寺などの維新の元勲たちが政治や外交を担っていた当時と、帝国大学出身の秀才が外交官として活躍するようになって、かつてのような清濁併せ持つ大物は見られず、チャーチルのような海千山千の大物との外交交渉は望むべくもなかったであろう。

終戦直後の原爆で廃墟となった広島で永野護が敗戦の真相について講演しているが、その的確な敗戦分析は秀逸であった。この講演録をもとに、バジリコ社が『敗戦真相記—予告されていた平成日本の没落』と題する本を二〇〇二年に出版し、二〇一二年八月には重版しているが、その中で、平成日本の経済の没落は戦後の破綻と同様であると説いている。つまり、同じ過ちは繰り返されるのである。でも、この教訓は日本人だけのものではないであろう。これまでの人類の歴史の中で繰り返した失敗なので、知性を獲得した人類のいわば「さが」ではないだろうか。

チャーチルに関して日本人が決して忘れないでほしいのは、原爆の開発は米国、英国、カナダとの共同開発であり、日本に原爆を投下する許可をチャーチルが行ったことである。スチムソン以下米軍は原爆の威力を確認することを目的に、また、戦後、ソ連との対決で圧倒的な優位を保つために、二種類の原爆の実験、建物の破壊はむろんのこと、人間の体にどのような障害をもたらすかを詳細に知るためには、投下はどうしても必要であった。一九四五年八月十五日に天皇によるポツダム宣言受諾の放送が軍部により阻止されていたら、我が国に三発目の原爆が投下される計画になっていた。戦争屋チャーチルは、沖縄戦などの日本軍の壮絶な戦いに驚嘆して、英国軍のアジアにおける惨敗の恨みを日本軍にぶつけるだけではなく、戦争の意味する大義を深く理解し、敵となった国民を根絶やしにするといった、かつて古代の戦争がそうであった修羅場を回避する知恵を持った大政治家として、人類の歴史に名を残したのである。

日独伊三国同盟を結んだことは、日本に対する米国の敵愾《てきがい》心を高めてしまったが、それがなお米国と戦端を開く絶対的な条件にはならない。ドイツは米国と戦端を開くことには慎重であった。ドイツがフランスを占領し、ヴィシー政権を作らせたのだし、オランダを占領していたのであるから、仏領インドシナとオランダ領インドネシアに日本軍がドイツの同盟国として進駐したとしても、また、英国に宣戦を布告したとしても、米国に宣戦を布告する必要は全くなかったであろう。フィリピンを植民地としていた米軍が台湾とフィリピンの間のバシー海峡を通過する大日本帝国海軍の戦艦群を攻撃してきて初めて、日米戦争が勃発したというシナリオが望ましかったのである。

あくまでも、日本軍は自衛のための戦争にやむを得ず突入したと構えるべきであった。

米国が日本に石油と屑鉄の輸出を全面禁止したとしても、インドネシアの石油を確保し、さらに、インド方面に進出しインドのチャンドラ・ボース率いるインド独立軍と協力してインドの物資を手に入れるという発想がなかったことが悔やまれるのである。日本軍がインド独立軍と手を組めば、英国との戦争になるが、それでもなお、チャーチルが言うように日本の外交努力があまりにも不足していた。

いわば、押せば引け引けば押せといった阿吽《あうん》の呼吸が、外交には必須であった。英国に宣戦を布告する時に、チャンドラ・ボースと同盟を結ぶぞとチャーチルを脅す駆け引きが必要であった。英国の有色人種に対する偏見は、奴隷貿易や長い植民地支配の結果、有色人種を動物としてしか見ていなかったためであるが、なぜか明治維新以来の日本人に対しては植民地支配を試みていなかったし、一九〇二年には日英同盟まで締結している。チャーチルは、沖縄での米軍に対する日本軍の徹底的な戦闘行為をトロイア戦争のごとき叙事詩だと感嘆の声を挙げた。沖縄の民間人をも戦闘に巻き込み、二〇万人もの戦死者を出した壮絶な戦いであった。さらに、日本人として絶対に忘れてはならないことは、沖縄に上陸してきた米軍が沖縄の民間人に対して行った数々の非道な残虐な行為を、他人事としてはいけないのである。自分の身に起きた血みどろの阿鼻叫喚の世界があったということを、忘れてはならない。

昭和最後の内閣総理大臣であり、平成改元の際にその地位にあった竹下登は、戦時に飛行第二四四戦隊に入隊し、南方の激戦地に配備されるはずが、大津で終戦を迎えた。同期で多くの戦死者が出たが、竹下には幸運の女神がついていたのであろう。一九五八年の最初の国政選挙では、公職選挙法違反で二十四人もの逮捕者が出ても本人には司直の手が及ばず生き残ったのである。県議から国政に最短ルートで参入し、その後連続十四回も当選を果たした。佐藤派に所属し大物政治家橋本登美三郎の寵愛をうけ、ニューリーダーとして次第に頭角をあらわした。

一九八五年、派閥領袖の元首相田中角栄に反旗をひるがえし、田中派内に「創政会」を結成、田中が脳梗塞で倒れると「経世会」として正式に独立、一九八七年中曽根首相の裁定で第七四代内閣総理大臣に就任した。佐藤派内で角栄が佐藤派を乗っ取ったと同じに田中派を乗っ取ったわけで、歴史はいつも繰り返すのである。「気配り・目配り・金配りで総理になった」という人間関係の調整の練達者であった竹下は、自派の強固な支えもあって盤石な長期政権になると思われていたが、消費税導入の前後に発覚したリクルート事件で金庫番青木伊平が自殺するといった不幸な事件が、竹下を内閣総辞職に追い込んだ。竹下は消費税導入には相当躊躇したが、西部邁に「竹下さんは地獄を見た方だから、消費税導入はできる。むしろ彼でなければできないでしょう」「腹をくくれ」と迫られ、「くくった」と呼応したという。世界的にみても直接税と間接税のバランスの問題であって、日本の消費税は諸外国の付加価値税に比べて低く抑えられている。消費税は全ての国民に等しくかけられる税ではあるが、所得の低い国民にとっては重税であり、貧富の差を広げる元凶とされている。

竹下はふるさと創生一億円を各市町村に配り、それは大いに役立ったり、奇想天外な使われ方をしたりではあったが、戦後昭和を頑張りぬいた日本人に対する政府からのご褒美であったのであろう。様々な形で竹下登は各市町村にその名を刻んだのである。

日本人とノーベル賞

昭和から平成の御代となり、日本経済は停滞し失われた十年とか二十年とか三十年とか際限なく停滞が続いている。しかし、日本の諸都市を見渡してみれば、各都市には高層ビルが立ち並び、東京に至っては世界一の近代的都市として交通網、建築群、都庁をはじめとする公共のインフラなど、一九四五年の廃墟となった東京と比較して天地の差があることは、すでに七十七年も経過しているので、現在九十歳代の老人でまだ認知症に罹患していない人々しか実感できないであろう。

一九四五年当時の日本は全て破壊尽くされ、ろくなインフラはなく、貨幣経済は破綻していたのであるから、現在の一〇〇〇兆円を超える国債の借金と言っても、日本全国に張り巡らされたインフラを原資に日本銀行が一〇〇〇兆円の現金を印刷すれば、借金の返済など心配する必要はないであろう。吉田、岸、池田、田中、大平、中曽根、竹下たち七名の戦後昭和の宰相のインディカティブ・プログラムを総合して、果たしてなにができるだろうか。一〇〇〇兆円超の借金といまだにアンダーコントロールにはほど遠い福島原発事故、地球規模で起きている地球温暖化、ビニールなどの石油生成物による汚染と生物の生命に及ぼす危険、除草剤や化学肥料による土地や河川の汚染など、将来の子供たちや孫たちにとてつもない災厄を残して、昭和戦後の宰相たちは泉下に去っていった。無論彼らだけの責任ではないであろう。しかし、現状ではいわば「後は野となれ山となれ」という結論になるのだろうか。

気候変動については、ナオミ・クラインが提言するグリーン・ニューディールなどや二酸化炭素を閉じ込める技術的革新などにより、克服可能な事例もあるであろう。しかし、米国ですらユッカマウンテンに核廃棄物を埋めることが拒否された放射能汚染の問題は、現在の人類の科学ではお手上げの大問題なのである。昭和戦後に米国により中曽根が持ち込まされた原子力発電の後始末は、我々の子孫に数万年もの未解決悪例を残したのである。再び、アインシュタインやフォン・ノイマンのような天才が現れて、放射能を閉じこめる科学的なブレイクスルーがもたらされないであろうか。

放射能は外部被曝であればガイガーカウンターで計測可能であるが、内部被曝の場合には測定できない。海に垂れ流されたトリチウムが魚類などで濃縮され、最終的に人類の食卓に上がってきた場合、我々は全く無防備の状態に晒され続けるのである。

　戦後昭和に引き継いだ平成年間と令和の世代に唯一の希望は、科学分野において次々と日本人がノーベル賞を受賞していることである。日本を離れ米国籍となっている受賞者もいるが、受賞者すべてが日本語で教育を受け、日本語で考えて研究成果を挙げたことである。対象となった研究成果の初出は、田中耕一の研究成果を除いて、英語で出版されたものであるが、日本語で出版されたものでも先取権を主張すべきであろう。別に述べるが、たとえば全身麻酔での乳がん手術を世界で初めて成功させた華岡青洲の場合や、エクストラシストーレの発見で先取権を認めさせた木下真二の業績のように、日本語の論文が無視されてはならない。特に田中の場合は、日本で発表された学会発表を参考にしたと英文論文で「マトリックス支援レーザー脱イオン化法」を正直に発表した、ドイツのフランツ・ヒレンカンプとミヒャエル・カラスがノーベル賞の受賞から外されたことは、ノーベル賞選考委員会の画期的な判断であった。

　なぜなら、これまでには何人もの日本人研究者が本来なら対象となった研究の基盤を作ったにもかかわらず、ノーベル賞の対象から外されてきた経緯があったからである。そのもっとも有名で、専門家の間では周知の事実は、西澤潤一の光ファイバーにおける貢献である。米国のカオがノーベル物理学賞を受賞したが、彼の理論構成には西澤の理論が先行していたのであり、カオは西澤の研究室を訪れて西澤の薫陶を受けていたのである。後に関連学会は西澤のこの分野における貢献を顕彰して、西澤メダルを創設、この分野における卓越した研究者にこのメダルを贈呈している。

児童期から学童期にかけて、日本語で育ち、大学院の授業まで母国語で受け、修士論文や博士論文を英文で作成したとしても、論理的思考は母国語でなされていることが重要なのである。利根川進は大学院の研究は米国であったが、その論理的思考の基盤は母国語で培ったものであろう。欧米先進国の研究論文もほとんど英語になってしまったが、それでも、ドイツ語やフランス語の重要な研究論文がそれぞれネイティブの論理的思考でなされている。第一、あのアインシュタインの特殊相対性理論を含む奇跡の三論文はドイツ語であったではないか。人類学や遺伝学研究分野でのフランス語の書物となった文献に、四十年後に日本語に翻訳されても不動の事実として啓発される場合がある。

その中でもっとも有名な書物は、アンドレ・ルロワ＝グーランの『身ぶりと言葉』であろう。透徹した知性がホモサピエンスの人類学的発達の意味を多くの発掘された事実をもとに、「人間はその思考を実現することができるようにつくられている」と論じている。一方で、トマ・ピケティの『21世紀の資本』のように、フランス語で出版されても英語版が出れば日本語にすぐに翻訳されて出版されるが、フランス語から直接翻訳するとなるともっと時間がかかるであろう。英語をはじめとする外国の書物を日本語に翻訳して、我が国の研究者自身の研究成果を踏まえて日本語で大学生の授業を行うなどの研究体制が可能なのは、東洋圏では日本だけである。韓国や中国では日本のようにすべて母国語で書物を読み、論理的思考を母国語で行うことはできないのである。

生まれ育った母国語で論理的思考をすることで、日本ではノーベル賞受賞者が輩出するのに対して、他のアジアの国々では英語など他言語で思考しなければならないことがハンディになっているのであろう。毎年十月にノーベル賞受賞者の発表があり、二一世紀になり、日本人の受賞者が続々と出現するようになったが、彼らと同程度あるいはそれ以上の貢献をしている日本人研究者は、実際にはごろごろ存在するのである。ただノーベル委員会に取り上げられないだけで、日本人の草の根を含む、在野の研究者が多数存在している。ノーベル賞受賞者が発表されるたびに、お隣の韓国は自国から受賞者が一人も出ないと嘆いているが、自国語での幅広い教育レベルの日本との圧倒的差が、韓国からノーベル賞受賞者が出現しない理由である。

韓国の言語ハングル文字は、いったん失われていたのを明治になって福沢諭吉が朝鮮人に使用することを勧めて彼らの国語となったのである。それまで使用していた漢字文化を完全に捨て去ったので、そこに文化の断裂がおきてしまったのである。なによりも李氏朝鮮がどんな国であったかの歴史が完全に抹消されてしまい、日本に併合されたことをただただ恨んで、日本統治時代のネガティブな部分だけをあげつらっているのである。日本のような長期にわたる連続的な文化的資産のない韓国が、まともな教育ができないことは自明であろう。

同じことが、中国でも認められる。米国籍の中国人以外では、マラリアの治療薬アルテミシニンの発見で二〇一五年ノーベル生理学・医学賞を受賞したトゥ・ヨウヨウ以外、中国人が中国で教育を受けて研究を続けた科学者による受賞者は出ていない。中国で使用されている漢字の七〇％が日本人の考案による文字で、「中華人民共和国」という漢字ですら日本語なのである。異民族に王朝をひっくり返されるたびに、それまでの歴史が抹殺されてきた中国には科学的伝統が根づかなかったのであろう。中国共産党が百年の屈辱と称するアヘン戦争の当事者は、満州民族の清国であり、漢族はただただアヘンを吸って惰眠をむさぼっていたのである。

辛亥《しんがい》革命の孫文を支援した日本人には、山田良政・純三郎兄弟や宮崎滔天《みやざきとうてん》、頭山満らが知られているが、お人好しの日本人は辛亥革命を成功させたと称する孫文を熱烈歓迎したのである。頭山満は孫文を引き継いだ蒋介石が日本に亡命した際、引受人になっている。日本にとって脅威そのものであった清国を倒すことに尽力した日本人は、結局孫文や蒋介石に裏切られ、満州に残した大日本帝国の国有資産を使って蔣介石を台湾に駆逐した毛沢東ら共産党に、日本人の清国打倒の功績が全くなかったこととして忘れ去られている。

ところで、古代中国の四大発明は印刷、火薬、羅針盤、紙で、いずれもフランシス・

ベーコンやジョセフ・ニーダムによって取り上げられ有名になった。これらの四つの発明は、中国文明だけではなく世界に多大な影響を与えた。いずれも西洋世界にもたらされ、西洋文化の優位性に大いに貢献したのである。彗星や超新星の最も古い観測記録が残されているのも中国である。これらの発明や天文学の知識は、中国の中原を支配した異民族にもたらされた可能性があるが、漢族はこれらの大発明で西欧社会に対する優位性をもたらさなかった。

モンゴル人によるユーラシア大陸の西端のロシアやハンガリーの侵略や東端にクビライによる元の建国に至る広大な大帝国は、当時の知られていた世界の三分の二を支配したのである。これは後の大英帝国が世界の四分の三を支配した大帝国に次ぐ版図であった。バドウを総司令官とするモンゴル軍はハンガリーを侵略、その時点でフランスやドイツなどのヨーロッパの運命は風前の灯であったが、ジンギスカンの二代目オゴタイ・ハーンの急死により、バドウは急きょハンガリーを立ち去り、モンゴルに帰還しなければならなくなったが、モンゴルまで帰らずロシア平原に留まった。これがキプチャク・ハーン国で、その後二百年間、ロシアはモンゴルの支配下に置かれた。

ジンギスカンの子孫は圧倒的多数にのぼり、ロシア人との混血もすすみ、モンゴルと混血した風貌のロシア人が、ロシアの支配者にもその面影を留める人々が少なくない。特徴は出産時の蒙古斑であり、日本人の赤ちゃんに見られるが、かつて、第一次世界大戦で日本の艦船が地中海に派遣された時に、シチリア島で出産した赤ちゃんに蒙古斑が見られたことをC・W・ニコルが『文藝春秋』だかに記載して、歓喜の声を挙げていた。日本に帰化していたニコルは大の日本びいきで、日本海軍の軍人もやるもんだと喜んだというわけである。この赤ちゃんは、どこかの国の兵士がさんざんやらかした強姦によるものではなく、現地の女性と日本軍人との自由恋愛による愛の結晶であることはむろんのことである。

明治維新は明治天皇を担ぎ、薩長土肥の下級武士たちが大改革を成功させたが、彼らは二つの点で成功に導いたのではないだろうか。一つは、大久保利通らの欧米列強の視察であり、もう一つは米国、英国、フランス、ドイツからの教育指導者による最新知識の導入であった。函館本線の美唄駅の歩道橋は、英国から輸入し使用しなくなったレールで転用されている。日本初の鉄道レールは、日本で作られるまで英国からの輸入にたよっていたのであろう。マシュー・ペリーによる砲艦外交により無理やり鎖国をこじ開けられ、不平等条約を押し付けられた日本国は、その時点で英米などの大国の植民地となったのである。

ともかく、無為に過ごしてしまった平成の御代から令和の御代となり、導入すべきは新たな令和維新の採用ではないか。改めて欧米知識人を呼び寄せるのではなく、すでに我が国で活躍している、米国人、英国人、日本に帰化した台湾、中国、韓国の人々、たとえば黄文雄、石平、呉善花、楊海英、ケント・ギルバート、ヘンリー・ストークス（すでに故人となった）などの書物を小中高の教科書に取り入れて、日本人とはいかなる人種であるかを再教育する必要がある。『Ｗ・ｉＬＬ』、『Ｈａｎａｄａ』、『正論』などに投稿された彼らの文章が、歴史的事実の裏付けがしっかりしたものであれば、彼らを右翼的日本人にたもねる論文を書いているに過ぎないという、左翼系論壇人の批判は正当性を欠いている。一次資料に基づく事実であるならば、謙虚に取り入れて真っ当な判断をすべきであろう。

　明治維新は欧米の知識を導入することにより、アングロサクソン国家である米英、特に、一九〇二年に締結した日英同盟が日露戦争の勝利をもたらし、世界の五大国の一角に食い込むことができた。ある意味、日英同盟は日本の安全保障を維持する命綱であった。米国の干渉で英国との密接な関係が絶たれたことが、米国との戦争へとなだれ込み、国土は焼土と化し、二百六十万人もの国民が死亡し、八千万人もの餓死寸前の民が残されたのである。それでも、チャーチルのような指導者や米国軍人の中にニミッツ提督のような人物がいて、日本人を根絶やしにせよと命じたルーズベルトが亡くなっていたことで、北海道もスターリンに差し出すような蛮行が阻止されたのである。

　敗戦後の日本がたどった道は、まさにタイトロープを渡るような厳しいものであった。戦後昭和の宰相たちはそれぞれ奮闘したのであろう。それを支えた日本国民の勤勉な努力が、平成時代の停滞があったとはいえ、令和の現在があるのである。日本国憲法の前文に書いてある友好的な国家など、どこにもない。ロシア、中国共産党、北朝鮮のような強権的な独裁国家が、日本列島を射程にいれて侵略しようと虎視眈々と狙いを定めている。アイヌ人が北海道の先住民であり、かつてのオロッコやギリアークなどのロシアに支配された民族と同じカテゴリーに属するのだから、北海道はロシア領だとロシアは言い出している。しかし、青森の三内丸山遺跡や北海道の各地で発掘されている縄文時代の遺跡は、日本人の先祖である縄文人が一万六千年もの長期にわたって定住生活を続け、一万二千年前には縄文土器やさまざまな土偶などを残してきた、動かしがたい事実がある。アイヌ民族は縄文人ではなく、樺太などから後に移り住んできたのであろう。

ロシアはアイヌ人の人権を侵害した日本人を懲らしめるために、ウクライナ侵攻と同様に彼らの軍隊を北海道に侵攻させてこないとも限らない。実際に、スターリンはそのつもりで、トルーマン大統領に北海道の分割支配を要求していたのである。意外に実務家であったトルーマンは、当時は唯一の原爆所有国であった米国の軍事的優位から、その要求を撥ねつけたのだ。

樺太がユーラシア大陸とは離れた島であることを世界で初めて確認したのは、間宮林蔵であったので、後に間宮海峡と呼ばれたが、ロシアは勝手に海峡の名称をタタールに変更している。米英や中国も、間宮の業績を無視してタタール海峡と呼ぶことにしている。世界の常識では、最初に樺太をユーラシア大陸から独立した島であることを確認した日本人が、日本領土として組み入れることに誰も反対できないはずである。戦後に火事場泥棒的にソ連に略奪された千島列島にしても、ルーズベルトがスターリンに勝手に約束してしまったことが原因なのである。チャーチルとともに高らかにぶち上げた大西洋憲章を、自ら踏みにじったのである。

いまここにある危機

昭和天皇と英国

昭和天皇が崩御された日に、私たち家族は英国のブリストルのホテルに滞在していた。当時はまだブラウン管の小さなテレビに、ＢＢＣのアナウンサーは「天皇ヒロヒトはカテゴリー的にはヒトラーと同様である」と報じていた。英国人の人種偏見はかなりひどいもので、渡辺幸一氏の著書『イエロー』や古くは会田雄次氏の『アーロン収容所』を読めば明白である。

当時、私はロンドンの研究所で統合失調症の死後脳の生化学研究に取り組んでいたが、共同で使用していた遠心分離機が故障すると、必ず私が間違った使い方をしたせいだ、口にこそ出さないが、ちびのイエローの日本人のせいだと、若い女性研究者に非難されていたのである。私の近くにきてジロリと睨むのでなんであろうかといぶかったが、ああ、また目の敵にしにきたなと無視することにした。私は、あまり周囲の雰囲気を気にしない。よく考えてみれば、私のような者は欧米で研究者として生きてゆこうとすれば、結果さえ出せばＯＫの欧米の研究機関ではなんとかやっていける資質であったのではないかと、いまになって考えている。もっとも私は徹底的な語学音痴で、フランス語も教科書トーマⅡまで学習したにもかかわらず、さっぱりで、フランス語で五をサンと数えるが、日本語の三が頭にぱっと浮かんでしまう。論文は英語で書いているのに、英会話はむろんのこと英国の新聞を読むこともできないでいる。

私のロンドン滞在は昭和六十三年（一九八八）十月一日から平成元年（一九八九）一月十五日と短期間であったが、その間、英語の新聞は全く読んでいなかった。共同研究者のロバーツ博士と身振り手振りで討論さえすればこと足りていたのである。それで気が付いたのであるが、英米の研究者たちは結構日本語の論文に目を通していることである。日本語の学術誌に掲載された図表の説明を英語に訳すことを、何回か求められたことがあったからである。日本では日本語で記載された論文が世界の科学界で認められないと思っている研究者が多いが、そんなことはなく、日本人が世界で初めて日本語で発表したことを声高く訴え続ける必要があるであろう。よく、ピュアレフェリーが必要だとか、それがない論文は認められないなどと思っているようであるが、それは結局のところ、科学界がアングロサクソンに制覇されてしまった結果として現在があるのであろう。同じことは、インパクトファクターについても言える。

昭和天皇のご病気についての英国の新聞の記事の内容がとんでもない悪意に満ちていた

ことを、やはり昭和六十三年秋にロンドン滞在中であった、作家で数学者の藤原正彦氏が怒りの声を挙げたという記事が『文藝春秋』（令和元年七月号）に掲載された。大衆紙の一面に特大の見出しで「ヒロヒトよ、地獄がお前を待っている」とあったとのこと。彼は逆上して、思わず新聞売りのニューススタンドを根こそぎひっくり返そうと思ったという。日本人であれば、昭和天皇とヒトラーを同類と考える人はほとんどいないと思われる。

事後法という国際法に違反する単なる復讐劇に過ぎない東京裁判でも、米国は対米戦争における天皇の関与が立憲君主制にもとづく内閣の決定によってなされたもので、決定的な決断を天皇が独裁的に下したわけでなく、戦争の被告人としては取り上げないことを決定していたのである。英国のチャーチルにとって、英国の誇る最新鋭戦艦プリンス・オブ・ウェールズと巡洋戦艦レパルスを日本軍により撃沈されたことは怒り心頭であった。撃沈の報告を受けたチャーチルは絶句し「戦争全体でその報告以上に私に直接的な衝撃を与えたことはなかった」と、自著の『第二次世界大戦回顧録』で語っている。

この戦艦は建造したばかりで、一九四一年八月にカナダのニューファンドランド沖で米国のルーズベルト大統領とチャーチルが会談し、この艦上で大西洋憲章をぶち上げたのだ。なにしろ、英国はマレー半島やビルマで日本軍に打ち負かされ十数万人の捕虜を出した。映画にもなった、戦場にかける橋の使役を強制されたという鬱屈した怒りは、戦後も延々と残っていたのであろう。大東亜戦争の結果は日本の破滅的大敗であったが、戦勝国の英国にとっても結果としてインド、ビルマなどの植民地を全て失い、あの大英帝国が瓦解してしまったのだから、国としても最大級の損失であり、捕虜になった兵士やその家族の恨みも相当なものであろう。

チャーチルは、ドイツとの戦争に勝利するためには米国が連合国軍に参戦することが必須であり、米国民の参戦反対を覆すには日本が米国に戦争を仕掛けてくることを待ち望んでいた。しかし、彼の本音はヨーロッパ戦線だけであり、シンガポール防衛まで手が回らなかったのであろう。虎の子のプリンス・オブ・ウェールズを地中海からマレー沖に回すのは苦渋の決断であった。芯からの武人であったチャーチルは、戦車の開発や改良に造詣が深く、戦争の戦略にたけており、ドイツや日本の戦闘の苛烈さを十分に熟知していた。しかし、まさか行動中の新式戦艦が航空機からの雷撃や爆撃により撃沈されるなどということは未曽有のことで、大日本帝国海軍が世界で初めて達成した快挙であることを世界に示したのである。

この事実が逆に米軍により採用され、一九四二年六月のミッドウェー海戦で日本海軍太平洋艦隊はもののみごとに逆襲され、壊滅的な損害を受けた。日本軍の独創的発想による航行中の戦艦に対する航空機からの魚雷攻撃や爆雷攻撃が、戦艦対戦艦による砲撃という従来の海戦の概念を転換したのである。米軍を指揮した米国太平洋艦隊司令長官はくしくもあのチェスター・ニミッツであった。彼は、対馬沖での日本海海戦を指揮した東郷元帥に心酔し、東京での祝賀会で東郷に接してその人物、人間性に感服していた。彼は日本軍の作戦から学んでいたのである。米軍は真珠湾攻撃を受け、司令官をキンメルからニミッツに変更する人事を素早く行い、日本軍に対処する方策を徹底的に練っていたのである。ミッドウェー海戦での壊滅的敗北をひた隠しにして、山本をそのまま司令長官に残した大本営は、全く無能と言われても返す言葉がないであろう。

後に、昭和天皇が英蘭をご訪問された際に、日の丸を燃やされたり、卵を投げられたり、抗議デモもあった。しかし、昭和天皇の大喪の儀には各国の元首や王族に来ていただいたが、英国からはエリザベス女王の夫君フィリップ殿下が参列されていた。戦後四十五年の歳月が戦争の陰惨な記憶を薄めたことでもあるが、経済大国ではあるが、アングロサクソンから見れば、日米安保条約と日米地位協定で米国の支配下にある属国日本の発展に対していかなる想いを抱いておられたのであろうか。なにしろ、当時英国ではサッチャー首相の肝いりで英国日産がかなりの雇用を生んでいたのである。

第二次世界大戦後の英国の一般の国民の困窮ぶりは、戦勝国としてなに一つとして良いことはなく、そのへんの事情は英国のテレビドラマ『フォイルの戦争』、日本題『刑事フォイル』を見ていると、完全に破壊つくされた日本の諸都市やドイツやポーランドなどのヨーロッパ大陸の国々ほどではないにしろ、食料品や衣料品などの生活物資がきわめて乏しい生活を強いられていたことがわかるのである。日本の学校教育では、英国は「ゆりかごから墓場まで」社会保障が行き届いており、模範的な先進国として学習していたので、短期間のロンドン滞在であったが、英国人はよく言えば保守的で、田園生活をこよなく愛する国民であるが、当時の日本から出かけて行った者にすると、なんとまあ、頑固で、融通が利かない国民だろうか、とつくづく思ったものである。

私たちが英国滞在中は、いまから考えて冷や汗もので、当時の英国は二つの恐るべき危機的状況にさらされていたのである。一つは、英国だけではなくヨーロッパ全体に巻き散らされたチェルノブイリ原発事故の放射性物質による深刻な核汚染である。当時ソ連邦であったウクライナのチェルノブイリの原発事故が起きたのは、一九八六年四月二十五日であった。この事故は旧ソ連邦の政府は極秘としていたが、四月末にはスウェーデンの北部が放射線の雲で汚染されたことから発覚した。偏西風が絶えず吹いているヨーロッパ大陸の西半分の核汚染は比較的に少なかったとはいえ、ヨーロッパ各所の専門の研究諸機関が十を超える核種を伴った膨大な放射線量を記録し、原子力発電所で事故があったことが明らかとなった。英国は、アイリッシュ海に面したブリテン島中部のセラフィールドで核燃料再処理工場を運営していたが、閉鎖した現在でも放射性核燃料による著しい環境汚染に悩まされている。

もう一つの危機的状況は、当時英国からの帰国者が狂牛病に罹患している可能性があるので、日本への帰国を認めない、という報道がなされた時期があったことである。狂牛病、別名、牛海綿状脳症で平成十二年（二〇〇〇）末までに亡くなった人は英国人八二人、ドーバー海峡を渡ると、フランス人三人、さらに、遠隔地のアイルランド人一人であり、この年だけで三十人で、その後減少している。この病気は、一九八〇年代の初めに英国だけに発生した。私たちはこの時期に英国で三ヵ月と半月間生活し、すき焼きやローストビーフを食べていたのだから、その何年後かに狂牛病を発症したかもしれないのである。日本政府は、英国からの帰国者を隔離しなければと真剣に考えたと思われる。

なぜそんなに深刻な状況が出現したかというと、当時は狂牛病の原因が不明で、牛肉を食することで発病する流行病として英国を恐怖のどん底に陥れたからである。ニューギニアで発見された感染症（クールー病）を発病して死亡した人の脳を現地の女性が食して発症することが突き止められ、当初、スローウイルス感染症として、後の研究により「プリオン」と呼ばれる悪性のたんぱく質が原因とされた。その発見により、米国のダニエル・C・ガジュセックが一九七六年にノーベル生理学・医学賞を授与された。

牛に羊の脳病である海綿状脳症（スクレイピー病）にかかった肉骨粉を食べさせたために発症したと考えられる狂牛病の場合は、羊のスクレイピー病やヒトのクロイツフェルト・ヤコブ病などと総称して伝達性海綿状脳症として分類されている。これらの疾患の原因とされた感染性因子を精製しプリオンと命名したのはスタンリー・プルシナーであり、その功績により、一九九七年にノーベル生理学・医学賞を受賞している。プリオンは、ウイルスではなく蛋白質が病原性をもち、強力な消毒、プロテアーゼ、熱、放射線、ホルマリンの処理にも耐性を示す驚くべき感染力をもっている。そのため、死体から採取し、徹底的に消毒した硬膜で脳外科手術により欠損した部位を覆った患者から狂牛病が発症したのである。

日本赤十字社は一九八〇年から一九九六年の間に、一泊以上英国に滞在した者からの献血を禁止した。二〇一〇年一月二十七日からは英国滞在歴通算三十一日以上に緩和されたが、私たち一家は献血出来ないし、死んでも臓器移植の対象にはなれないであろう。

英国の経済は一九七四年までになにもかにもおかしくなり、著しく衰退しつつあった。一九六一年と一九七五年を比較すると、製造業では一人当たりの産出量高では日本は三倍であるのに対して一・五倍でしかなかった。また、国内総生産では日本は三倍強に対して英国では一・五倍弱に過ぎなかった。この間の消費者物価の値上がりが、日本と英国ではわずかに日本三倍弱と英国二・五倍強とほとんど差はなかったことから、英国経済の衰退ぶりが顕著であった。

英国の経済がおかしくなってきた理由として、一九四五年アトリーの労働党がチャーチルの保守党から政権を奪い、電力、ガス、鉄道、道路運輸の国有化を漸次行ったことにより、企業努力が不十分となり、国際競争力を失っていったせいであると言われている。このような当時の英国の状況を英国病と称していたが、同様の現象が日本でも平成年間は出現していたのである。

真珠湾

真珠湾攻撃と戦争犯罪

一九七七年八月、私はスクーターに乗って、ワイキキビーチから真珠湾に向かった。当時はまだ自動車の交通量は多くはなく、ワイキキビーチ限定のスクーターで真珠湾までの自動車道を走ることは違反であったが、あまり文句を言われることもなく、真珠湾のアリゾナメモリアルにたどり着いた。通常のハワイツアーでは真珠湾は敬遠されている。米国での「リメンバー・パールハーバー」は、日本軍の卑怯なだまし討ちにあい、戦艦アリゾナや戦艦オクラホマなど多数の戦艦を失い多くの将兵がだまし討ちにあった蛮行として、語り継がれているからである。

日本軍の真珠湾攻撃は、ヘンリー・スチムソンが述べた如く、日本軍は戦術的には大成功であったが、大国米国を相手に戦端を開く手順としては最悪な戦略であった。当時、真珠湾には空母が出払っていて、速度が遅い旧式の戦艦アリゾナやオクラホマが残されていただけであったので、米軍の実際の被害は莫大《ばくだい》なものではなかった。日本軍は近くの石油タンク群を攻撃することもなかった。ここにも、山本の美学があったのであろうか。あるいは、ハワイを占領できれば、その石油を使うことができるので、攻撃せずに残しておいたのであろうか。ウクライナを攻撃しているプーチンは、妊婦や子供たちが避難している病院や公共施設を爆撃しているが、日本軍は真珠湾の米軍基地のみを爆撃し、一般民衆を襲撃することはなかった。真珠湾攻撃を受けて、米軍は直ちに軍首脳人事を行い、体制を整えて、翌年の六月のミッドウェーでの日本軍を壊滅させることに成功したのである。

ミッドウェーで我が日本軍は虎の子の空母四隻を失った。飛び立つ前の艦載機のほとんどを失い、多くの優秀なパイロットが亡くなってしまった。唯一大敗の責任をとって、山口多門少将が、大破した飛龍に加来止男艦長とともに自軍の電撃処分で太平洋の海の藻屑となった。ミッドウェー海戦の敗戦こそは、大本営はその事実を国民に開示し、今後の進めてゆく国家の方針を国民に問うべきであったが、その事実を国民に隠蔽し、敗軍の将兵を隔離してまで、嘘の戦果を発表し、山本などの人事を変更することもなく、この重大な敗戦から学ぼうとしなかったのである。

練りに練ったニミッツらの航空機による航空母艦の爆雷は、すでに日本軍が成功していた戦略を研究しつくした成果であった。潜水艦乗りであったニミッツによる徹底した日本の軍民を問わない艦船の撃沈は、太平洋における日本軍の軍需物資や兵站をことごとく奪い取っていった。本来日本が得意とする戦艦、駆逐艦、航空母艦、潜水艦、輸送船などの護送船団方式をとっていれば、米軍による日本本土襲撃はもっと遅れたのではないか。特に、台湾とフィリピンの間のバシー海峡を死守し要塞化を図っていたらよかったのに、闇雲に太平洋の諸島に援護もなく兵隊を送り込むという、まさに戦略なき発想しかできなかった大本営は、明らかに厳罰ものである。

タイのククリット・プラモート元首相は一九五五年十二月八日付けの新聞サイアム・ラット紙に「一九四一年十二月八日の日本の真珠湾攻撃のおかげで、その後にアジアの諸国はすべて独立した。我々はこの日を忘れてはならない」という意味の記述を発表したという。しかし、この記述は事実ではないとする書物もあり、ことの真意は不明であるが、大東亜戦争を日本軍が米英と戦った結果として、インド、インドネシア、ミャンマー、ベトナムなどが英国、オランダ、フランスなどから独立できたことは紛れもない歴史的事実である。ウクライナのゼレンスキー大統領が米国議会で演説した際に、日本軍による真珠湾攻撃の話を持ち出したが、九・一一の時もリメンバー・パールハーバーと耳にタコができるぐらい報道された。ルーズベルトとチャーチルの謀略にみごとに引っかかった日本軍は、ボクシングでいえばガードを下げた状態の真珠湾に無鉄砲に攻め込んでしまったのである。

しかし、日本軍はどんなことがあっても米国と戦端を開くべきではなかった。フランスとオランダはすでに同盟国ドイツに降伏していたのだから、オランダ領インドネシアのパレンバンの石油が手に入ったのだし、シンガポールが日本軍の手に落ちたのだから、次はインドのチャンドラ・ボースと連携して英国と対峙《たいじ》すべきであったろう。日本軍の対面する敵はあくまでソ連軍であり、満州を死守し軍需物資や兵站を調達し、米国の前大統領ハーバート・フーバーが大著『裏切られた自由』で著述しているように、スターリンとヒトラーの軍隊を徹底的に戦わせて、互いが消耗しつくし戦争継続が不可能になった時に米国とともに仲裁に入るという図式が、もっとも望ましかったのではなかろうか。こういった構想は石原莞爾がすでに描いていたのである。蒋介石も毛沢東も彼らだけでは中国をまとめることはできなかったのであり、その意味では近衛文麿の「シナを相手にせず」と宣言したのは、中国には漢人による真っ当な軍隊などは存在せず、当時の帝国主義諸国の傀《かい》儡《らい》の軍隊しかいなかったのだから当たり前のことであった。

東京での戦争犯罪人の軍事法廷で、この真珠湾攻撃が日本軍による戦犯行為の主題にならなかった事情については、ヘレン・ミアーズの『アメリカ人の鏡・日本』に詳しい。ミアーズは、パールハーバー以前と以後の日本人の見方について詳細に分析している。ミアーズは「日華事変からパールハーバーへ」で次のように述べている。この記述はもっとも重要なので、伊藤延司氏の訳書から引用する。

「私たちは満州事変で日本を有罪としたが、事実はそれほど明確でも、単純でもない。同じ法的根拠で日本を有罪とした日華事変とパールハーバーについても、確定的なことは言えない。私たちは今日、日本はまずアメリカを、そして世界を征服するステップとして中国を征服しようとした、と非難している。しかし、日本は中国征服の意図を否定し、逆に中国人民を悪政とイギリスをはじめとする西洋の支配から解放しようとしたのだと反論する。そして、アメリカの征服の意図などまったくなく、むしろアメリカとの友好関係を維持するためにあらゆる努力を払ってきた。にもかかわらず、アメリカは経済的利益の防衛のために、あるいは曖昧な戦略的理由から、またときにはイギリスのために、日本の死活の問題に介入した、と日本は主張するのだ」

その後の多くの他の著作で、たとえば、ハーバート・フーバー、ヘンリー・ストークス、ケント・ギルバート、ハミルトン・フィッシュなどがこのへんの事情を明らかにしている。日本人の歴史家から見ると、当時の米軍による日本占領がマッカーサー元帥の胸の内三寸で実施されたと考えているようであるが、ミアーズやルース・ベネディクト、さらに、英国のジェフリー・ゴーラーの日本人論、日本文化論が敗戦後の日本占領方針に甚大な影響を及ぼし、米国政府首脳の日本占領方針となっていたことがわかる。このあたりの詳細な研究論文が福井七子により報告されている。

結局、日本軍がパールハーバーを攻撃さえしなければ、歴史は大きく変わっていたということである。このたびのジョー・バイデン大統領がエアフォース・ワンに乗って日本に降り立った飛行場は、羽田空港であった。さすがに米国大統領が訪日する際には米国の植民基地横田というわけにはいかないが、多くの米国軍事関係者は、日本訪問の時にはいつも横田基地に降り立ち、ヘリコプターで東京の米国施設に飛んでくる。羽田空港では大統領に寄り添うように随行員が核のボタンの入った黒い鞄を持って付きしたがっている。年間一〇〇兆円もの軍事費を使っている米軍と比較して、日本の軍事費は五・三兆円程度であり、十八分の一程度に過ぎない。核ミサイルや核のボタンの維持管理に膨大な費用がかかると思われるが、日本は米国の核の傘に依存しているのだから、費用対効果を考えれば軍事費の節約になっていることは間違いない。トランプはすぐそのことに気が付き、「日本も核武装せよ」とツイートしている。しかし、日本の核武装に最も反対するのは米国であり、キッシンジャーの言う「瓶の蓋」は外すはずはないであろう。

たとえ破れ傘と言っても、米軍が沖縄や日本各地に基地を置いている限り、核の傘は立派に機能しているのである。米国の日本支配は実にみごとであり、現在も日本国は米国の植民地のままであり真の独立国でないことを、多くの日本人は理解していないか、知らないことにしているのか、どちらかなのであろう。保守系の政治家の中でも、日米同盟を対等な条約と思い込んでいる多くの議員がいるようである。かつて、不勉強な鳩山由紀夫は沖縄の米軍基地を沖縄から移設できると本当に思い込んでいたようである。沖縄は現在も米軍による占領地であり、決して手放さない、米国の戦勝により獲得した米国領土なのである。そして、情けないことには、もはや中国の脅威から身を守る唯一のお守りは、沖縄基地をはじめとする日本各地の米軍基地の存在であることは明々白々である。

中国は三隻目の空母を建造しつつあり、いまや日本や台湾にとって、恐るべき脅威になっている。沖縄県民や心ある日本人にとって真に残念なことであるが、ここにいたっては、普天間の米軍基地を日本に返還するという約束は辺野古の基地造成に関係なく反故にされるであろう。辺野古はヘリコプター基地であり、海兵隊がグアムに撤退したら、中国軍が尖閣諸島を奪いにくることが確実と言える。いまだに、国軍でもない自衛隊は彼らの圧倒的軍事力の前には全く無力で、ただ指をくわえて見ているだけとなるであろう。占領時に突き付けられたマッカーサー憲法は、成立過程で従来の大日本帝国憲法に違反しているのであるから、独立した国民による憲法改正でなければならず、早急に改定し自衛隊を国軍と明記する時期にきている。

プーチンのウクライナ侵攻を他人事のように見ていてはいけない。プーチンと双生児の習近平が、尖閣諸島、沖縄、日本列島を台湾侵略と同時進行で軍事進攻を仕掛けてくる可能性を否定できないのだ。「九条を守る」というお札を額につけていれば安全と考えている能天気な御仁は、ミサイルが飛んできたら、自分だけが爆撃を避けられると信じているのだろうか。ウクライナの人々の惨劇をまともに見ておれず、なにもできない自分たちにひどく腹が立ち、いたたまれない感情に囚われはしまいか。東京が習近平や金正恩が打ち込んでくるミサイルで火の海になる可能性は、ゼロではないのである。

日本軍が真珠湾攻撃を行ってしまったことにより、末代までリメンバー・パールハーバーと非難され続けているが、東京裁判の本音は、アメリカに逆らったジャップに対する見せしめのリンチそのものと言えよう。日本軍は米軍の軍事力に敗れたのであって、英国とオランダを彼らの植民地より追い出したのだし、ソ連は卑怯にも一方的に日ソ不可侵条約を破棄して火事場泥棒を働いて満州、樺太、千島列島を侵略したのだ。敗戦を受け入れた日本にGHQが占領しにやってきたが、実質、米軍単独による占領であった。GHQのトップで乗り込んできたマッカーサー元帥は、単なる復讐劇に過ぎない東京裁判の裁判長にオーストラリアのウエッブを指名し、連合国と称する各国から裁判官を任命し、連合国による裁判を装ったが、鼻っから東條英機らを戦争犯罪人に仕立て上げる米軍の茶番劇を、正義の法廷の判決として強引に実行したのである。

すでに述べたように、ヘレン・ミアーズの『アメリカの鏡・日本』が明らかにした事実から、一方的に日本の軍国主義を非難するような資格を米軍や連合国は持ち合わせていないのである。マッカーサー元帥はこの裁判開廷前に山下奉文大将と本間雅晴中将をフィリピンの軍事裁判で処刑している。自分に汚点をつけた罪を本間中将に、米軍が虐殺した多くのフィリピン人殺害の罪を山下大将になすりつけ、東京裁判で自分たちの汚点が白日のもとに晒されるのを避けたかったのであろう。この二人が法廷に出れば、こそこそコレヒドールから逃げ出した自分の権威が惨めな汚点となって白日のもとに晒されるのを恐れたのであろう。

靖国

原爆投下の背景

太平洋戦争が真珠湾攻撃で始まった一九四一年十二月八日、私の叔母の節子は留萌の女学校一年だったが、雪のその日、全国でも行われた提灯行列が留萌の町長の官舎の前を通り過ぎるのを高揚する気持ちを抑えきれずに見つめていたことを、昨日のことのように思い出すと言っていた。三歳年上の兄は東京の大学に在籍中で、自宅には母親だけがいたが、町長の父親は役場から当分帰らない。

翌年一九四二年の六月、ミッドウェー海戦で日本海軍が壊滅的敗北を喫し、この敗北以後、米軍の圧倒的な戦力の投入により、一九四五年八月十五日の終戦までの三年の月日は、敗戦の泥沼へ向かって真っ逆さまに転げ落ちていったのである。南西太平洋に展開していた日本軍の玉砕や、沖縄での民間人を巻き込んだ日本軍の壊滅的敗北、東京、大阪、名古屋などの大都市や中小の都市への木や紙でできた建築物を燃え上がらせる焼夷弾（ナパーム弾）の投下による民間人の大虐殺、広島と長崎への原子爆弾の投下など、米軍は思いつくかぎりの大殺戮を、真珠湾攻撃やフィリピン占領に対する報復として、余裕しゃくしゃくとして日本軍のみならず日本の民間人に対して、新兵器の実験場としてその絶大な効果を試したのだ。ペリリュー島や硫黄島で日本軍の激しい抵抗にあい、米軍もそれなりに兵士の死傷者があった。広島と長崎に落とした悪魔の兵器リトルボーイとファットマンにより、日本で撃ち落とされ落下傘降下して捕らえられた米軍とオーストラリア軍の若者たちも、日本人と同様に強烈な熱線に焼けただれて命を落としたのである。

広島や長崎に米国などの兵士が捕虜となっていることを、米軍指導部はわかっていた。彼らは、自国のために戦った兵士を平然と見殺しにしたのだ。日本の降伏が決定的であった時期に、大急ぎで莫大な予算を使って作り上げた新兵器を、実験的に二種類の原子爆弾としての性能比較を試みたのである。すでに、プルトニウム型はアリゾナ州の砂漠アラモゴルトで実験ずみであった。その驚くべき爆裂に原爆製造のマンハッタン計画の指揮をとったロバート・オッペンハイマーは「われは死神、世界の破壊者になった」と口走った。当時、実験現場の近くになにも知らずに入り込んでいた女子学生たちがいたという。彼女たちは世界初の原爆の被災者となったが、この事実は米軍首脳部に隠蔽され最近まで知られることはなかった。

マンハッタン計画は米国民に完全に隠匿《いんとく》されていたが、計画に参加した研究者や作業員にはソ連のスパイが入り込んでいて、この恐るべき爆弾の開発はヨシフ・スターリンには筒抜けであった。もっとも有名な原爆スパイは、クラウス・フックスである。彼は一九四三年からロスアラモス国立研究所に勤務、理論物理学者として、原子爆弾および水素爆弾の製造に不可欠な臨界計算に貢献していた。プルトニウム爆弾の臨界に必要な爆縮レンズ開発に深くかかわっていたのである。原爆の秘密をソ連に渡した罪で逮捕され、死刑が執行されたローゼンバーク夫妻はいわば使い走りであって、おそらく見せしめの犠牲者であった。セオドア・ホールなどの理論物理学者を含め、実に多くの原爆スパイが存在したことが、ベノナ計画のファイルの情報公開により明らかになった。しかし、ベノナ計画による解読文書は不完全であったので、伝聞証拠禁止の原則を侵すため裁判で使う証拠とならないという見解もあった。ならば、大東亜戦争でBC級被告人として処刑された日本軍人は全く浮かばれないであろう。ゴールポストを動かす特技は、世界を支配する人種のよく用いる手段であることが納得されるであろう。

田舎のおっさん風でいかにも抜け目のなさそうなスターリンであっても、物理学者の頭脳ではないので核分裂の意味を理解することはできなかったであろう。冷静で酷薄非道であったユダヤ系ロシア人ウラジーミル・レーニンについで、いつの間にやらナンバーツーにのし上がっていたグルジア（現ジョージア）人スターリンは、レーニンからもっとも警戒されていたが、レーニンの死後権力を握ると、ロシア革命を実行した同志をかたっぱしから粛清していった。世界同時革命をとなえるユダヤ系ロシア人レフ・トロツキーを追放し、最後には刺客を送って暗殺した。革命の同志のみならず、赤軍の将軍たちも次々と処刑してしまい、そのため、ナチスドイツが攻め込んできた時には、迎え撃つ戦闘集団を指揮する将軍がいないという事態に陥っている。

米国のルーズベルトが米国議会に通した武器貸与法により、ソ連は米国より一万両もの戦車やジープなどの車両、戦闘機さらに大量の武器の貸与を受けていた。すなわち、共産勢力がナチスドイツに反転して破滅させたのは、米軍の援助によるものであった。現在のペトログラード、当時レニングラードと呼ばれた都市を、ナチスドイツは九百日間も包囲した。米国の援助がなければもっと早く陥落したと思われ、ヨーロッパ戦線も歴史とは違ったものになっていただろう。後に、米国とソ連が冷戦となり核兵器開発で恐るべき事態が出現する、などということは全く考えていなかったのであろう。

ルーズベルトの政権に深く浸透していた共産主義者による暗躍によりもたらされた「裏切られた自由」について、ルーズベルトの前の大統領であったハーバート・フーバーがその大著によって明らかにしている。ルーズベルトにより承認され、米国民には隠蔽されて開発された原子爆弾製造マンハッタン計画は、参加した科学者の内通者により、前述のとおりその情報がスターリンに筒抜けであったが、ルーズベルトの四選の際に唐突に指名された副大統領ハリー・トルーマンには知らされていなかった。ルーズベルトも一九四五年四月に死亡するかなり前から、メラノーマの脳転移による脳機能障害により、その判断力の著しい低下から、原爆製造の進捗状況についてては全く関心がなかったのである。

したがって、原爆製造と原爆投下にはシビリアンコントロールが機能せず、陸軍長官ヘンリー・スチムソンとマンハッタン計画の直接の責任者であったレズリー・グローヴス准将を頂点とする米軍軍部の独断で、米国の議会に諮《はか》られることもなく実施されたのである。ハリー・トルーマン大統領は、彼らの計画どおりに原爆投下命令を下したに過ぎない。忘れてはならないのは、日本への原爆投下当時の英国首相はチャーチルに代わってアトリーであったが、原爆投下は英国と米国の両者の合意に基づいて行われることになっていた。すなわち、すでにその資格を欠いていたチャーチルの命令によって、日本の無辜《むこ》の民が三〇万人以上虐殺されたのだ。

節子の三歳上の兄の親友であったYにも赤紙がきた。戦争がすんでもYが戻ることはなかった。まだ十八歳であった節子は、Yとは許嫁であったと思っていた。南方の戦場に向かう輸送船が撃沈され、太平洋の藻屑となったのだ。戦後、節子は北海道庁の事務員として働き、四五歳で急性白血病に罹患し、発病後たった一週間で急逝した。節子がいつごろから毎年八月十五日に靖国神社を訪れるようになったかは不明であるが、東京大空襲時田舎に疎開していたので、生き残ったK家の一人であった又従姉妹の宅に滞在し、Yの御霊に会いに出かけていた。節子の居間には、Yのセピア色ではあるが凛々しい立ち姿の若い写真が飾られていた。

節子は口の悪い父親（私の祖父）に「節子は鼻曲がりの鮭だ」と揶揄《やゆ》されていたが、少女時代には原節子によく似た美少女であった。年齢が増すごとに津島恵子似になっていく節子に憧れて、I氏という由緒正しい家系の男性からのプロポーズも、かなり年下だからという理由でお断りしていたのである。節子は津島恵子と同じ年であったので、八十六歳で亡くなったこの大女優の訃報をテレビ報道で知って、叔母が生きていれば積もる話もいっぱいあったろうと思うのである。当時の婦人雑誌では津島恵子は映画女優としての最盛期で人気ナンバーワンであり、第二位は岸恵子であった。

日米同盟を強固に

靖国神社が日本軍国主義の象徴であるとされることから、天皇陛下や我が国の総理大臣が八月十五日に参拝できないでいる。韓国と中国共産党のみならず、東京軍事裁判史観を押し付ける米国からも難色を示されるので、参拝することができないでいる。「靖国で会おう」と突撃していった多くの若者の御霊は、命じた国の責任者が尊崇の念をもって祀ることができないでいる。

東京裁判は米軍主導で他の連合国を引っ張り込んで、いかにも正当性があるごとく装い、日本軍国主義を徹底的に裁いたのである。本来このような裁判は事後法に過ぎず、インドのパール判事が下したように軍事裁判そのものが不当なものであり、A級戦犯は全員無罪とする彼の主張は正当なものである。極東軍事裁判は東條英機らを絞首刑にしたが、マッカーサーは彼の個人的な恨みで山下奉文大将をマニラでの軍事裁判で絞首刑、本間雅晴中将を銃殺刑に処した。マッカーサーの執念深さは異常なレベルで、山下は一九四五年十月八日の第一回公判からわずか二ヵ月、十二月五日に最終弁論、真珠湾攻撃記念日（米時間、十二月七日）に死刑判決が下され、翌年の二月二十三日に帝国陸軍大将としての軍服および一切の勲章を着用させず、米軍のカーキーシャツとズボン、緑色の作業服姿で極秘裡に行われた。マーフィー米最高裁判事はマニラ裁判には批判的で、「でっちあげ裁判」と呼んだ。「もし敗戦の敵将を処置するために、正式な手続きの仮面をかぶった復讐と報復の精神をのさばらせるならば、それは同じ精神を発生させ、全ての残虐行為よりも永久的な害毒を流すものである」と述べている。

米軍は朝鮮戦争の時も連合国軍による戦闘であると主張するが、実働部隊は米軍である。そもそも日本軍と太平洋で壮絶な戦闘を繰り広げ、多くの若者の犠牲者を出したのは米国であって、連合国の兵士は微々たるものである。日本にポツダム宣言を受け入れさせるのに、ソ連の参戦など全く必要がなかった。日本を壊滅させたのは米軍であって、ソ連ではなく、蒋介石や英軍、オランダ軍ではなかったのだ。しかし、日本の占領にあたって、形の上だけ連合国軍最高司令官マッカーサーとして君臨したが、本質は米軍単独支配による永久的日本占領を目論んでいたのだ。戦艦ミズーリ甲板上での降伏文書調印時のマッカーサーの大演説は、コレヒドールに置き去りにしたため日本軍に降伏したジョナサン・ウエンライト中将とシンガポール陥落により捕虜となった英軍陸軍中将アーサー・パーシバルを陪席させて、絶対的権力者として得意満面に宣言された。わざわざ、日本の開国を迫ったマシュー・ペリー提督の旗艦の米軍国旗を掲揚していたが、国旗の星の数三十一が一九四五年時の四八より十七少ないことが、その後いかに米国が領土拡張に奔走したかを歴然と示したことになるのだ。

その後、四九番目がアラスカ州で、五〇番目がハワイ州、次に征服したプエルトリコはどうするのか、いったんは植民地としたフィリピンは米国の州として相応しくないとのこと、次に日本は形の上だけ独立国であるが、マッカーサー憲法、日米安全保障条約、日米地位協定三点セットで、いざことあれば、米軍の指揮下に隷属されることは麻生幾の指摘しているとおりである。現実に米軍は沖縄米軍基地をほぼ永久的な獲得領土としている。日本のシビリアンコントロールが入り込む余地はないが、米軍の場合はトランプ前大統領がツイートしたように、もっと金を出さないと米軍を引き上げるぞと脅すぐらいに、米国のシビリアンコントロールは万全なのである。沖縄本島の辺野古のサンゴ礁を埋め立てて米軍の永久的基地を日本国の金で構築せよとの米軍の命令は絶対であって、日本政府はその命令に従わざるを得ない理由は、マッカーサー憲法、日米安全保障条約、日米地位協定の三点セットをじっくり眺めてみれば納得できるのである。

戦後七十七年、気が付いてみれば、恐るべきフランケンシュタイン化した赤化中国が、台湾と沖縄、尖閣諸島に進攻しようと虎視眈々と狙いを定めているのである。田中角栄による日中平和条約調印とその後の六兆円にものぼるODAが、取り返しのつかない負の遺産をこれからの日本の若い世代に引き継がせることになってしまったのだ。この苦境をいったいどうやって乗り切ってゆけばよいのだろう。かくなるうえはアメリカ様におすがりして、平和日本を絹のカーテンで守ってもらうしかないのであろうか。マッカーサー憲法の前文にあるとおり「平和を愛する諸国民の公正と信義に信頼して、われらの安全と生存を保持しようと決意した」わけであるが、現在、周囲を見渡してみれば、どこにそんな諸国民がいるのだろう。憲法九条のごとき耳なし芳一のお札を国中に貼って、恐るべき赤化中国の毒気を回避するということであろうか。

結論として現在言えることは、より強固な日米同盟を維持してゆく以外に日本の生きてゆく道はないであろう、としっかり自覚することである。確かに、辺野古に米軍基地を作るために、できあがるのに何万年もかかるサンゴ礁を破壊することになるが、いったん破壊すれば、もう二度と復活することはないであろう。問題は、現在は米軍従属であっても日本人としての誇りを堅持し、我々の子孫に日本人が二千六百年の歴史の中で培ってきた日本的精神、たとえば、聖徳太子の「和を以て貴しとなす」とか、戦前の教育勅語を再検討してその良いところを抜粋して、教科書に用いることではないだろうか。別のところで述べた台湾の李登輝や黄文雄の書物を、我が国の教科書として採用することも必要であろう。

かつて、札幌農学校で学び、世界に跳躍した農学校二期生新渡戸稲造の『武士道』、内村鑑三の『代表的日本人』、廣井勇の英文の土木工学書を、日本の若者を教育する教科書に引用するべきであろう。彼らはクラークの残した「イエスを信じる者の契約」に署名し、クリスチャンになったが、日本列島に生を受け、日本人的精神で幼少年期を過ごした、代表的日本人なのである。一八七六年札幌農学校にクラーク博士が連れてきた二人、ウィリアム・ホイラーとデビッド・ペンハロー、翌年にウィリアム・ブルックス、一八七九年にはセシル・ピーボディの米国の二十歳台の若者たちは、まさにヘレン・ミアーズの言うところの日本人のメンターとして、十代後半の日本の若者たちを指導したのである。農学生たちはその教えを日本的精神で受け止め、みごとに日本だけではなく、欧米の知識層にも日本的精神を知らしめた。新渡戸の『武士道』はテオドア・ルーズベルトもジョン・F・ケネディも絶賛したのである。

屋久島

ミッドウェー海戦と中国戦線

屋久島は、三百六十五日雨が降るといわれるほど雨量に恵まれた島である。私たちが訪れたのは一九六四年三月で、札幌から鈍行列車を乗り継いで、鹿児島までたどり着き、開聞岳に登ったり、桜島の大隅半島側の林芙美子の碑を訪ねてみたりした夜に、屋久島行きの客船に乗り込んだ。鹿児島湾を航海しているうちは海は凪いでおり、のんびりしていたが、湾を出て黒潮に乗った途端に猛烈な揺れがきた。ほとんど意識が絶え絶えで、船倉でひっくり返っていた。

翌朝、私の登山靴が他の乗客の嘔吐物でいっぱいになっていたのには仰天した。屋久島の安房に到着した日はまだ船が接岸する港の埠頭が完成しておらず、艀《はしけ》に乗り移って桟橋に到着した。安房の宿に登山前後二泊、山頂付近の花之江河でキャンプ一泊と電源開発の寮に泊めてもらった一泊で四泊五日の間、晴天に恵まれた。高層湿原である花之江河のど真ん中にテントを張ることができた。普段なら水浸しで、とてもそんな贅沢なキャンプはできなかったであろうと思う。翌日の宮之浦岳登頂も晴天に恵まれた。目の前にごろごろした岩をのせた永田岳がそびえ立ち、この島の成り立ち、花崗岩で形成された山群であることを物語っている。

私たちが屋久島に来た二年後、一九六六年になって、屋久杉で最も有名な縄文杉が発見された。樹齢が四千年と言われている。約三十年後の一九九三年にユネスコの世界自然遺産に登録され、縄文杉も世界的に有名になっているが、私たちが訪れた当時の屋久島はひなびた観光地に過ぎなかった。その最たる証明は、私たちが屋久島を去る日に目の当たりにしたのである。

屋久島の安房の港に大型のフェリー埠頭が完成し、初めて船が横付けされた時、なんと、波に煽られて、岸壁に船の横腹が衝突して少しへこんでしまったのである。フェリーの船長も屋久島の出身で、屋久島初のフェリー岸壁管理官も岸壁に車のタイヤを吊ることを知らなかったのか、なにしろ初めてのことなので、ついうっかりしていたのかもしれない。いずれにせよ、屋久島の安房港初の鹿児島行きフェリーに乗船できたことは光栄なことではあった。ただ、このフェリーが新造船であったか古い船であったかは全く記憶にない。その晩の船旅では揺れることもなく、早朝の鹿児島港に無事たどり着いた。

黒潮に洗われる外海と異なり錦江湾はおだやかで、水深が浅いことから、真珠湾攻撃の一年前から爆撃機から戦艦目がけて爆雷を発射する練習が繰り返されていたという。山本五十六はどうしても真珠湾攻撃をやってみたかったのであろう、その結果どういう事態になるのか、先を見通した戦略を欠いた一発勝負をかけた攻撃であった。当時、八木《やぎ》アンテナの戦略的意義を理解できなかった日本軍部の指導層の科学的知識の欠落はひどいもので、人、物、金、科学的頭脳などすべて米国に劣り、精神力でのみ対米国戦に突入していった愚挙の最たるものが、真珠湾攻撃であった。

　八木アンテナの有効性を理解した英国は、ナチスドイツの空襲をものの見事に阻止したレーダーの開発に成功していたのである。八木はすでに一九二八年ニューヨークで行われた学会で論文を発表、世界の研究者からは絶賛されたが、日本ではその研究は理解されず、特許の延長すら却下されたのである。一九四二年六月のミッドウェー海戦では、米軍はこのレーダーを駆使して我が日本連合艦隊をほぼ壊滅状態にまで破壊したのである。この海戦で唯一戦果をあげ、米軍の空母ヨークタウンを自走不能にした指揮官山口多聞少将は、日本軍の壊滅的敗戦の責任を自ら引き受け、沈みゆく船の船長とともに太平洋の藻屑となった。これは日米戦争を指導した大本営に対して、すでに負け戦であることを日本国民に知らせ、米国との和平を求めるようにと考えたのではないだろうか。大本営がこの日本連合艦隊の壊滅的大敗を隠蔽し、しかも大戦果があったと嘘の発表までして、あろうことかこの海戦から日本に引き上げた将兵に箝口《かんこう》令を敷き、一部の将兵を軟禁状態にしてまで、国民の目から隠したのである。

山本五十六は駐在武官として米国に滞在した経験があり、米国の工業力の巨大さを十分に理解していたはずである。戦争を始める以上、ワシントンのキャピタルに日章旗を打ち立てるだけの軍事力を持ち、少なくみてもカリフォルニア州を占領するほどの工業力すら持っていない日本の現実が、なぜ見えなくなっていたのか。いまから考えてみれば自明なことだが、大和魂といった精神力によってのみ先の全く見えない大博打《ばくち》に博打好きの山本五十六がのめり込んでしまったと思われる。

当時、ハワイの軍港のそばには巨大な石油備蓄基地があった。日本軍はまずハワイを占領してその石油を奪い、近くを航行していた米軍の航空母艦群を探知し航空機による爆雷攻撃で全部沈めてしまうという発想がなかったことが悔やまれる。なぜなら、すでにマレー沖海戦で英国の誇る最新鋭軍艦プリンス・オブ・ウェールズとレパルスを航空機による魚雷攻撃で撃沈するという快挙を、世界初で我が日本軍はやってのけていたのだ。戦略上、さらにモントレーやサンディエゴの軍港を襲撃し、パナマ運河を運行不能にするほどの軍事力がなければ、米国と戦端を開くなどということは絶対してはならなかったのである。日本軍の中枢大本営には米国通がほとんどいなかったことも、米国を見くびり、精神力でのみ突っ走るという愚挙に出てしまったのである。たとえ、ミッドウェー海戦で勝利したとしても、我が国は米国の航空機生産力を中心とする巨大な工業力、生産力に匹敵するものを持ち合わせていなかったので、いつかは敗戦の泥沼に引きずりこまれたであろう。

歴史にifは許されないが、東條英機ではなく、石原莞爾を首相に抜擢する英断を昭和天皇が決断していたらと悔やまれる。石原は一九三一年の満州事変の首謀者であったが、満蒙独立論を唱え、最終戦争たる日米決戦に備えるため関東軍から満州国を自立させることを主張していた。一九三六年の二・二六事件の際、石原は参謀本部作戦課長であったが、東京警備司令部参謀兼務で反乱軍の鎮圧の先頭に立った。後に、昭和天皇は「いったい石原といふ人間はどんな人間なのか、よく分からない、満州事変の張本人でありながらこの時の態度は正当なものであった」と述懐している。昭和天皇が自らの意志を表明したのはこの事件と終戦の決断だけであったので、日米戦争をやむを得ぬと考えた時に日米戦争と石原が天皇のこころの中で結びついていたら、と惜しまれるのである。

石原は東條とは犬猿の仲であったが、太平洋戦争に対して、「油がほしいからとて戦争をはじめる奴があるか」と絶対不可であると説いていたが、受け入れられることはなかった。石原の事態打開策は、米国の我が国に対する最後通牒といわれるハル・ノートと奇しくもほぼ同様の内容であった。まず引き下がり、工業力を高めていつか来る決戦に備えるべきとの冷静な判断であった。広大な満州国で工業をおこし、戦後に満州では石油が出たのであるから、その油徴を見つける技師を育てるなど十分な準備をしておくべきであった。しかし、石原は東條を「東條上等兵」と呼んで馬鹿にし、ことあるごとに無能呼ばわりしたので、こころよく思わない東條の根回しにより左遷され、太平洋戦争開戦前の一九四一年三月に予備役へ編入された。

確かに、日本陸軍の暴走により中国との戦線が拡大したことは、中国に並々ならぬ関心を抱いていた米国の神経を逆なでしたのであろう。全く同じ歴史の繰り返しが田中角栄によって実施され、米国の並々ならぬ中国に対する権益にずかずかと入り込んだ目障りな介入に対して、角栄追い落としが行われたのである。まさに、歴史は性懲りもなく繰り返すのである。当時の日本政府が米国の意図をしっかりと読み取り、対米国参戦派の筆頭であった東條ではなく、あくまで対ソ対戦派であった石原を総理にする発想がなかったことが、当時の日本人エリートたちの限界であったのであろう。

戦後、禁句のようになっていて誰もあえて言わないが、女真《じょしん》族の清が中国大陸を三百年も支配していた時期には、漢人は小さくなっていた。辮髪《べんぱつ》や纏足《てんそく》を強制されても反抗できずに過ごしていたのだ。満州族はモンゴル、チベット、ウイグルの人々を自分たちと同列に扱い、漢人は一段下の種族として支配していたのだ。漢人が辛亥革命で清を倒したといっても、実際の戦力は清の軍閥（満州族に雇われた漢人）による反乱に過ぎなかった。実際に漢人が独立戦争を主体的に行ったわけではない。

中華民国の建国の父と言われる孫文は、清が一九一一年に軍閥により倒された時、アメリカにいたのである。翌一九一二年、孫文を臨時大総統とする中華民国が南京に成立した。中国大陸には方々で軍閥が勝手に主権を主張し、英仏独米などの列強が上海などに租界を作り、それぞれの植民地を支配しており、それぞれの軍閥に武器援助のみならず、部隊の軍事支援をして、いわば代理戦争を馬鹿正直な日本軍が引き受けてしまったのである。

日本軍が一番手を焼いた軍隊は、皮肉なことにドイツの将校が率いた部隊であった。蒋介石ですら、中国大陸全体を統率したことは一度もなかったのである。蒋介石の軍隊のお粗末さは黄文雄の『台湾は日本人がつくった』を読めば明らかである。さらに、国民党軍の軍人が書いた書物で、中国軍は前線から撤退する兵士を背後から撃ち殺していたのである。国民党軍はまともな戦力ではありえず、隙あれば逃げ出すといった烏合の衆の集まりで、司令部としては敵前逃亡を許さなかったのであろう。日本軍の南京攻略時は蒋介石をはじめ将校たちがいち早く逃げ出したので、残された部隊は便衣兵《べんいへい》になって姿を隠したのであろう。

南京大虐殺は、東京裁判でマッカーサーがでっち上げたものであったと思われる。なにしろ、マッカーサーの父アーサーはフィリピン人に独立を約束したのに、それを反故にしてフィリピン人二十万人を虐殺したので、虐殺というのはおおまかに二十万人程度が妥当と考えたのであろう。現代も使われている米国の教科書には、四十万人もの中国人が虐殺されたと書いてあるらしい。広島、長崎のホロコーストを隠蔽する真っ赤な嘘を、東京軍事裁判ではどうしても必要としたのである。

中国の共産党勢力にいたっては、江西省瑞金《ずいきん》を拠点としていたが、国民党軍に包囲され、狭西省延安にまで逃避行を行った。その道程はさんたんたるもので、巻き込まれた住民は略奪の限りをつくされ、まさに阿鼻叫喚の世界を強いられた。中国共産党はその事実を後に長征として美化し、歴史を捏造《ねつぞう》したのである。農民に土地を開放すると約束して兵士として国民党軍と戦わせ、国民党軍を台湾に追い出すと、土地の約束はご破算にして恥じない。こんな体たらくの中国共産党に武器を送り泥沼の日支戦争に引きずり込んだのはルーズベルトであり、日米戦争勃発は巧妙な罠であって、山本五十六がどうしてもやってみたかった戦闘行為であったにしても、もののみごとにルーズベルトの罠にはまってしまったのである。

ルーズベルトは得意満面、米国議会で「日本によるだまし討ちだ」と日本に対して宣戦布告した。米国議会は一人を除き日米戦争が承認され、熱狂した米国人は日本を討つべしと団結し、戦争反対のクエーカー教徒さえ、米海兵隊に入隊し銃を持ったのである。米国人による初期の南太平洋での戦記を読むと、日本兵がいかにとてつもない過酷な状況を強いられたかがわかる。

撃ち殺された日本兵の軍服の中には、米が縫い込まれていたのである。殺された日本兵が大事に持っていた短刀や種々の遺品を、戦利品として持ち帰った米兵が多くいたのである。米軍は、殺した日本兵やごくまれに捕虜として捉えられた日本兵の文書類から、日本人の心性を探っていた。後に日本人の良き友となったドナルド・キーンは、アーサー・

ウェイリーが見事な英文で翻訳出版していた源氏物語に感激し、日本文化の良き理解者として、明治天皇論をはじめ多数の日本文化に関する書籍を出版した。戦時中、キーンは日本兵の文書を読み解き、日本人の心性を理解することに貢献した。キーンは東日本大震災後、日本に帰化し、日本人として日本の土に返ることを選んだ。キーンと同様に太平洋戦争に従軍し、日本人の心性を理解しようとした人物に、エドワード・G・サイデンステッカーがいる。川端康成をはじめ日本人作家の著書を英語に翻訳、そのみごとな英文で川端がノーベル文学賞に輝いたのである。サイデンさんと親しみを込めて呼ばれて、日本人に愛されたサイデンステッカーはウェイリーに続いて、源氏物語を翻訳している。

米軍の日本占領はなお続いている

祖父の戦後

私の祖父、浦　太郎は終戦時六十歳であった。二十代の後半から小樽で銀行員として働き、五五歳から五年間、バス会社や石油販売などを手広く商っていたS商店の番頭として、ある程度の財をなした。わずかではあったが、旭川近郊の農地の不在地主と三軒ほどの家作と、長女の婿の医院開設の費用を申し出るほどの銀行預金を有していた。終戦の年に引退し、悠々自適の人生を送ろうとしていたのである。

戦前の小樽は、北海道各地で採掘された石炭の最大の積出港として、また、にしん漁の最大の拠点として、そしてロシアをはじめとする諸外国との国際貿易港として、札幌はおろか函館と一、二を争う商都として繁栄し、銀行街は北のウオール街に擬せられていた。一九一七年のロシア革命までは、小樽とロシアの沿海州やウラジオストックとの貿易が盛んで、小樽港からの荷の積み出しは小樽に莫大な富をもたらしていたのである。さらに、留萌沖を真白に染める群来がもたらすにしん漁は、現在もにしん御殿が手宮海岸の丘の上に、当時の小樽の栄華の記念建築として残っていることからも、その繁栄ぶりが偲ばれる。

石炭については、北海道開拓史が小樽の手宮から幌内までの鉄道を引いて、幌内炭鉱からの石炭の積出港として栄えたのである。私のオフィスには、机の後ろに一九二五年時の小樽港の油絵が掛けられているが、当時はまだ荷下ろしのためのケーソンは存在せず、埠頭にはなにもなく、港に停泊中の四隻の貨物船は自身のマストから荷下ろしのケーブルを伸ばしていた。小高い丘から見下ろした風景を描いた絵であるが、ロシア風の建築物や当時札幌にはなかった洋風の建物が建っていた。このころからフランク・ロイド・ライトの弟子の一人である田上《たのうえ》義也が設計した建物などが、次々と小樽にハイカラな雰囲気をもたらしたのである。

ロシア革命の混乱は、小樽の商都としての繁栄に暗い影をもたらしたのであろう。それでもなお、樺太の南半分は日本領であったので、小樽と樺太間の航路は複数あった。樺太と稚内間の航路より、商業的には栄えていたのである。日本が米国に敗戦したことにより、樺太はスターリンに強奪され、現在はロシア人が住んでいる。ルーズベルトがスターリンに日本国土を勝手に割譲してしまったのである。いつかは取り返さなければならない日本の領土であることは自明な事実であって、北方四島のみならず、千島列島全部が本来、日本に帰属する領土であることを、日本人であるならば深く心に銘記する必要がある。

なぜなら、ルーズベルトはチャーチルとニューファウンドランド島沖で停泊中の英国戦艦プリンス・オブ・ウェールズ艦上で大西洋憲章を宣言した際、いっさいの領土の割譲はしないことを約束していたのである。英国の誇る最新鋭戦艦プリンス・オブ・ウェールズは、マレー沖海戦で日本軍の航空機からの魚雷攻撃であっけなく撃沈されてしまった。根っからの戦争請負人であったチャーチルは、この戦艦をジョン・リーチ艦長と東洋艦隊司令官トーマス・フィリップスとともに失ったことを、ひどく嘆いたのであった。フィリップスは参謀に退艦を促されても「no thank you」と言って拒み、リーチとともにマレー沖の海の藻屑となったのである。彼らの軍人としての誇りは計り知れぬほどのものであり、一方、いくらルーズベルトの命令とはいえ、部下を置き去りにして戦場を脱出したマッカーサーとは雲泥の差であった。

終戦後の急激なインフレは浦　太郎の銀行預金を、預金封鎖などもあり、あっという間に無価値なものにしてしまった。正直者で政府の方針どおりに、金銀、ダイヤモンド、宝石類を供出したので、手元にはなに一つ残っていなかった。不在地主として所有していた農地は二束三文で小作農家に払い下げられた。旭川に所有していた三軒の家作も借家人に「ない金は払えない」とすごまれて、ただ同然に手放してしまった。

戦争で全ての財産を失った人々は、まだ命を失わないだけ幸運であったのかもしれないが、唯一残されたものは昭和天皇が白馬にまたがった御真影で、浦　太郎の寝所の壁に飾られていた。しかし、自分の惨めな生活をもたらしたのは勝機のなかった戦争に国民を導いた軍部であり、その総指揮官であった天皇に抱いていた尊崇の念と、なぜ米国との戦争に暴走する軍部を統帥することができなかったのか、という複雑な思いがあったのであろう。いわば、浦　太郎の心の中でだんだんコペルニクス的転回が発生したのであろう。夜間は寝室となる茶の間の隣の畳の間の壁にかけられていた白馬にまたがった昭和天皇の御真影が、いつのまにか取り外されていたのである。

浦　太郎はたばこの販売と駄菓子屋を始めたが、現金収入は微々たるもので、夫婦と障害を抱えた三女がその日その日をなんとか生活してゆく糧を得る程度のものであった。かつて豊かな生活を送っていた者が、急に貧困のどん底に突き落とされたのである。戦前は商用で千歳から東京羽田まで、運航が始まったばかりの民間飛行機で出張できた。その際、長女の知恵子を連れて飛行機に乗り、当時は新聞に搭乗者の名簿が掲載された。だが、飛行機は事故にあい危険だという祖母の猛反対で、一回限りのできごとで終わったようである。

たばこは一時間に数箱売れるかという程度で、現金収入が乏しく、孫たちに与える小遣銭などとても稼ぐことはできなかったので、孫が札幌から遊びにくることが苦痛になっていた。祖父は、一九四六年一月発売の五十本入りのピース缶一個を毎日開けて吸っていた。火をつけて数回燻らすと、ほとんど同じ長さですり潰していた。最初の一服がこたえられない至福の時間であった。同年二月の預金封鎖、新円切り替えで突如貧乏のどん底に突き落とされると、大好きであったピースは高価なのであきらめ、値段の安いゴールデンバットなどの旧三級品に代えたが、最後まで吸うために煙管《きせる》を用いるようになった。少しでも残ったたばこ、いわゆるシケモクを集めて英和辞書のページを裂き、紙巻たばこを作って吸うといった按配であった。

また、孫たちにとってとてもやさしかった祖母は、檀家の仲間とお寺の講堂で御詠歌（御浄歌）を、手に持った小鈴を鳴らしながら合唱していた。その都度、わずかな喜捨をおこない極楽浄土を願っていたのである。祖父母の日常生活を支えたのは、粟粒結核で亡くなった夫の婚家から除籍して、実家の祖父母のもとに戻っていた次女が、市役所の戸籍課に勤めた給金によるものであった。

抗結核薬ストレプトマイシンは、米国のセルマン・ワックスマンの研究室のアルバート・シャッツにより戦時中の一九四三年に発見され、その後、種々の抗結核薬が続々と開発され、実際に患者の命を救い出したのは一九五〇年以降まで待たねばならなかった。北大病院にも戦後、結核病棟があり、様々な治療が試みられていたが、当時の先端的研究のモルモットにされたことは、人道的にきわめて問題となる事例であった。

いずれにせよ、戦中、戦後まもなくは抗結核剤が間に合わず、粟粒結核は命取りであった。抗結核剤の登場は、サナトリウムで療養するしかなかった結核患者の病状を改善させ、社会復帰させたのであるが、戦後の医学発展の中でも特筆できることの一つであった。堀辰雄の名作『風立ちぬ』は情景描写に透明感があり、サナトリウムで死を待つ病者の悲愴さを薄めている。この作品は独創的な文体を作っていることを、三島由紀夫は森鷗外や小林秀雄に匹敵する文学的試みであると指摘している。昭和文学を西欧的教養で眺め、西欧的幻想でハイカラさを作風にして示した作品として評価したのである。

私の叔父は満州で落馬して背骨を傷めて、担架で帰国したが、結核を患っており、その後、五、六年もの長い闘病生活をサナトリウムで過ごしたが、抗結核剤が間に合って、一九五〇年代には社会復帰できた。肺結核に罹患したために五年遅れで我々と同期となったKI君は五年間の療養生活を送ったが、その間の抗結核剤により、完全に治癒して医学部に進学し、二年間の教養時代と四年間の医学部時代には、年下の我々に対して若造扱いにせず対等に付き合ってくれた。KI君の諧謔に富んだ話題に、私なんぞはいつも感心したものである。

祖父は知多半島出身であった。若いころには知多半島から渥美半島までの遠泳を何度もしていた。その渥美半島の出身であるKI君とは、ルーツが同じ愛知県、尾張と三河であったことが、なんとなく気が合っていたのであろうか。私のところにやってくる製薬会社のMRに愛知県出身者がいたが、同じルーツを持っているとわかると、織田信長も豊臣秀吉も徳川家康も世界のトヨタも愛知県の出だと、一気に盛り上がるのであった。信長は乱れきった戦国時代を統一し、秀吉はその偉業を引き継ぎ、当時、世界一を誇った五〇万丁の種子島銃を引っ提げて、明を討伐して、中国を配下に収めようと軍勢を朝鮮半島に送った。秀吉の死によって、世界史的にも壮大な歴史絵巻は完成することなく、家康による引きこもり国家の誕生となった。

しかし、徳川時代の前期は元禄時代を頂点として繁栄をきわめ、ヨーロッパはまだ中世の沈滞から抜け出せずにいたし、英国のピューリタンがメイフラワー号に乗りアメリカに移住したのは一六二〇年のことであった。十八世紀半ば、江戸は百万人も人口があり、世界一の大都市であった。人口では北京、パリ、ロンドンと続き、五番目が大坂であった。産業革命を成しとげてロンドンが江戸の人口を超えるのは、十九世紀に入ってからである。

自己完結型の経済制度をかたくなに守っていた徳川時代は、結果として二六〇年もの鎖国のために世界の発展から置いてけぼりを食ってしまったのである。むろん大航海時代はすでに始まっており、スペインとポルトガルによる新世界の征服の時代から、英国とオランダの東インド会社の貿易時代へと大きな変化が見られてはいた。一五四三年に種子島にたどり着いたポルトガル船がもたらした鉄砲は、日本人の手でたちまち当時の世界一の保有数となったと言われる。大砲も鋳造され、明討伐に威力を発揮したが、江戸幕府は各藩の火器の製造を禁じ、軍事大国となるチャンスを自ら失ってしまったのである。徳川幕府の軍縮が徹底されず、江戸の防備に大砲の陣地を築いていたなら、ペリー提督の来航など取るに足らない事件であったろう。

たばこは鉄砲とともに種子島にもたらされたが、日本で初めて献上されて吸ってみたのは徳川家康であると言われる。むろん、すでに庶民には出回っていたと見えて、その後のたばこ文化は日本人の生活に深く入り込んでいる。たばこは肺がんをはじめ、多くのがんを誘発する元凶とされ、公共の空間から締め出されてしまったが、たばこの愛好家は小さくなってこそこそと紫煙を燻らせ、多額のたばこ税を国家に収めるとてつもない愛国者ではないだろうか。大変迷惑な隣国、中国から飛んでくる黄砂やｐｍ二・五の害毒のほうがはるかに大きいのであるが、自国内で止めてほしいものである。

アメリカの日本支配

自動車の排ガスはいまのところ最大の毒物をまき散らしていると思われるが、この十年のうちに、ガソリンに代わって水素や電気で駆動する自動車が主流となるので、排ガスの問題は解決されるだろう。しかし、ガソリンで駆動する自動車に関する世界一の日本の技術が失われてしまうことは真に残念である。排ガスを一〇〇％吸収する装置を開発して、ガソリン車に取り付ければなんとかなるのではないのか。なぜそういった議論が戦わせられないのか不思議であるが、またも世界はゴールポストを変更して日本の進んだ技術を放棄させようとしているのだろうか。ハイブリッド車で追従を許さない日本の自動車産業に太刀打ちできない米国やヨーロッパの自動車産業界が、電気自動車や水素で稼動する自動車に日本に先駆けて飛びついたのには、それなりの理由があるのであろう。

一九九〇年、米国は「日米構造協議」で日本に対して膨大な公共投資を強要し、我が国は日本特有の商習慣を廃止させられ、技術立国日本を確立するための予算を公共事業に投じてしまい、技術開発が国際的な発展から遅れてしまったのである。「日米構造協議」は「年次改革要望書」、さらに「日米経済調和対話」と名称を変更し、なおも日本の経済機構は米国に隷属したままに経過している。

草間洋一氏の『近世日本は超大国だった』によると、このような日本が米国の経済植民地状態から脱却するためには、我が国の安全保障を米国にゆだねる戦後レジームを終わらせ、真の日本の主権を取り戻さなければならない。米国とソ連はそれぞれ六万発もの核弾頭を保有し、もう少しで世界に核の冬をもたらす寸前にまでいったことは何回もあった。第三次世界大戦が勃発しなかったのは、確かに互いの核抑止力の結果であろう。日本は米国の核の傘に守られ、ソ連からの核攻撃を受けずにすんでいるという見方は、逆転すると、日本は米国の核爆弾の脅威に晒されているといえる。その証拠に、なにかの拍子に米国の高官が本音を漏らすことがあり、「もう一発落としておけばよかった」などと口走るのである。

プーチン、習近平、金正恩はそれぞれ核のボタンを持ち、ことあるごとにそれをちらつかせ、我が国を脅迫しているが、日本が核を持つことに最も反対するのは米国であろう。トランプは正直に、日本も核を持てばよいと言っている。しかし、米国政府はキッシンジャーの言うとおり、日本には瓶の蓋を永遠にかけていなければならない。沖縄や日本各地の米軍基地は米国領土であり、しかも、ちょっと脅すといくらでも思いやり予算を増加してくれる底なしの財布を、日本政府は米国に差し出しているのである。

沖縄の普天間基地や嘉手納基地に隣接した広大な米軍家族の宿舎の上空には、米軍機は決して飛来することはない。米軍機は必ず海側かその反対側から侵入してくる。矢部宏治がその著書で明らかにしているように、ものの見事に宿舎上空を避けて飛んでいる。二〇〇四年八月十三日、普天間基地に海と反対側から米海兵隊の全長二三メートルもある大型ヘリコプターが沖縄国際大学の本館ビルに墜落、激突後に爆発炎上するという重大事故が発生した。幸い夏休みで、学生や職員が不在で奇跡的に人的被害はなかった。さらに、回転翼で削られたコンクリートが弾丸となって飛散し近くの民家に飛び込んだが、これも奇跡的に人的被害はなかった。日米地位協定に基づき、本来なら日米相互に援助しあいながら原因の究明や事故の後始末をしなければならないのに、八月十六日まで大学構内が米軍の管轄・管理下に置かれ、大学学長や宜野湾市長の立ち入りも認められず、改めて日本がなお米軍の支配下にあることを日本国民は実体験させられた。

この事故の補償は、なんと日本政府が二億五千万円を大学の再建と周辺民家に拠出した。つまり、米軍の不始末を我が日本政府が追加の思いやり予算で日本国民の米軍に対する抗議に蓋をしてしまったのである。米軍司令官は宜野湾市長にこの事故についての謝罪を述べたが、事故原因に関してはなんの説明もなかった。二〇〇四年と言えば、九・一一の三年後であった。テロではなく事故でも恐るべき文明の破壊が起きうることを、我々は銘記すべきである。一歩間違えて、このヘリコプターが日本の大都会に墜落でもしようなら、その被害は巨大なものとなったであろう。覚えてほしいのは、その場合でも事故処理は米軍が行い、すべてを撤収するまで日本の官憲は関与できないことだ。しつこいようだが、事故処理がすむまで、日本国土は米軍管理下に置かれるのである。日本政府はその後の尻ぬぐいをさせられるというわけなのだ。

さらに、東京都民に警告しておくが、米軍関係者は横田基地に飛来し、米国大使館に近い赤坂プレスセンター内の六本木ヘリポートにヘリコプターで乗り込んでくるわけだが、運悪く故障したヘリコプターが近隣で墜落したら、甚大な被害が発生し、その後始末がすむまで、その辺りが米国支配となることを肝に銘じていてほしい。二〇二二年になって、日本中の米軍基地周辺からオミクロン株によるコロナ感染が爆発的に発生したが、日米地位協定による米軍の日本国の支配の実態がコロナ対策でも日本政府の頭越しになされたので、いやでも日本国民の目に明らかになってきている。

日本政府は相変わらず、米国軍隊の駐屯による日本支配については一般国民には触れないように、論評することはなく、マスコミは完全に口を閉ざして、米軍とどう向き合うべきかの論争を始めようとしない。日本人ははっきりと目を覚まし、現実を見つめ、米軍とどう向き合うかを真剣に議論すべきであろう。フィリピンのように、いったん米軍が引き上げると、あっという間に共産中国にスプラトリー諸島を奪われてしまったのを見ても、いまや日本における米軍の存在は、共産中国による日本侵略の唯一の砦となっている。核アレルギーにどっぷりと浸かった日本人が核を持つことには抵抗感があるだろう。第一、米軍の日本支配は米軍の核であることは明確で、日本人には核を持たせないという政策を米国政府は堅持している。リビアのカダフィーもイラクのフセインも核を所持していなかったので、核保有国により殺害されたのである。北朝鮮の金正恩が核を手放さないのは核保有国と対等に対応するためで、ある意味で理にかなっている。

ウクライナを侵略中のプーチンは、ことあるごとに核戦略をちらつかせている。プーチンは核戦力があるかぎり、米国をはじめＮＡＴＯ軍が軍事力でロシアと対抗できないことを熟知しているのである。ウクライナに戦略核を用いることをプーチンが命じた際に、ロシアの軍司令官がその命令に背いた瞬間にプーチンは大統領職から滑り落ち、戦争犯罪人となり殺害されるであろう。ロシアの軍司令官が核のボタンを押した瞬間に、世界は核の冬となり、人類のみならず生物はほとんど死滅してしまうからである。

ＫＧＢ時代、単なる事務員として働いていたプーチンはＫＧＢを失職して、タクシー運転手をしていた失意の時期もあったという。なにかの数奇な運命の流れに乗り、ウラジーミル・プーチンはキエフ大公ウラジーミルの名に相応しい皇帝に上りつめ、帝政ロシア時代のラスプーチンのように最後の悪あがきをしているのであろう。ロシアの民は愚鈍ではない。必ずプーチンは打倒されるであろう。ロシアでは核のボタンを押す危機が何度もあったにもかかわらず、その都度、理性が働き、悲惨な核戦争にはならなかった。ボリス・エリツィン時代にはもう一歩で核戦争が始まる危機があったが、幸い核のボタンがうまく作動せず、エリツィンはアルコール依存症で震える手で核のボタンの操作を間違ったのであろうか。エリツィンからプーチンへどのようにして大統領職が受け継がれたのか謎の部分が多いが、今度はパーキンソン病で体が震えるプーチンに核のボタンが握られているのである。

日米同盟と自閉症化した日本人

北のひめゆり事件

山頂が円筒状の岩峰となっているカムイ（神威）岳は標高が一〇〇〇メートルもないが（九八三メートル）、札幌近郊の手頃な山として札幌市民の登山愛好家によく登られている。下山する際にわかったのであるが、登山道が整備されていて、さらに烏帽子岳へと登山道が続いている。

十九歳の年であったか、N君と私は、ある日突然、カムイ岳に登ろうと思い立った。どちらが言い出したのかは全く記憶にない。当時まだ路線があった定山渓鉄道で最寄りの駅で下車し、豊平川にかかった車一台がようやく通れそうな古びた橋を渡り、豊平川に流れ込むカムイ岳の支流沿いに山の頂に向けて歩いていった。登山地図を見ることもなく、ただ山頂を目指していたので、なんの表示もない登山口を見逃したのであろう。たぶん大学一年生の夏（一九五九年）であったと思う。

普段着のまま、登山支度など全くしていない。頂上の岩峰を目の前にして、私たちは山頂からの急な流れの川筋に入り込み、岩峰の直下まで到達した。ほぼ垂直に十メートルはある岸壁を登る技術など持ち合わせていなかったので、N君と私は岩峰の直下を巻いて登れそうな道を探すことにした。時計回りにいまにも崩れそうで危険な岩壁に張り付くようにして、恐る恐る歩を進めていった。岩峰直下をほぼ四分の三以上進んだ先に、なんと登山道が現れた。

カムイ岳の左側の尾根に登山道があったのである。反時計回りに岩峰直下を回り込めばすぐに登山道にたどりつけたのに、なんとまあ、無駄な努力をしてしまったのだろうかと、二人とも疲れ果てて座り込んでしまった。とにかく、カムイ岳の登頂をすませて、すでに夕暮れの登山道をとぼとぼと下山を始めた。思えば、この余計な回り道は自分の人生ではなじみの出来事で、もっと楽に暮らせたのではないかという人生の無駄道はいつものことではあった。

ところで、我々は下山途中に、これから烏帽子岳登頂を目指すという中年の男性に会った。その男はリュックを背負ってはいたが、登頂しても月明かりだけになるのではと他人事ながら心配した。こういった単独行者に出会う機会は、私のように山歩きを専門としていない者でもよくあるので、世の中、たぶん世界中では珍しくもないのだろう。医学部の同級生のS君と雨が降りしきる中、十勝地方のウペペサンケ山に登った時も、ウペペサンケ山頂に続く長い尾根の上で、少なくとも三人の単独行者に出会った。合羽を着た彼らが霧の中突然姿を現すので、道々に「熊の出没に注意」との看板を目にしてきているので、思わず身構えてしまった。

医学教養課程二年の夏（一九六〇年）、私を含めて五人の仲間がテントを担いで道東を回った。阿寒湖畔にテントを張り、午後になって、雄阿寒岳登山を試みた。意外に急登《きゅうとう》が続く山で、七合目あたりであったか、我々同級生は私を除いて山登りなどしたくない連中だから、もう下山しようということになった。第一夕暮れが迫っていた。いつものごとくろくな山支度などしていないのだから、夜間の登山は危険を伴う。ところが下山を始めた我々を目指すように、大きなリュックを背負い登山姿の完全装備した中年の男性が単独で登ってきたのだ。雄阿寒岳山頂でテントを張り、御来光を拝みたいのだと言う。

そう言えば、私が単独で利尻山に登った日、七合目の無人小屋で当時国鉄労組の闘士であった中年の男性の単独行者と一緒になった。国鉄の民営化問題で労組が政府と闘争中であったので、国鉄の将来について熱弁を振るっていたような気がするが、全く記憶にない。たいていはどこかの山岳会に所属している人たちで、仕事に余裕があれば、近くの山や遠出して日本アルプスに登ったりしているようだ。仲間と登ることもあるが、単独行も多い。

さて、その翌日であるが、まだ暗いうちからたくさんの人声が聞こえてきた。小屋から出てみると長い行列が続いてくる。いつものごとくなんの情報もなく、場当たり的に思い立つとあの山にでも登ろうといったのりで登山をしていたので、その当日なにがあるのか全く知らなかったのである。出会ったのはみごとな天体ショーであった。完全ではないが、皆既日食に出会ったのである。七合目の山小屋から利尻山の山頂を目指す長い行列のなかで、だんだん欠けてゆく太陽を仰ぎながら、きつい登りも苦にならなかった。利尻山頂ではすっかり晴れあがって、三六〇度の大パノラマが広がっていた。利尻島の地元民が多かったのであろうが、この日を目がけて、日本各地から駆けつけてきたのかもしれない。それほど広くない山頂のそこかしこで、最高の天体ショーに出会えて満足した人々であふれていたのである。その前日、利尻山の二合目にある甘露水で、同級生の故S君と出会った。ちょっと立ち話をしたが、彼は下山の途中であったので、この天体ショーを知らなかったのではなかろうか。

ところで、樺太南部半分は元日本領で、日本地図上その部分が白紙となっている日本地図もあるが、当時スターリンにより略奪されたことは明白であり、その陰には真岡での女性たちの集団自決という悲劇があった。一九四五年八月二十日、迫りくるソ連兵の砲撃を恐れて、若き女性十二名のうち十名が局内で青酸カリを服毒し九名が死亡した、真岡郵便電話局集団自決事件（北のひめゆり事件）である。

細長い稚内市街の背骨というべき丘稜地帯にケーブルカーで登ると、稚内公園に本郷新制作による樺太島民慰霊碑「氷雪の門」がある。八メートルもの二本の門（望郷の門）の間に、苦しみの表情を浮かべた二・四メートルの女性の像がある。スターリンによる虐殺の犠牲者だけではなく、樺太の開拓に貢献した人々もふくめた、樺太で亡くなった全ての人々への鎮魂の碑である。

　この「氷雪の門」建立と同時に「九人の乙女の像」が、乙女たちが殉職した十八年後の同じ日時一九六三年八月二十日に、地元の樺太関係者と遺族の手によって建立された。私は一九六五年一月から三月まで三ヵ月、ケーブルカー発着所近くの市立稚内病院に勤務していたので、新雪に覆われた記念碑を何度か訪れた。九人の乙女だけではなく、真岡局の殉職者は、ソ連軍による爆殺や射殺により、総勢十九人もいたのである。乙女たちは日本軍による自決命令とされたが、実際には軍命令はなかった。生存者もいたので、沖縄の慶良間諸島での集団自決が軍命令ではなかったことと同様である。

　あるノーベル賞作家が集団自決を取り上げて日本軍人を貶《おとし》めていたが、乙女たちは自らの意思で自分たちの職務を全うしようとしたのである。このノーベル賞作家は破廉恥にも自分の間違いを曽野綾子に指摘されても無視を決めこんでいる。ノーベル文学賞がどれほどのものか、あの偉大なるロシアのレフ・トルストイは受賞していない。早世したフョードル・ドフトエフスキーと違い、トルストイは一九一〇年まで生存していたのである。受賞者に選定されたフランスのジャン＝ポール・サルトルが「爆弾屋の賞などはいらない」と受賞を拒否したのに倣《なら》い、自分の思想に殉ずるなら、賞を受けることを文化勲章の受賞を拒否したと同様にすべきではなかったのか。

真岡の乙女たちには、なによりも残忍なソ連兵による凌辱が耐えがたきものであったろう。後に彼女らに勲八等宝冠章の叙勲がなされたが、それが妥当なものかはきわめて問題で、勲一等でも与えるべきではなかろうか。彼女らの魂は靖国神社に合祀されている。日本人は、彼女らの魂を平和の象徴として、八月二十日には靖国神社に参拝すべきであろう。靖国神社を日本軍国主義の象徴のように批判する自称文化人に、この乙女たちの爪の垢を煎じて飲ませたいものである。

軍国主義自体は問題であるが、当時、靖国神社で御霊となって合祀されることを純粋に信じて命を絶った若き乙女たちの心情を思うと、韓国や中国の嫌がらせを撥ねつけ、誠心誠意彼女らの魂に哀悼の念を捧げるべきであろう。何度も強調しようと思うのは、韓国と共産党中国に対する日本の歴史学者や文化人の誤った歴史観、朝鮮半島を植民地としたということと中国を侵略して共産中国と戦闘をしたという歴史観は、全く間違っている。結果として朝鮮民族を日本人にしてしまったことは大誤算であったが、本当は欧米列強がアジアでさんざんやっていたような植民地にしておけばよかったのであろう。

朝鮮人を日本人として処遇して、当時全くインフラの皆無であった朝鮮半島に日本本土以上の資金を投入してインフラ整備したのは、日本人であった。朝鮮戦争で米軍が強烈な爆撃を繰り返しても崩壊することのなかった頑丈な水豊《すいほう》ダムを建設したのは、日本人技術者であった。一九四一年に完成したこのダムは、当時世界最大で高さ一〇六メートル、幅九〇〇メートルで、琵琶湖の半分ものダム湖を作り、七〇万キロワットもの電力を供給した。このダムを見たこともない人々は、想起してほしい、あのナイヤガラ瀑布が高さ七〇メートルほどであることを。

日本人が朝鮮半島を着の身着のままで撤退する時に、日本内地にもないインフラ整備を全て無償で朝鮮に残してしまったことは、まことに残念であった。当時の世界標準の考え方であったら、日本軍撤退時に全て爆破してしまえばよかったであろう。このダムがなければ北朝鮮の電力はないにも等しく、いまになって日本を脅かす原子爆弾やミサイルなど作れなかったはずである。

稚内の宗谷湾に双耳半島として宗谷岬と野寒布《のしゃっぷ》岬がある。一九六〇年前半まで、旧ソ連領を監視するために、米軍が野寒布岬の突端に監視所を設営していた。稚内の埠頭から半島の先の野寒布岬を回って利尻島を目指すフェリーから、この建物の屋根で若い男女の米兵が十数人で甲羅干しをしているのが見えた。普段の生活ではあまり目にしないし、気にもしていない米兵が十数人でたむろしているのを見ると、改めて我が国が戦争に負け、いまだに米軍支配下で我が国の安全を維持してきたことを思い知るのである。

教科書で用いる東京都の地図には、横田基地がない。その上空七〇〇〇メートルまでは防空識別圏となっており、米軍の許可なく迷入した飛行物体は、撃ち落とされても文句が言えないことになっている。三沢基地に近づくと、突然そこにはカリフォルニア通りが出現する。日本中にいまだにいくつも米軍基地があり、その実態はベールに隠されているが、日本政府や教育関係者が意識的に目立たせないようにしているので、実際に米兵に出くわさない限り、一般の日本人は日本国が米軍支配下にあることを実感することが少ない。

日本の防衛をどうするか

戦争放棄という憲法九条が日本の平和を保障している、と考えている人が我が国では圧倒的に多い。確かに、朝鮮戦争が勃発した際に米国よりジョン・フォスター・ダレスが飛んできて、吉田首相に日本の再軍備を強制したが、吉田は憲法九条を楯にとって再軍備を拒否したのである。ダレスにとって、憲法九条などはさっさと破棄してしまえばよい。どうせ、戦勝国の上から目線でマッカーサーが押し付けた日本国憲法など引っ込めてしまえ、ということであった。当時の日本は産業基盤が米軍により破壊つくされたまま、まだ立ち直っていなかった。上野駅や上野公園の浮浪児たちが姿を消し、傷痍軍人の物乞いも少なくなっていたとはいえ、とても新たに再軍備できる経済状態ではなかった。

国民が飢餓状態にある中、米軍関係のインフラはごり押しで日本政府に押し付け、やっとこ稼いだＧＤＰの三〇％が米軍の宿舎や遊興施設、さらに彼らの使用人の給与などに充てられたので、時の蔵相の石橋湛山がGHQに減額を申し出たが、それをよしとしないGHQにより公職追放に処されてしまった。米国政府は日本国を当時の東南アジアの諸国と同様の農業国として一切の工業をやらせない方針で、日本国民が餓死しようが知ったことかというスタンスであったので、当初は食料の援助など考えていなかった。しかし、GHQが見かねて、米国では飼料として牛などに与えていた脱脂粉乳を小学生の給食として提供してくれた。この食料援助は北米や南米の移住日本人の血が滲むようにして稼いだ資金によるものであったが、米軍はそのことを完全に隠蔽し、しっかりと手数料まで後々に日本政府に支払わせている。

吉田茂は、敗戦後の困難な時代に連合国軍総司令部（GHQ）、実質米国の日本占領軍と渡り合い、なんとか日本の国民を餓死から守ったのではないだろうか。飢えた国民は着物などの引き換えで農家から米を買ったり、闇屋からなけなしの財産を投げ出して食物を手に入れたりしていた。闇米は絶対に口にしないとつっぱねた地裁の山口判事が餓死したことは、つとに有名な不幸な出来事であった。

マッカーサーが部下たちに命じて、彼らがいろいろな書物から一週間でコピペした英文の憲法を日本政府に押し付けたが、その翻訳を命じられ、日本語の新憲法として体裁をある程度整えなくてはならなかった。わずか二週間で翻訳にあたったのは、内閣法制局の佐藤達夫であった。当時の外相は吉田茂であったが、佐藤がGHQ原案の問題点をまくしたてると、吉田は「GHQはなんの略だか知っているかね？　ゴー・ホーム・クイッククリーだ。［さっさと帰れ］だよ。総司令部が満足する憲法を早々に作ってしまおうじゃないか。国の体制を整えるのは、独立を回復してからだ」。

本来なら憲法を占領下に改憲するということ自体、憲法違反であり、当時の大日本帝国憲法に完全に違反している。したがって、できあがった新日本国憲法は、そのもの自体憲法違反なのである。吉田はそのことを熟知しており、マッカーサーの押し付け憲法をさっさと押し頂いて、彼のご機嫌をそこねないようにと佐藤を諭したのであろう。

吉田茂は、後に朝鮮戦争が勃発した際マッカーサーの日本再軍備の要求に憲法第九条を楯にとって抵抗し、警察予備隊を創設、結果として日本人が朝鮮戦争に駆り出されることを阻止したのである。この時点での吉田の抵抗は現在まで一度も改定されずに、自衛隊を一人前の国軍として遇することができないでいる、平和憲法が残り、自衛隊はいわば日陰の隠し子のごとく、自己矛盾のまま日本国民の保守と革新の分断をもたらしているのであろう。しかし、朝鮮戦争、ベトナム戦争、アフガン戦争、イラク戦争などの最前線に日本国軍が投入され、機関銃やロケットなどで殺し合いをして多くの若者が死傷するという悲劇に、兵士とその家族が陥ることなく現在に至っている。

しかしながら、吉田が行った決断は戦後七七年後の現在に至っても、日本国の至る所で見え隠れする米軍の基地が存在し、実質的にはいまだに米軍による日本占領が行われていることを、日本人は基地周辺に住む人々を除いて見ないことにしている。そもそも、日本の識者は当たり前のように「日米同盟」と口にするが、本当の意味では米軍支配下の押し付け軍事同盟であって、決して対等な軍事同盟ではない。なによりの証拠として、日米安保条約と称する日米同盟の上部規則として日米地位協定ががっしりと日本人の頭に箍《たが》を嵌《は》めている。この事実を日本の識者はあえて触れることはなく、見ないことにしている。

尖閣諸島の防衛にしても、米軍が無人島の久場島と大正島を射爆撃場に設定し、一九七八年までは演習で砲弾を撃ち込んでいたのだから、立派に米軍の支配下にあり、中国が手を出せないと思ってよいのだ。この二つの島が現在でも米軍の射爆撃場であることを日本のメディアは伝えないが、共産中国が尖閣諸島に上陸してこないのは、米軍が砲弾を撃ち込んでも、それは共産中国との戦争ではなく単なる誤爆にすぎないので、全面戦争にはならないからである。直接の戦争とならない誤爆は、後に意図的なものであったと判明しても当事国同士の全面戦争とならない場合があった。

一九九九年に在ユーゴ中国大使館を米軍が爆撃をして三人の死者と多数の負傷者を出したが、米軍は単なる誤爆であったと中国に謝罪しただけですんでいる。しかし、実は中国大使館がユーゴで撃ち落とされた米軍のステルス戦闘機の秘密を握っていたので、その証拠を破壊する目的で攻撃したのだ、というのが真実であるらしい。当時は米国と中国との軍事力の圧倒的差があったので、中国は自重したのであろうが、現時点では中距離弾道ミサイルなど圧倒的な中国の軍事力が、米軍の誤爆を許すことはないであろう。

したがって、久場島と大正島の射爆撃場はいわゆる抑制力となっているのである。日本政府はその事実を全面に出して、中国を牽制すればよいのだ。現在、実際に中国が尖閣諸島に上陸してくることはないであろう。なぜなら、当初言われていたほどの石油資源は尖閣諸島周辺にはないことを、すでに彼らは調査ずみだからである。中国が船舶や航空機で尖閣諸島領海を侵犯してくるのは、単に我が国に圧力をかけてきているのであろう。実際に、中国が尖閣諸島に上陸した場合には米軍が出てくることになっているが、はたして、単に尖閣諸島奪還のために、米軍の若者の血を日本人のために流すなどということを米国議会が容認するはずはない。したがって、尖閣諸島は日本人自らが守らなくては中国に掠め取られることは火を見るより明らかなことである。

この際、毒を食らわば皿までと、日本は日米同盟にどっぷりとつかり、その陰で軍事力の増強に励むしか、道は残されていないであろう。誰が決めたのか知らないが、国家予算の一％枠は取っ払って、効率的な抑止力を備えた軍事力を増強することが、中国の侵攻に備える唯一の道なのである。平和憲法などと念仏を唱え続けている自称文化人やマスコミは、自宅に強盗団が押しかけてきたらどうするのだろう。平和憲法を押し頂いても彼らの暴力を防ぐお札にはならない。要するに、彼らは小泉八雲（ラフカディオ・ハーン）が著書『怪談』の中に取り上げた琵琶法師の話「耳なし芳一」のごとく、平和憲法という般若心経で日本列島全身を覆ったつもりでいるが、尖閣諸島というお札から外れた耳を奪われて、初めてその虚像に気が付くのであろう。自分の身は自分で守るしか方法はないのである。

日本人は、太閤秀吉の刀狩まで、農民たちも自ら武装していた。鎌倉時代から時の権力者により民衆の武器は取り上げられてはいたが、一五八八年の秀吉の刀狩は徹底的に行われた。現在も、米国市民は自らを守るために銃を所持している。最近まで、米国社会での銃乱射などの事件の多発により、米国政府は銃規制に乗り出している。米国独立が一七七六年で、秀吉の刀狩のほうが百八十八年も前に行われたので、庶民が自衛するための武器の没収の歴史は日本のほうがはるかに長いのである。

ヘレン・ミアーズが指摘するように、自国領土に他国の軍隊が駐留しているのはまだ本当の独立国ではない。この事実を、日本人は見て見ぬふりをしている。キッシンジャーの言う瓶の蓋をされたまま、米国の属国として波風を立てないように、余計な傷に触れないようにしている。江藤淳、三島由紀夫、西部邁がそれぞれの論壇で我が列島人に警告を発しても、一部の保守系の知識人たちにその意味が理解されるに留まってきた。沖縄をはじめ、日本各地の米軍基地は先の戦争によって米国が獲得した米国領土なのである。それだけではない。日米安全保障条約と日米地位協定は、マッカーサー憲法の上部法律として君臨している。日本領土上空を飛行する米軍機が墜落した場合、その日本国土は米軍が処理するまで、米軍が管理することになっている。さらに、福島の原発事故により、日本政府機能が破綻した場合、米軍が日本の自衛隊を指揮して、日本のシビリアンコントロールの上部組織として機能することは、麻生幾の指摘するとおりである。この事実をしっかりと受け止めて、我が国が今後どうするべきかを深く考えておくべきであろう。

日本国憲法改定と、自衛隊を国軍として日本政府のシビリアンコントロール下におき、米国とは対等な日米同盟を結び直さなければならない。このまま蛸壺に引っ込んで、自閉的な状態を続けておくべきではないのである。

子供時代から精神医学まで

劣等生だった小学・中学時代

佐伯啓思氏は『文藝春秋』二〇二〇年五月号誌上で、大阪方面から京都に通勤している知人が電車から見える河川敷で臨時休校の子供たちが楽しそうに遊んでいるのを見て、「よい光景を見た」と喜んでいることを記述していた。佐伯氏は自分の子供時代を思い出し、なぜかほっとしたのではないだろうか。

私は佐伯氏より十歳ほどは年長であるが、佐伯氏とほぼ同様の子供時代を経験している。私は今年（二〇二二年）の十一月には八十二歳になるが、小中学校の九年間ほど、自分の人生で幸せな時代はなかったのではないだろうかと思い至るのである。終戦の昭和二十年から二十二年に小学校に入学するまでの思い出は、ほとんどない。

小学校三、四年ごろは、毎朝皆が小学校の中庭に集まり、二~三メートル四方の壇上で男の先生が体操を指導してくれていた。体操終了後は紅白の鉢巻きをして、皆で走り回って鉢巻きを取りあったが、学校というところは第一に遊びに行く所であった。当時は勉強などどうでもよかった。

後で知ったことであるが、その体操を壇上で指導していたのは、後に社会党の代議士として活躍した若き日の横路節雄氏であった。横路氏は北教組の強力な推薦により、社会党の代議士として、鋭い弁舌で、当時の自民党政権の揚げ足取りをしていた。私の最初の家庭教師先が、ステンレスの卸で財をなした、札幌では自民党に献金していた後援会会長宅であった。その孫が私の生徒であって、私の家庭教師としての無能さゆえか、孫の成績はさっぱり上がらなかったが、週二回、その家族と一緒に夕食をともにしていた。テレビでの横路氏の理路整然とした追及に、しどろもどろの応答をしている政府の役人の姿が映されると、会長は「横路の野郎」と吐き捨てるようにうなるのである。

55年体制が登場して四、五年になっていた時期であろうが、当時の社会党のエース弁士であった横路節雄氏は、最近の野党のぐうたら代議士とは天地の差があり、きわめて有能な人物であったので、自民党の大臣たちをきりきり舞いさせていた。会長は、大臣たちが横路氏にやり込められるのを見てよほど腹を立てていたのであろう。彼は当時としては珍しかった経済界の外国視察に出かけるので、自分の名前のローマ字をどう書いたらよいかと私に尋ねた。そんな簡単なことを書いてあげたのが、思えば、約二年間の全く役立たずに終わった家庭教師の唯一の収穫であった。

私は小中学校を通して劣等生であったので、秀才の誉れ高かった節雄氏の長男横路孝弘氏と中学二年前学期が同じ教室に所属していたのだが、孝弘氏は覚えてはいないだろう。しかし、私や私の仲間はよく覚えている。ずーっと昔、電車で会ったS君は、当時北海道知事をしていた孝弘氏は、労働者の代表などではなく、小学校のころから家庭教師をつけて勉強していたのだから、我々のように朝から晩まで遊びほうけていたわけではない、支配者側の手先なんだ、と口をとがらせて私に同意を求めたことがある。

そう言えば、S君は背丈は一六〇センチちょっとしかなかったが、バスケットボールの上手な人で、いまで言うとスリーポイントシュートの達人であった。それも、格好をつけて連続した一連のほれぼれする動作で行うので、うまく決まると拍手喝采を浴びるのである。その時の照れたS君の表情を、六十五年も前のことなのにありありと思い出す。彼は当時はエレベーター管理会社の会社員であったが、現在も健在であろうか。

思い出すと、当時の遊び仲間の面々が脳裏に浮かび、皆どうしているか、健在か、もうとうに亡くなられたのか、知る由もない。親が金属品の雑品屋であった〇君は運動神経抜群で、それこそ空中を飛ぶようにして、ソフトボールを片手でわしづかみしていた。親が近所の厨芥を集めて、住宅街なのに豚を飼育していたU君は、肩を組むとひどい悪臭を放つのでえらく困ったものであった。K君は十代で息子がいて、ホテルの宴会場のボーイ長をしていたが、子供時代の面影をはっきりと残しており、久しぶりに会ってもすぐに互いを認識できた。皆仲間であって、当時は勉強のできない遊び友だちであった。

小学生五、六年の担任のT先生は、とてもハンサムな長身の二十代後半で、日教組に染まっていなかった大変立派な教師であった。いまにして思えば、私たちの母親たちにも人気があったのか、五年生の支笏湖への日帰り旅行にも、六年生の登別、洞爺の二泊三日の修学旅行にも、多くの母親たちが同行したのである。私とOG君はなぜか先生のお宅で食事をご馳走になった。小学生であったので、たぶん夕食ではなく昼食であったかもしれないが、なぜ、二人が先生ご一家、お子さんは一人であったと思うが、食事をふるまわれたのか、おそらくたまたま運がよかったのであろう。

運がよかったといえば、私は小学校のできのいい女子たちに完全に無視されていたのに、親が道庁の役人で、とても美人の女生徒Mさんの誕生会に招待されたことがあった。なぜ、私のような不出来な男を呼んでくれたのか、当時を考えると謎であったが、私が開業医の息子であったので、それなりの生活をしていると思われたのかもしれない。また、私の二人の姉たちはとても優秀であったので、中学生の時、音楽の女性教師に「あなた本当に二人の姉たちの弟さん？」と呆れられたことがあった。

開業医といっても、まだ国民皆保険制度が完成しない時期であって、愛想がない父と母の営む医院を訪れる患者はわずかなもので、五人の子を抱え、父も母も四苦八苦の家庭事情があった。姉たちは大学に進むことができず、二人とも地元の短大で我慢させられたのである。一方、長男を医院の跡継ぎにと考えていたらしい両親は、でき損ないでもそのうちどうにかなると、大学医学部に進学することは我が家の決定事項であったらしい。中学一年になっても分数を理解できなかったできの悪い息子は、中学三年になって、ある夜に例のOG君が訪ねてきた。四兄弟で古びた一軒家を借り、塾を開いていたIさんたちが近所の悪童たちに勉強を教えてくれるので、一緒にいかないかと誘いにきたのである。男四人兄弟で、長男は北大医学部生、次男は東大文二浪人生、三男はまだ高校三年生であったが、我々のような落ちこぼれでもわずかな授業料で面倒をみてくれたのである。我々の時代、大学に進学するのは男ばかりであり、女は塾に一人もいなかった。男は塾で勉強させなければ競争に勝てなかったのである。ともかく、いいタイミングでI先生たちにお世話になり、落ちこぼれでも無事に進学校に入学できたのである。

私は、生涯にわたって全くの語学音痴で英語はさっぱりであったが、不思議なことに、突然数学に目覚めたのか、高二の時に、数学の難題に対して別の解き方があることを黒板の前で数学教師と渡り合ったのである。数学オリンピック級の難問であったが、正解以外に別の解き方があると白墨で黒板に書いたのである。その一時間は他の数学の授業がストップしたのだが、教室の生徒は誰一人として非難の声を挙げなかった。当時、私はおそらく数学的能力に目覚めたのであろう。そのままその能力を活かすことができていたなら、藤原正彦さんのような数学者になれたかもしれなかった。

しかし残念なことに、高二の京都、東京への修学旅行から帰ってから、数日間高熱が出て意識もうろうとなり、屋根に登り、いまにも飛び降りそうになった。そのまま飛び降りていたら、大怪我をしていたか命がなかったかわからないが、いずれにせよ、その高熱が私の数学的才能を永遠に奪ってしまったようだ。高熱の原因は不明であったが、なんらかのウイルス感染による脳症であったのであろう。普段はなんの問題もないが、なにかのきっかけで突然わけもなく同じことをわめきだし、自分でコントロールできなくなるという奇妙な症候が出現するようになってしまったのである。

内村佑之と精神鑑定

七十歳ごろ、人生でただ一度頭部のＭＲＩ検査を受けたが、脳の萎縮部位はなかった。脳波検査は受けなかったので、側頭葉てんかんについてはまだ検討していない。自己診断であるが、側頭葉てんかんである可能性がある。幸い記憶障害は発現しなかったので、なんとか医学部を卒業し、医者になったが、一番医者らしくない精神科医になったのである。父は北大医学部八期生で北大の第一内科の医局出身であったので、その息子が同医学部四一期生で、インターンを終えた昭和四十一年三月に、当時の第一内科の医局長が我が家に訪ねてきた。ぜひ第一内科に入局しなさい、と強烈に勧誘するのである。私は内科医になるつもりはなく、医局長に入局を断ったところ、医局長は烈火のごとく怒り「あんた本当に精神病者の医者になるのか」と怒鳴ったのである。

昭和四十年代前半当時は、精神科や精神病は差別の対象であった。最近でこそ、精神科医志望者が多くなり、精神科医や心療内科医を名乗り、メンタルクリニックが巷《ちまた》にあふれるようになっているが、当時は精神病院しかなかったのである。そのころの精神病院と言えば、北杜夫の『楡家の人びと』に記述されているのが現実であった。病院長が患者の額に聴診器をあてて診察をし患者の病状を診断していたが、精神病院での精神分裂病の診断はそれと似たり寄ったりが現実であったのである。当時の精神科医は、カルテに病状に変化がないというドイツ語で「スタチオネーレ」とだけ記載していた。患者が興奮すると両額に一〇〇ボルトの電気を流す電撃療法を行ったり、インスリン注射を行い、持続性睡眠状態にしたり、ロボトミー手術を行うこともあった。一九五〇年代、向精神薬クロールプロマジンが精神分裂病（現在、統合失調症と名称を変更）の治療薬として導入され、その後種々の向精神薬が開発されたが、この疾患の原因はいまだに解明されておらず、診断は患者の示す病態を間接的に捉えるしかなく、患者の示す症状は様々なので、治療者により診断が異なることはざらにあるのである。

札幌農学校二期生で、新渡戸稲造と同級生であった内村鑑三は米国に渡り、フィラデルフィア郊外のエルウィンの知的障害児養護学校で看護人をしていたことがあった。鑑三の三番目の妻が産んだ内村祐之《ゆうし》は、文武両道に秀でていた。田中将大や大谷翔平のような頑丈な体型ではなく、どちらかというと細身の内村が左腕から投じた剛速球は、早稲田や慶応の強打者をなぎ倒し、一九一八年には大学選手権で十五年振りに優勝したのである。右打者がほとんどであった当時の大学野球では、内村の投じる速球と左外角低めにスライドする、現在のベースボールではスライダーと思われる変化球（当時はアウドロと称した）には手も足も出なかったのであろう。当時内村は、現代の大谷や田中クラスの大スターであった。一九一九年四月の一高対三高の試合は、当時のマスコミに派手に取り上げられた。そのうえ、一九二一年に東京帝国大学医学部三年の時に東京ステーションホテルで挙げた婚約式が、マスコミで報道された。医学部の三年間はすでに一高野球部のOBであったのに、内村の動向はマスコミの報ずるネタとされ、医学部を卒業して東大精神科医局入局後、一ヵ月で東京府立松沢病院の医員になった時には「内村投手、松沢病院に入る、入院したにあらず」と新聞紙上を賑わしたのである。

当時は精神科を目指す医師は珍しく、北海道帝国大学医学部に精神医学教室を設立する際に、北大の前身である札幌農学校出身の内村鑑三の息子で秀才の誉高い祐之を、初代の教授として一九二五年に弱冠二十八歳で招聘《しょうへい》したのである。北海道大学には精神科講座の準備が整っていなかったので、同年、祐之は、文部省の海外研究員として二年間ドイツのミュンヘンのカイザー・ヴィルヘルム研究所（現マックス・プランク研究所）のワルター・スピルマイヤーに師事した。一九二八年に正式に北海道帝国大学医学部教授に就任するが、まだ三十一歳であった。

翌年、東京帝国大学から「時局性アンモン角変化の病因に就いて」で学位論文が授与されているが、一九二八年に、アンモン角硬化についてのドイツ語の二本の論文を報告している。しかし驚くことに、後に英国のマリア・トームの「てんかんの海馬硬化」（二〇一四年）の総説で引用された二百四もの論文の中に、内村の業績は一編も触れられていない。同じ著者の二〇〇九年の論文の中でも、内村が師事したスピルマイヤーの一九二七年の論文は引用されているが、内村の業績については全く触れられていない。

我が国では、アンモン角硬化と言えば内村とスピルマイヤーの業績として教科書に載っているが、トームは完全に無視している。実はてんかんのアンモン角硬化について、最初に報告したのはフランスのC・ブーシェとCA・キャザンビューで、一八二五年のことであった。さらに、死後脳の本格的検討はドイツのW・ゾンマーによるもので、一八八〇年であった。一九二八年の内村の二編の論文は、スピルマイヤーの権威のもとにドイツの医学誌に掲載されたが、内村の結論がアンモン角硬化は血管の変化であるとしたことが否定されたのであろう。当時も、スピルマイヤーの血管病理説とフォークト夫妻の生理化学的変化による細胞障害説との対立があった。

二〇一〇年に、ワレン・ボーリングらが「内村教授、アンモン角硬化と日本の神経科学における「ドイツの影響」という論文を書いている。時系列で追うと、二〇〇九年のトームの論文に内村の論文が引用されなかったので、ボーリングらは二〇一〇年に内村やその弟子たちのてんかんのアンモン角硬化における貢献を指摘したのに、またもトームは二〇一四年にその指摘を完全に無視したことになる。

内村は、一九三六年には母校の東大医学部教授として三九歳で就任したので、北大時代はわずか八年に過ぎなかったが、その間一度だけ医局対抗の野球試合に投手として、その剛速球を披露している。内村の剛速球と鋭く曲がるスライダーを受けた当時の医局員Nは、捕球するのにえらく苦労させられたのである。私の知る限り、医局野球大会で優勝したのは内村投手の時と、昭和三十年代後半にS投手とT捕手が互いに怒鳴りあいながら投球術を駆使して大会を制覇した、二回だけであった。

内村の長女が翻訳し内村が監訳したアル・カンパニスの『ドジャースの戦法』（一九五四年刊、一九五七年にベースボール・マガジン社翻訳出版）は、巨人軍の川上監督に多大な影響をもたらした。攻撃では犠打やヒット・エンド・ランを用いて得点をとり、守りでは失点を防ぐために、バント対策でシフトを敷く際に外野手もカバーに走る、というようなチームプレーを軸としたスモールベースボールであり、当時ドジャースは強豪チームとして大リーグに君臨していたのである。

ドジャースの戦法が本領を発揮したのは一九六三年のワールドシリーズで、最小得点を守り切り、強打者のミッキー・マントルとロジャー・マリスを擁する常勝ヤンキースを四連勝で下したのである。長嶋茂雄と王貞治という強打者だけでは、巨人軍の九連覇は達成されなかったであろう。巨人軍のヘッドコーチ牧野茂はカンパニスから直接教えを受け、「守備練習こそが勝利への直通路だ」と確信し、選手たちを徹底的に指導したのである。川上監督から長嶋監督にバトンが渡された時に、長嶋は牧野を煙たがり採用しなかったので、その年の巨人軍は屈辱の最下位に終わったのである。

内村が翻訳に関与した野球関連の書物は数多く、『高校生のためのウイニングベースボール』『大リーグのバッティングの秘訣』『個人プレーとティーム・プレー』『野球王タイ・カップ自伝』『大リーグ生活六六年―コニー・マック自伝』『ヤンキースのバット・ボーイ・カリアリ』『スタン・ミュージアル伝　大リーグ最高のプレーヤー』『ボブ・フェラーのピッチング』など、野球に対する並々ならない関心を抱いていたようである。一九六二年から一九六五年まで日本野球機構第三代コミッショナーにも就任し、死後、特別表彰として野球殿堂入りを果たしている。若くして日本の精神医学分野における頂点に上りつめた内村は、一方では永遠の野球青年であったのだ。

内村は東京大学教授時代に帝銀事件の平沢貞通画伯の精神鑑定をして、画伯が犯行にいたる精神症状が空想的虚言癖であり、刑事責任ありとしたが、現在の観点からすると、狂犬病予防ワクチン接種後脳炎をきたした後遺症としてのコルサコフ症候群の症候を示していた平沢画伯が、あれほど冷酷な犯罪を完璧に行うことは不可能であったことから、画伯が犯人であった可能性はほとんどないと言っていいであろう。

この精神鑑定は、輝かしい内村の業績に汚点を残したと言える。この鑑定に真っ向から反対したのは、内村の後継者であり北大精神科時代からの弟子であった秋元波留夫であった。通常、医学部では師弟関係が絶対で、師の行ったことに異を唱えるなどはあり得ない事例であったが、秋元は敢然と師に異を唱えたのである。この事件には多くの人々が関与し平沢画伯の無実を訴えたが、すべて司法当局に却下され、画伯は死刑宣告されたが執行されないまま三十九年間もの間獄中で過ごし、九十五歳の天寿をまっとうしたのである。平沢画伯の無罪を勝ちとるために、作家で人権活動家の森川哲郎の子息が二十二歳で画伯の養子となり、平沢武彦として一九次もの再審請求を裁判所に訴えていたが、困窮し、精神的に追いつめられ、孤立無援状態を悲観したのであろう、自宅で死亡しているのを発見された。実に無念、このまま知らないふりをするのは日本人として恥ずべきであると、心底慚愧《ざんき》にたえない。

なぜなら、画伯の精神症状である空想虚言症はいわゆる高次脳機能障害であることから、順序立ててあのような冷酷無比の犯罪を平然と実施することなどできないのは自明なのである。当時はＣＴやＭＲＩなど現代では常時使用されている検査機器がなかったので、ひと目で高次脳機能障害と診断できる症例を内村らは空想虚言症と鑑定し、このような症例であれば犯行が可能と判断してしまったのである。いまから考えると、この鑑定をした内村はこの件では精神医学の専門家ではなく、ずぶの素人の診断をしてしまったと言わざるをえない。若くして教授職として神棚に祭られてしまい、自ら多くの症例を診察することがなかった弊害ではなかろうか。どんなに優秀な人物でも経験不足ではどうにもならないのである。

平沢画伯をどうしても犯人としたいのは、米軍の占領下、犯行に使われた毒物を特定できない日本の司法の問題であった。米軍の日本の司法への介入で、毒物を証明することができなかったためであろう。米軍が隠蔽した特殊な青酸カリ化合物は、この世に存在してはならないものであった。七三一部隊関係者に実行犯と思われる人物が特定されていたが、米軍の日本の司法への圧力はこの化合物の存在を許さなかったのである。現在も日米安保条約と日米地位協定により、我が国は米軍の支配下に置かれていることを見て見ぬふりをして、平和でよかったと能天気に構えている日本人全体の問題なのである。

日本の法曹界は東大教授の鑑定を絶対視し、その鑑定が後になって覆った事例は他にもある。もっとも有名なのは東大法医学教授であった古畑種基で、後に文化勲章まで授与されたが、自ら地道に鑑定することがなく、大学院生任せにした鑑定を行ったりしていたので、後にその鑑定が覆り、日本のいわゆる四大死刑冤罪《えんざい》事件のうち、三件に関わっていたのである。長い月日が過ぎてしまったが、平沢画伯に関して、日本法曹界は画伯の冤罪を認める声明を出すべきであろう。平沢画伯のみならず、自分の人生のすべてをかけて平沢画伯の無実を訴え続けた、平沢武彦氏の冥福を祈るばかりである。東大教授という権威だけで文化勲章を贈る愚挙をした日本政府は、平沢武彦氏に勲一等を送ってもよいのではないか。

学校時代

一九五〇年代の札幌

私は戦後十年、一九五五年に札幌南高校に入学した。豊平川の堤防の傍に校舎があったので、昼休みには川の水が少ない時期には堤防を越えて川の中州に渡り、雑木で仮小屋を作り、トムソーヤーやハックルベリー・フィンになったつもりで遊んでいた。たった一人でぶらぶらして、ロビンソンクルーソーの気分を味わったり、『十五少年漂流記』を思い出したりして、時間をつぶしていた。本当に良き時代であった。校歌に歌われているように、「朝に望む藻岩嶺に、夕べ河畔の豊平に、三年の春のいそしみを、共に励まし願いつつ、ああ若人のこの集い」を満喫した高校三年間であった。現在では堤防は自動車道路となり、川は厳重に管理されているので、そんな遊びをすることは不可能になっている。

終戦後十年、この間の日本はあの凄まじい戦争の廃墟がほぼ復興し、表面上はあの平和憲法どおりのなにごともない平和な世の中であった。一方、世界では米ソ冷戦が一九六二年のキューバ危機で頂点を迎え、一九五〇年から三年も続き日本経済に神武景気をもたらした朝鮮戦争や一九六五年のベトナム戦争へと米国は突き進んでいった時代であった。日本の高度経済成長は一九五四年十二月から一九五七年六月まで続き、一九五六年の経済白書には「もはや戦後ではない」と記され、戦後復興の完了が宣言された。しかし、世界のどこかでは戦争が常態化し、死体など至る所に転がっているはずであったのに、一九五〇年代後半のオレゴン州の田舎町での出来事を題材にしたスティーブン・キングの小説を一九八六年に映画にした『スタンド・バイ・ミー』のように、線路脇に放置されていた一人の死体を見るために旅に出る四人の少年の物語が、世界中の人々を虜《とりこ》にしたのである。青春映画の傑作といまだに讃えられるこの映画の主題歌を歌うベン・E・キングの熱唱は、いつまでも印象に残るものである。

第二次世界大戦が終わり、ベトナム戦争が泥沼化するまでの一九五〇年代と一九六〇年代は、米国の空前の繁栄とそれに引きずられた自由世界の国々では、貧しいながら平和を満喫していたのであろう。一九五二年から三年間の中学時代の夏の一日、札幌から定山渓までの二十六キロメートルを、全校生徒、おそらく七百五十人ぐらいが徒歩で十時間ぐらいかけて、足に豆を作りながらたどったのである。子だくさんで、親は生活することに必死の状態であり、現在のように子供に過保護ということは全くなかったのである。

小学校時代は、鍋釜さげて札幌郊外の発寒川や真駒内のオイラン淵（オイランが崖の上から身を投げたという）に炊事遠足に出かけたが、親の関与は全くなかった。現在のように、どこかに出かけるとなるとバスをしたてて、帰校すると親の車が迎えに来るなどということは全くなかったのである。トヨペットクラウンが世に出たのは一九五五年で、定山渓までの道のりに自動車の姿はほぼ皆無であったし、札幌市のほとんどの道路が砂利道と馬糞風が舞う時代であった。

小学校では、たぶん夏休み前であったか、近くの藻岩山に全校生徒の集団登山を行っていた。四年生の時、寝坊した私が学校に駆けつけたら、もう誰もいなかった。教室を覗いても先生もいない。用務員のおじさんもいない。第一、私は普段着で普段の登校時のズック靴であった。同じ学年の女の子が遅れてやってきた。その子も普段着であった。全校登山だというのに、遅れてきたのは私と女の子だけであり、周囲に誰もいなかった。私は女の子を伴って、前年登った藻岩山の登山口まで行こうとした。うろ覚えで登山口が見つからず、二人でとぼとぼと帰路についた。自宅に帰っても、母親がどうしたのと尋ねるわけでもなく、どうして無断で登山に来なかったのかと学校から連絡があったわけでもなく、それは女の子の家庭でも同じであったろう。親たちは今日一日をどう生きていくのか一生懸命で、現在より子だくさんでいちいち子供にかまっておれなかったのであろう。学校の先生も同じことで、教師一人で教室に五十人から六十人もの生徒をかかえ、一人一人に目が行き届かなかったのであろう。

そのころは札幌にも米軍がしっかりと鎮座しており、藻岩山の中腹の馬の背には電波の中継所があり、日本人立ち入り禁止となっていた。我々は山頂にはこの馬の背の反対側から登り、我々を監視するMPが駐在しているのを山頂から遠望するのみで、近づくことはできなかった。米軍がやってきて、札幌では天然記念物として保護していた藻岩山の自然林を伐採しスキー場を作り、自分たち専用の二人乗りのスキーリフトに男女が相乗りするのを、当時ろくなスキー用具もない我々日本人は指をくわえて見つめていたのだ。札幌から米軍が引き上げてからも、一時期は札幌市街に面した斜面は市民のスキー場として利用されたが、本来国の天然記念物として藻岩山が指定されていたので、現在ではこの斜面は植林され植生はもとに戻っている。麓からロープウェーが架けられ、馬の背から市街の反対側には市民スキー場が広がっている。

米軍は、満州や朝鮮半島や樺太でのソ連兵のような乱暴狼藉、婦女子の強姦などをおおっぴらに振るうことはなかったが、それでも、酔っ払った二人の米兵が自宅の玄関のガラス戸をこじ開けようとしたのを、父親が必死に防いだことをいまでもありありと思い出す。子供たちでも米兵相手の女たちの存在を知っていた。パンパンとかオンリーと呼ばれた女性たちで、特に黒人のオンリーとなった女性は、米軍が米国に引き上げてゆくときに結婚して渡米することが結構あったようで、数人の彼女たちに、ほぼ三十年後、私はテネシー州ナッシュビルで出会うことになった。

一九八二年に、ナッシュビルに駐米日本大使が訪れるので在ナッシュビルの日本人会が一堂に集まって大使を歓迎しようと、百人ほどの日本人が集まったが、差別的に述べるわけではないが、明らかに普段見慣れた日本人とは異質な女たちで、私とは十歳以上は年上であるが、彼女らだけで片隅に集まり、異彩を放っていた。私たちはヴァンダービルト大学に留学した研究者で、日常生活ではぎりぎりの状態で、盛装といってもたいしたことはないのだが、一方において日本人会にも上流階級があるらしく、その紳士淑女も異彩を放って一般から乖離した存在であった。つまり、米国南部テネシー州ナッシュビルで三種類の日本人が一堂に会したわけで、それぞれに集まってお互いにじろじろと眺めていたのである。

大学時代の青春

一九五〇年前半、貧しいながら我々日本の学校行事として、夏休みには余市の小学校の教室を借りて、同級生の男女が宿泊し、海水浴に出かけた。一泊か二泊か思い出せないが、食事はそれぞれ自宅からの弁当持参であったのか、コンビニなどない時代、食事はどうしたのだろうか全く記憶にない。すでに初潮を迎え、胸も膨らみかけた少女たちと教室に机で仕切りを作ったとしても、性の目覚めの早い男子生徒にとって、興味しんしんの出来事であったろう。私のような発達の遅れた中学生にとっては、どうってことはなかったのであるが。

なにしろ北海道は、いわば日本各地からの流れ者がたどり着いた新天地であり、学校の生徒たちは、規模は小さくとも欧州にあたる本州から北米にあたる北海道に移住してきた人々の子孫に、日本各地の企業から転勤を命じられた会社員の家族が一緒に勉学するという、人々の坩堝《るつぼ》であった。つまり日本版の米国の状態で、それゆえにこそ、フロンティアの開拓という掛け声で北海道開発がなされ、明治初年は米国の農務大臣ホーレス・ケプロンやアマースト大学学長ウィリアム・クラークたちがやって来たのである。

一九六〇年代前半まで東京には、二階家で窓ガラスがなく障子だけで、雨が降ると戸板で閉じるといった住宅があった。あの空襲の惨禍から生き延びていたのであろう。東京はほぼ壊滅状態から不死鳥のように蘇り、学校生活もまず東京から復活し、上野の山の浮浪児たちはいつの間にやらいなくなり、現在の受験戦争状態ではないにしろ、札幌の学校は東京よりはるかに進学状況は遅れていたのである。

一九五八年に大学生となり、登山に行くようになって、九州の屋久島の宮之浦岳や北アルプスの槍ヶ岳を登ったが、その際に利用したユースホステルや電力会社などの施設、田舎町の小学校など、大学生というだけで信用して宿泊させてくれたものである。現在のようにほとんどの高卒がどこかしかの大学に入学するといった時代ではなく、大学生の数は少なく、それなりに社会一般では尊重されていたのであろう。

カージャックなど考えられない時代であったので、困ったときにはヒッチハイクをしたが、嫌がらずに車をとめて乗せてくれたことが何度もあった。ユースホステルは女性も安心して利用できた。風呂場が一つしかない施設が多く、利用時間が別に設定されていて、男女別に入浴することになっていたが、私は勘違いして廊下のドアを開けたらそこが脱衣所になっていて、なぜか全員裸の女性十数人が「きゃー」という喚声を挙げた。大勢の女性の裸を一望できたのは、私の人生でこの一度だけであった。ワンダーフォーゲルが全盛の時代であって、若い女性たちも積極的に登山や旅行にユースホステルを利用することが多かった。最近までのようにユースホステル利用の女性旅行者が殺害されるなどの事件は、当時全く考えられないのどかな時代であった。

安保反対闘争で収監された西部邁は、東京拘置所に留置されていた当時、吉展ちゃん事件の犯人と帝銀事件の平沢画伯と隣り合わせになったりもした。後に次々と起きた凶悪事件の犯人たちは収監されていなかったのであろう。安保闘争当時、大久保清は全学連の活動家を装って、自宅に女子大生を連れ込み強姦しようとして失敗したが、それに懲りず次々と強姦事件を起こして、四年半の懲役をくらっている。出所した大久保は、一九七一年三月三十一日から五月十日までのわずか四十日間に、親に買わせた当時の最新型のマツダファミリアロータリークーペで女性を誘い、八人もの若い女性を連続的に強姦し殺害した。このころまでは日本では車も少なく、高級車に乗っていた男を警戒することがなかったのであろう。三十人もの女性に声をかけ、車に連れ込んだが未遂に終わり、難を逃れた女性もいた。この事件以来類似の事件が起きたが、女性の警戒心が大きくなり、誘われても車に同乗することはなくなった。

現在ではヒッチハイクなど不可能な時代となったが、一九六八年春、私は父の古いセドリックに祖母と母を車に乗せ、洞爺湖温泉に向かった際に、定山渓大橋を過ぎたところで車の後輪がパンク、父は替えのタイヤのパンクを修理していなかったのですっかり困り果てた時に、当時札幌では珍しいピカピカのリンカーン・コンチネンタルの運転者に助けられ、中山峠を越えた先のガソリンスタンドまで乗せてもらった。まだ若い男性で後部座席には若いきれいな女性が同乗していた。驚くことに助手席にはレコード盤があり、クラシック音楽を流していたのである。車の振動は全く感じられず、レコードの針は少しも微動せず、レコードは滑らかに回っていた。自分の生活空間と全く違う別世界があるのだと、その時驚いたのであった。パンクしたタイヤを抱え同乗させてもらい、すっかり恐縮してしまったが、いまから考えると、当時から上級市民と下級市民が厳然と存在していたのであろう。ボロの日産セドリックで満足していた当時は、自分とは別世界にそのようなハイクラスの人々が存在することを考えてもみなかったのである。

八十四歳であった祖母は前年に夫をなくし、次女と三女と小樽で暮らしていたが、洞爺湖温泉に孫が連れていってくれることがうれしく、車の中で涙を流していた。祖父が戦後財産をすべて失い、次女が市役所勤めで生計を立てていた。孫たちにお小遣いをあげることができないことを祖父はいつも嘆いていた。自分の周囲がすべて貧しいとそのことが全く気にならなくなるものであるが、突然別世界があることに遭遇すると圧倒されて、その時には現代の問題になっている上級市民と下級市民が存在する事実を深く考えることもなかった。

現在、世界では貧富の差がどんどん開き、世界で一年間に生み出された富のうち八二％を世界で最も豊かな上位一％が独占し、経済的に恵まれない下から半分（三十七億人）は財産が全く増えなかったと、国際ＮＧＯ「オックスファム」が報告している。すなわち、世界では下級市民に属する多くの人々が、食うや食わずの生活を強いられている。才覚のあるほんのわずかの成功者はいたとしても、ほとんどの人々は生まれた環境によってその人生が規定されてしまう。どんなにあがこうと、母国を追われ難民になった者は救い上げてもらえないのだ。

同じことが、平和日本でも否応なしに出現している。よほどの才能がなければ、下級市民に生まれればその階級のまま推移してしまう。スポーツの才能を発揮したり、ＡＩ技術に優れていたり、作家や漫画家として売れっ子になったり、芸能界で成功する人はひと握りの人々に過ぎない。音楽家や画家は特別の才能に恵まれない限り、家族を養うのに苦労する場合が多い。たまたま勉強ができて、親が生活保護を受けていても医者や弁護士になった何人かを知っているが、めったに見られない。勉強するにも塾代を出してもらえないので、下級市民に属していると、大きなハンディを背負うことになる。日本でも、子供の七人に一人は日常的にまともな食事にありつけず、学校給食が空腹を満たしているという。

戦後を生きた人々

北海道の精神科医

一九五〇年代前半、私の先輩SAは北大精神科の医局から小樽の個人の精神病院に出張医として赴任してきた。院長のHは北海道帝国大学出身で、北大精神科の重鎮であった。病院に隣接する自宅を「奥」と称して、自分の経営する精神病院に絶大な権力で君臨していた。Hは北海道帝国大学医学部精神病学の初代の教授として、札幌農学校二期生内村鑑三の長男祐之がドイツの留学先から帰国した際に、最初の弟子となった三人のうちの一人であった。

医薬品として鎮痛剤のザルブロは、通常の病院では医薬品問屋から注文することができた。しかし院長のHは、試薬として所有していたサリチル酸塩を蒸留水で溶かして医薬品として用いれば、大いに儲かるだろうと考えた。臨床検査技師のNに、フラスコで沸騰した蒸留水にサリチル酸塩を医療に用いられる量と同じ配分で溶かしてみることを命じた。だがサリチル酸塩の結晶は完全には溶解せず、日に照らすと微量の結晶がきらきらと陽光にきらめくのである。化学的知識があったHは、紅紫色染料のフクシンを混入するようにNに命じた。適量のフクシンはサリチル酸塩の結晶をみごとに隠蔽し、ピンク色のザルブロが誕生した。

Hは、この製品を「赤ザル」と名付けた。サリチル酸塩の量を少し増量すると、医薬品のザルブロより鎮痛作用がより強くなる。病院は坂を登って高台にあったが、赤ザルは腰痛によく効くと町中で評判となり、多くの老人たちが足を引きずりながら坂を登って訪れるようになった。一精神病院が腰痛治療の評判病院になったのである。

ザルブロはリウマチや痛風の疼痛によく効くので、文学作品にもその名前が出てくる。立原正秋の『血と砂』に、主人公が看護婦に「何の注射だときいたら、ザルブロとビタミン剤だ」と答えたという記述がある。三浦綾子の『塩狩峠　道ありき』には「その頃は、ザルブロでもなかなか貴重な薬であった」「医者もリウマチだと言い、ザルブロを打ってくれた」とある。北杜夫『楡家の人びと』でも「何事につけ器用な一人の兵長を入院病棟へ赴かせて、キニーネ、ザルブロ、体温計、オブジェクト・グラスなどをすばやく銀蠅《ぎんばい》させたことが唯一の慰みとなった」という文面がみられる。

サリチル酸にアセチル基がついてアセチルサリチル酸となれば、アスピリンである。アスピリンは疼痛を伴う種々の疾患に広く用いられているが、小児で深刻な副作用、ライ症候群を発症することがある。しかし、一錠あたりアセチルサリチル酸一〇〇ミリグラムを含有するバイアスピリンは、川崎病の治療薬として認可されている。脳梗塞とか閉塞性心疾患に、血液をサラサラにする薬物としても、このような低用量のアスピリンが広く用いられている。

院長のHは手先が器用であったので、日本政府が戦後一九四八年に布告した優生保護法をすぐに男性入院患者に適用することにした。十数名の患者を並べて、局所麻酔をして睾丸の袋の皮膚に切開創を入れて精索を露出させ、立位のまま、一人を数分で次々と糸で結んでしまったのである。それを連日のように繰り返し、これで劣勢遺伝子を残さないと得意になって、SAの抗議に平然と答えた。

SAは、当時の北大精神科三代目のS教授にHの非人道性を訴えたが、教授は「困ったですね」と曖昧に答えるだけであった。なにしろHは、S教授にとっては東京大学精神医学教室での恩師である内村祐之の一番弟子であり、S教授が北大医学部精神医学教室の教授として赴任してきた際には、Hと、やはり小樽で精神病院を経営していたBと函館で精神病院を経営していたWと三人の前で、三つ指をついて深々と頭を下げたほどであった。

Hの北海道における権力は相当なもので、精神障害者を精神病院に収容することが社会的にも重要な時代的背景もあり、道警幹部とはツーカーの関係であった。息子が交通事故で死亡者が出ても、どのように差配したのか不明であるが、弘前大学から札幌医科大学に転学させて、まるで事件がなかったことのように振舞ったのである。とてつもない悪法であった優生保護法は、なんと半世紀も維持され、ようやく一九九六年になって、優生思想に基づく部分は障害者差別であるとして削除され、母体保護法と改められた。自分の意思に反して手術を受けさせられ、犠牲になった患者からの訴えは現在も続いている。

自分に無関係であると思い込んで明らかな悪法を改定しないという心性は、なにかに似ていないだろうか。現実に自衛隊が存在し、我が国の安全を担っていることはすでにだれでも周知のことであるのに、マッカーサー憲法を後生大事に七六年間もの長きにわたって押し頂き、自衛隊の存在を見て見ぬふりをし続けている我が同胞は、いかなる心性を有しているのだろうか。

このたびのプーチンのような独裁者がウクライナを侵略するように、かつてスターリンがルーズベルトに北海道を寄こせと言ったことを歴史的事実だと称して、ロシアが北海道を侵略してきたらどうするのだ。北朝鮮が東京にミサイルを撃ち込んできたら、米軍は北朝鮮と戦火を交えてくれるのであろうか。自分の国は自分で守る気概のない国民は滅びるしかないのであろう。ここはもう一度褌《ふんどし》を締め直し、自衛隊を国軍に昇格させ、祖国防衛の決意を世界に示すべきであろう。

もっとも、自衛隊は日本（主として朝日新聞）と韓国と北朝鮮と共産中国だけが国軍と認めていないだけで、世界ではすでに国軍として認めている。したがって、今回のプーチンによるウクライナ侵攻に対して、ＮＡＴＯのようにウクライナに武器を提供できないなどは国際社会では非常識なのであり、相も変わらず憲法九条などというお題目を唱えている日本には、習近平が尖閣諸島を奪いにきた時にＮＡＴＯは軍需物資を援助してくれないであろう。日米同盟は、キッシンジャーのいうとおり、米国はただ日本という国に瓶の蓋をしているだけである。自衛隊員として日夜厳しい訓練に明け暮れている人々には、日本国を守る防人として日本国軍人としての誇りを持っていただきたい。ウクライナ情勢で明らかなように、核の抑止力のない国は核をチラつかせる国の暴虐のなすままにさらされてしまうのである。ロシア高官が「北海道はルーズベルトが約束したロシアの土地だ」と述べたことを漫然と受け流していては、日本が第二のウクライナになることは確実であろう。

ＳＡは戦時のどさくさに紛れて、医学部を受験したことなく医師の資格を得た。まず、北海道帝国大学医学部一期生で、室蘭で医院を経営していた父親のコネで樺太医専に無試験で入学できた。終戦で樺太から引揚げると、北大の旧制医学専門学校を卒業、医師国家試験に合格し医師となった。当初は父親の開業医を引き継ぐために、内科医を目指したので、北大医学部の第一内科に入局した。当時は医学部を卒業すると、内科医か外科医を目指すのが普通である。まだ専門医制が確立していない時代で、たとえば皮膚科と泌尿器科は皮膚泌尿器科で、性病専門と考えられ、一般には認知されておらず、「新患のひとりも来ない外来になにをウロウロ（urology 泌尿器ウロウロの意味）デルマ（dermatology 皮膚科デルマ）でもなし」と戯れ歌にあるように、ごく少数の卒業生が専門医を目指したのだ。

第一内科は医学部卒業生と医学専門部（医専）卒の医師で溢れかえり、ＳＡが入局の挨拶に当時の医局長に会ったところ、医専卒には数人で一つの机が与えられ、医学部卒には一人一つの机が与えられた。ＳＡはひどく落胆し、別の臨床科を探すことにした。精神科を訪れてみると、基礎医学研究室のような雰囲気で、次々と新しい研究に取り組んでおり、医専出身ですばらしい研究成果をあげつつあるU先生がいた。Uは脳梗塞患者の頚動脈に長針をつけた注射シリンジを突き刺し、動脈血の圧力に抗する圧力で麻酔薬を動注したのである。現在でも和田法として脳の言語中枢を確認する方法として、脳腫瘍をどの程度まで切除すると言語機能が失われるか検討するために実施されている。最近では股動脈からカテーテルを挿入する、より安全な方法が確立されているが、和田が世界で初めて実施した当時は、注射器に長針をつけてそのままずぶりと頚動脈に斜めに刺し、動脈血が勢いよく注射器に逆流する圧力に抗して麻酔薬を流しこんだのである。

通常言語中枢は左脳にあるので、左の頚動脈に麻酔薬を打ち込めば一瞬に失語症の状態が発現する。左脳から右脳の麻痺が及ぶと当然意識を失い、全身麻酔状態になる。右利きの人のほとんどは左脳に言語中枢があるが、左利きでは三〇％ほどが右脳に言語中枢がある。時間を追って変化する脳機能を観察する方法としてとても優れてはいるが、よくも思い切って頚動脈に麻酔薬をぶち込むなどの荒っぽい人体実験を思いついたものである。実際に実行するには相当な覚悟が必要であったであろう。もしも、麻酔薬注入によりショック状態になったらどうしようとか、生命の危険があるのではないかとか、実行するまでには躊躇するであろう。しかし、和田は断固としてこの方法を実行したのである。結果として、和田は世界初の業績を成し遂げた。Uの研究は、種々の脳障害患者の脳機能が脳の半側を麻痺させることによりどのように変化するかを経時的に観察し記録したもので、一般向けの書物として出版されていたら、オリーバー・サックスの書籍のような、脳障害者の示す驚くべき能力の物語を報告したことであろう。

ロボトミー手術の功罪

一九四九年にノーベル生理学・医学賞を授与されたポルトガルのエガス・モニスは、精神疾患のロボトミー手術での業績によるものであったが、世界で初めて頸動脈から造影剤を注入して脳血管系を検索した業績でも著名な神経科医であった。つまり、頸動脈に注射針でなんらかの薬物を注入するという行為は、医学的な検査法として世界的に認知されてはいたのである。モニスの開発した方法により脳腫瘍や脳動脈瘤の診断が可能になり、脳神経外科の黎明《れいめい》期に画期的な業績として称賛され、本来ならこの業績によりノーベル生理学・医学賞を受賞してもおかしくはなかったであろう。モニスがロボトミー手術を行った男の一人は脳障害を残したが、それを恨んでモニスを銃撃した。モニスはかろうじて命を取りとめたが、体調が回復せず、ストックホルムでのノーベル賞授与式には出席できなかった。同年のノーベル物理学賞の受賞者の一人は湯川秀樹であった。

エガス・モニスのロボトミー手術は米国のウォルター・フリーマンにより引き継がれ、多くの精神疾患の治療に用いられた。ジョン・F・ケネディの姉ローズマリー・ケネディは自己主張の強い性格で、時に不機嫌で暴力的となり、しばしば荒れ狂う彼女の扱いに家族は手を焼いていた。一九四一年、真珠湾攻撃の年、米国駐英大使であった父親ジョセフ・ケネディは彼女の振る舞いがケネディ家の政治活動の妨げになると考え、当時精神外科の世界的権威として有名になっていたフリーマンにロボトミー手術を依頼した。彼女の暴力性は収まったが、尿失禁の後遺症を残し、幼児的な性格に退行し、何時間もぼんやりと壁を見つめ続けたり、話すことが支離滅裂になったりした。ロボトミーにより、前頭部の左右の神経が切断され、彼女の人格が破壊されたのである。彼女はウィスコンシン州の障害者施設で八十六歳まで生きた。彼女の死はケネディ兄弟のなかでは五番目であったが、暗殺や事故死などではない自然死だったのは、彼女が最初であった。

我が国でも、このロボトミー手術は主に統合失調症（当時は精神分裂病と呼ばれていた）の患者に数多く実施された。まれに幻覚妄想や興奮・混迷などが改善される症例もあったと報告されたが、古い精神病棟を徘徊する幽鬼のような患者群が見られるようになった。SAはこのような患者の前頭部の頭蓋骨に開けられた穴に長針をつけた注射器で脳髄液を採取、独自に工夫したコロイド膜で濃縮し、濃縮液中のたんぱく質の電気泳動を行った。

戦後、日本の精神科病院ではこのロボトミー手術は多数の症例で実施された。アイスピックのような穿刺器具を用いて眼窩上部から前頭部目がけて突き上げるのである。局所麻酔で簡単に手術できるので、当時不治の病とされていた統合失調症の外科治療として意欲的に実施されたのである。頭蓋骨に開けられた穴はそのままにしたので、頭皮に触れると薄い硬膜の下に脳実質を触れることができた。脳髄液の検査の際に注射器をその穴から差し込めば容易に脳髄液を採取できた。

ある病院の患者は、脳髄液の採取後翌日に死亡していた。脳実質の血管を傷つけて脳出血をきたしたが、翌日死体で発見されたのである。SAはそのアクシデントを熟知していたので、慎重に脳髄液を採取した。当時精神科の研究室で和田は積極的に脳腫瘍などの脳外科的手術を行っていたので、その際にSAは様々な脳疾患の脳髄液を採取することができた。この研究は当時のドイツの脳脊髄液の研究書には記載されていなかった発見であった。SAはこの研究が認められ米国に旅立つ寸前であったが、研究室の意向により実現できなかった。

いかなる歴史にもifは許されないが、もしもSAの米国留学がなされていたら、脳脊髄液のたんぱく質に関する世界的な大発見がなされたのではないかと惜しまれるのである。

第二次世界大戦までのドイツは、生物、物理、科学、精神医学、社会科学など全ての科学分野において世界最高レベルであった。一九四八年からマックス・プランク研究所に改組したが、一九一四年に設立されたカイザー・ヴィルヘルム協会が運営していた世界最高の研究機関には、世界各地から研究者が集まっていた。むろんそこに至る前のドイツの科学分野は、ゲッチンゲン大学やベルリン大学などのドイツ各地の大学の研究機関が世界最高レベルを誇り、あのウィリアム・S・クラーク博士もゲッチンゲン大学に留学していたのである。北里柴三郎は一八八五年にドイツのベルリン大学に留学したが、その師であるロベルト・コッホはゲッチンゲン大学を卒業している。

北里の師のコッホは炭疽菌、結核菌、コレラ菌を発見し、感染症の病原体を証明するための基本指針となる「コッホの原則」を提唱し、感染症研究の開祖とみなされていた。北里はコッホの細菌学研究室で破傷風菌の純粋培養に成功し、ジフテリアと破傷風の毒素に対する抗血清を開発した。北里とエミール・ベーリングの連名による血清療法による論文が無視され、ベーリングが単独で発表した論文に対して、一九〇一年に最初のノーベル生理学・医学賞が授与された。ベーリングの師でもあったコッホは、その四年後に結核に関する研究によりノーベル生理学・医学賞を授与されている。

ノーベル賞創生期には単独受賞がほとんどであり、例外的にキュリー夫人らが複数で受賞したことがあったものの、当時としては北里が外されたのは仕方なかったかもしれない。なにしろ、研究所を創設し研究設備を整えたのはドイツ帝国なのであるから、極東の島国からやってきた一研究者にノーベル賞を授与することは考えられなかったのであろう。しかし、北里の研究者としての業績は欧米世界でも高く評価されていたので、いくつかの欧米の大学から招聘されたが、北里は日本での学術振興を第一に考えて、日本での研究生活を送ることを決意し、帰国したのである。後にペスト菌を発見しており、本当なら北里はノーベル生理学・医学賞を二度受賞してもおかしくはないであろう。

頸動脈に造影剤を動注して脳の血管系を調べる方法を用いて、我が国でも、主要な脳血管が閉塞したために脳全体にもやもやした血管網が代償的にできあがった「もやもや病」の発見をもたらした。「もやもや病」の命名は東北大学脳神経外科の鈴木により、英文論文として最初に報告されたため、moyamoya diseaseとして世界的には認知されている。我が国では当初、ウィリス動脈輪閉塞症と命名された時期もあったが、世界的にはmoyamoya diseaseとして定着されていることから「もやもや病」という診断名に統一されている。

実は鈴木たちの発表の一年ほど前に、北大精神科の掛川らがこの疾患を見つけており、「チリチリ病」と名付けていたのである。当時の精神科教授は、なにかの間違いかもしれないし、もし変な報告をしたら恥ずかしいという理由で英文による発表を許可しなかった。

日本語での発表が新発見の証拠にならないと考えている研究者が多いが、実はそんなことはなく、自分たちの発見が世界初であるということを日本語の文献を挙げて、英文で発表し、しつこく訴えて認めさせればよいのだ。いまとなっては「チリチリ病」は「ややや病」の後塵を配したのであるが、かつては北大の精神科関係者は「チリチリ病」と診断しカルテに記載していたのである。

北大第二内科の木下は、parasystole（日本名副収縮）と名付けられた不整脈の発現に二次的な心筋の電気活動ノードのルートがあることを、日本の学会で発表した。この現象の発見は世界初であったが、日本語の発表であったためその後に米国の研究者による発表の後塵を拝することになった。しかし木下は敢然と立ち上がり、自分たちの発見が世界初であることを循環器関連ではナンバーワンの医学誌「circulation」に投稿し、その後も六十数編ものこの関連の英文論文をfirst authorとして報告した。日本語での世界初の報告は世界的に認められ、木下はparasystoleの第一人者として世界では著名であったが、我が国の学会では完全に無視され、科学研究費の請求も当初こそ割り当てられたが、論文が増加するに従い研究費補助金は全く当たらなくなった。木下が日本の循環器学会で報告した際に、学会の重鎮が「そんな報告はかつてなされたことがない。文献に報告されたこともない奇妙な現象ではないか。そのような奇妙な報告は本学会ではなく、地方会レベルで報告してもらいたい」とコメントしたのである。

後に、日本循環器学会の招待講演者として二名の米国の著名な不整脈の研究者が来日した際に、Dr. Kinoshitaに会いたいと学会の世話人に依頼した。木下はたまたま定年退職で、ほとんど出席したこともなかった学会にparasystoleの実験的研究で著名な米国の研究者の講演を聞きにきていたが、学会の世話人は木下の顔を知らないので放送で呼び出した。木下はparasystoleの理論上のライバルたちと初めて遭遇することになった。二人の米国の研究者は木下に「おお、ミスターｐａｒａｓｙｓｔｏｌｅ」と呼びかけたのである。二人の研究者は、敬愛するDr. Kinoshitaと堅い握手を交わし、互いの理論の相違を超えて讃えあったのである。長嶋茂雄が野球界でただ一人「ミスター」と呼ばれているように、ある分野の第一人者を「ミスター」と讃えることが、欧米でも一般的である。もっとも有名な事例として、米国大統領ケネディの四五歳の誕生日パーティーで、マリリン・モンローが「ハピバースデイ　トウ　ユー　ハピバースデイ　ミスター　プレジデント」と歌った映像が流されたのを覚えている。

柔道家木村政彦の伝説

ところで、かつて、日本には長嶋以上の大スターと言うべき柔道家がいた。空前絶後の柔道の「全日本選手権」十五連覇を戦前から戦後にかけて達成し、昭和天皇が御臨席の天覧試合も圧倒的に制した木村政彦である。一九四九年に不敗のまま引退した。増田俊也の著書『木村政彦はなぜ力道山を殺さなかったのか』で、木村が柔道家として卓越した存在であったことがわかる。木村は「木村の前に木村なく、木村の後に木村なし」と称えられていた。戦後の食うや食わずの時期、木村はプロレスの興行で力道山のやられ役として登場していたので、あまり印象はよくないが、本当に二人でリングで対決したら、力道山は五分ともたず木村の締め技で虫の息にされたであろう。

プロレスは完全なフェイクであって、力道山の空手チョップは手をパチンと鳴らしただけのものであった。現役引退後も木村の圧倒的強さは伝説となっており、赤鬼と言われたオランダのルスカ（一九七二年ミュンヘンオリンピック柔道男子無差別級、重量級二階級制覇、身長一九〇センチメートル）も、東京オリンピック無差別級を制したオランダの巨人ヘーシンク（一九八センチメートル）も、全盛期の木村（身長一七〇センチメートル）と対した場合、三分ともたず締め上げられてしまうだろう、と極真空手の創始者である大山倍達が太鼓判を押していた。木村政彦の大外刈りは、相手に脳震盪《のうしんとう》あるいは頭部外傷をもたらすことから、禁じ手とされていたほど強烈な技であったようである。そしてなによりも、木村ロックと名付けられた締め技は強烈で、後にブラジリアン柔術の勇エリオ・グレイシーの腕をへし折ったことからも、そのすごさがわかるであろう。

料金受取人払郵便

新宿局承認

7553

差出有効期間
2024年1月
31日まで
（切手不要）

郵便はがき

160-8791

141

東京都新宿区新宿1－10－1

(株)文芸社

愛読者カード係 行

お名前《ふりがな》		明治 大正 昭和 平成 年生 歳
ご住所《ふりがな》	□□□-□□□□	性別 男・女

お電話番号	（書籍ご注文の際に必要です）	ご職業	
E-mail			

ご購読雑誌（複数可）	ご購読新聞 新聞

最近読んでおもしろかった本や今後、とりあげてほしいテーマをお教えください。

ご自分の研究成果や経験、お考え等を出版してみたいというお気持ちはありますか。

ある　　ない　　内容・テーマ（　　　　　　　　　　）

現在完成した作品をお持ちですか。

ある　　ない　　ジャンル・原稿量（　　　　　　　　　　）

書　名			
お買上 書　店	都道　　　　　市区 府県　　　　　郡	書店名	書店
		ご購入日	年　　月　　日

本書をどこでお知りになりましたか?

1.書店店頭　2.知人にすすめられて　3.インターネット(サイト名　　　　　)

4.DMハガキ　5.広告、記事を見て(新聞、雑誌名　　　　　)

上の質問に関連して、ご購入の決め手となったのは?

1.タイトル　2.著者　3.内容　4.カバーデザイン　5.帯

その他ご自由にお書きください。

(　　　　　　　　　　　　　　　　)

本書についてのご意見、ご感想をお聞かせください。

①内容について

②カバー、タイトル、帯について

弊社Webサイトからもご意見、ご感想をお寄せいただけます。

ご協力ありがとうございました。

※お寄せいただいたご意見、ご感想は新聞広告等で匿名にて使わせていただくことがあります。

※お客様の個人情報は、小社からの連絡のみに使用します。社外に提供することは一切ありません。

■書籍のご注文は、お近くの書店または、ブックサービス(0120-29-9625)、セブンネットショッピング(http://7net.omni7.jp/)にお申し込み下さい。

ブラジリアン柔術が総合格闘技で世界制覇した時に、彼らの技の先生が「キムラ」であると知られると、木村政彦は時の人となった。しかし、現在では木村はすでに過去の人として、日本の歴史上の人物として登場することはまれとなったが、木村の師牛島辰熊《たつくま》とともに、サイパン陥落前の首相であった東條英機暗殺を日本の有力者から依頼され、実際に実行する寸前であったが、東條はサイパン陥落の責任をとって首相を辞職したことにより、実施されることはなかった。当時、東條が暗殺され、日本の上層部が軍部を抑え込むことができれば、米国との降伏交渉が別のものになり、沖縄戦や日本の諸都市への焼夷弾攻撃も、原子爆弾の広島、長崎への投下もなかったかもしれない。それほど重要な使命を、木村と牛島は上層部から命じられていたのである。

イタリアのムッソリーニは、イタリア人のパルチザンに捉えられ、逆さ吊りにされ殺された。この場合はテロとは言わないらしい。ムッソリーニ打倒に成功した新イタリア政府は、今度は連合国に加わり、日本が米国に敗戦した時に、なんと日本からちゃっかり賠償金を取ったのである。

ところで、日本軍は米軍にのみ完敗したのである。南太平洋で始まった米軍の猛烈な反撃は膨大な軍事力によるものであり、なによりも莫大な兵站の供給で日本軍とは天地の差があった。山本七平が指摘するように、台湾とフィリピンとの間のバシー海峡の確保が日本軍の生命線であった。軍需物資や食料などの兵站を運ぶ時に、いわゆる護送船団方式を徹底しておれば、日本軍の壊滅はもう少し先であったろう。病院船を装って兵員や兵站を輸送する日本の船は、ことごとくニミッツ指揮下の米国潜水艦の餌食となって、海の藻屑となったのである。日本軍が戦闘機、輸送機、戦艦、巡洋艦、駆逐艦、潜水艦などで守られた輸送船団を重点地区に送り届けておれば、米軍もそう簡単には日本軍を壊滅状態にすることはできなかったであろう。

護送船団方式は、皮肉なことに敗戦後の日本経済の復興に大きく貢献したのである。ドイツの敗戦により、今度は米軍の主力とソ連の参戦が熾烈なものになったであろうが、少なくとも満州でのソ連軍による日本軍の壊滅的敗走は食い止められたであろうし、満州には石油が眠っていることが後に分かったことからも、スターリンの暴虐に一矢を報いることは可能であった。日本人が油徴を発見することは経験不足というしかないが、新潟での石油採掘に貢献したエドウィン・ダンのような米国人でも、親日家の協力があれば満州の石油を発見できたであろう。満州で石油を採掘できれば、米国の経済封鎖は取るに足らないものとなったであろう。終戦後も千島列島の占守島《しゅむしゅ》で日本軍がソ連軍と戦闘できたのは、米軍との決戦に備えてまだいくばくかの精鋭が残っていたからである。戦後、スターリンはソ連との戦闘を命じた樋口季一郎中将を戦争犯罪人として引き渡すことを要求したが、ユダヤ系の人々の反対運動で戦犯にされることはなかった。樋口は、シベリア鉄道でナチスドイツから逃れてきたユダヤ人を国境のオトポールで満州への入国を許可し、上海から米国に渡らせた人道主義者であった。

一方、満州にいた屈強の精鋭部隊はごぼう抜きのように南方に移動させられ、満州に残っていた兵隊は現地で開墾に従事していた農民などで、兵士としてはしろうと集団であったので、ソ連の膨大な軍勢の来襲には全く手も足も出なかったのであろう。大本営は戦争の戦略をたてる際に陸軍と海軍との間で意見の違いがあまりにも大きく、大局を見失っていた。一九三一年の石原莞爾と板垣征四郎による満州建国の策動は、明らかに軍部の独走によるものであった。昭和天皇が怒りの声を挙げたが、この時点で我が国は文民によるシビリアンコントロールを失って、軍部による戦争一色の体制へと突き進んでしまったのである。日本国民全体が軍国主義一色に染まり、大東亜戦争が真珠湾攻撃により太平洋が主戦場となり、日本の敗色が濃くなるにつれて、防寒服の満州の精鋭が熱帯のジャングルに移動させられ、多くの兵隊が兵站の欠乏により餓死するといった、実に惨めな負け戦を味わったのである。

敵は本能寺にありと軍勢を織田信長の寝所に向かわせた明智光秀の謀反は、己の実力を過信した暴挙であったが、このチャンスに兵を挙げなければ自らが滅亡するに違いないと思い込んだ強迫観念で、ハル・ノートを突き付けられもうこれまでと米国との戦争に踏み込んだ日本軍の暴挙と、全く同じではないだろうか。つまり、日本軍の指導者たちは、自らの日本のこの歴史からなにも学んでいなかったのである。本能寺はハル・ノートではなく、日清、日露と積み上げてきた日本の権益を守るのはソ連との対峙であって、米国とは隠忍自重しかありえなかった。

繰り返すが、あくまで我が国の敵はソ連であって、米国ではなかった。満州の建国も、日本をソ連の侵略から護るのが目的であったはずである。満州国が清国の最後の皇帝溥儀を皇帝として、満州族、モンゴル族、朝鮮族、漢族、日本人による五族協和による建国を目指したが、主に西欧と米国など列国によって単なる日本の傀儡国家に過ぎないと非難された。当時、西欧列強は世界中に植民地を展開しており、中国各地にも租界を作り、自分たちの軍隊を駐屯させていたのに、よくもしゃーしゃーと日本だけを侵略国家だと非難できたものである。

確かに、満州国の支配層の規律は乱れており、汚職も酷いものであったらしい。皇帝としての溥儀の人物像は最悪で、幼いころにラストエンペラーとして擁立されたもののろくな皇帝教育を受けたことがなかったのである。満州国の実態は日本の傀儡国家そのものであったろう。しかし、戦後のソ連による東欧諸国の暴虐の限りを尽くした共産化や、米国のCIAによる南米諸国での軍部のクーデターによる民主的国家の転覆の数々と比べて、彼らに非難される筋合いなどないのである。満州国のインフラを整備し満州帝国大学まで作り、教育、文化、経済などのあらゆる領域で国家として自立を目指したことは事実であろう。満州は中国が作った万里の長城の外にある。満州が漢族の土地でないことは漢族が自らの長い歴史で証明しているのである。歴史をきちんと紐解けば、チベット、ウイグル、満州、内モンゴル、台湾は漢族が支配した土地ではない。

さらに言えば、秦の始皇帝は碧眼で明らかに漢族ではなかったらしい。隋も唐も漢族ではない。大帝国を作ったジンギスカンは蒙古族であるし、つい百年ほど前まで三百年間もの長きにわたり満州族が清を統治し、それまで漢族は小さくなっていたではないか。満州族は漢族との婚姻を禁じており、完全な支配民族として漢族を処遇していたのである。一方で、チベット人、ウイグル人、モンゴル人は対等の取り扱いで、いわば客人として遇していたのである。清国は日清戦争に敗れ、屈辱的な下関条約を押し付けられ、莫大な賠償金を日本に支払うことになったが、それでもすぐに崩壊することはなく、明治維新を成功させた日本に学ぶために多くの留学生を日本に送り込んだ。お人好しな日本人はその中の漢人にいかにしたら清国を打倒できるのか手取り足取り教えたが、結局裏切られて、その後の日中戦争の泥沼にはまってしまったのである。

かつて三百年間も中国を支配した満州人は、漢人ではない。同様に、チベット人、モンゴル人、ウイグル人もそれぞれの文化を持ち、漢人とは全く異なる人々である。中国共産党が内モンゴルで行った人民の虐殺についての生々しい証言は、楊海英の書物に詳しい。現在でもウイグル人は中国共産党により百万人単位で居留地に押し込められ、彼らの独自の文化を破壊され、挙句の果てに、テロリストとして殺害され、その臓器を売買されるというおぞましいホロコーストが日常的に行われている。

中国に対して角栄は間違っていたのである。共産党独裁を捨てない中国を資本主義社会に引きずり込んだのは、取り返しのつかない大誤算であった。中国から輸入するものがなにもなかったので、ツムラに漢方薬を大量に購入させ、なんの治験もせずに、治療薬として保険適用を許可してしまったのである。原子力と全く同じ構図で、いわゆる御用学者が登場する。中国四千年の妙薬と称して、その効果を宣伝しまくる医師が少なからず存在するのである。ツムラの漢方薬を構成する一つ一つの生薬には生理的作用はあるだろう。問題は、なぜそれらの生薬の組み合わせが効果を示すのか、本来なら治験を徹底的に実施しておかなければならない。十四億という膨大な人々が一斉に生産を開始し、人の好い日本人が鋼鉄の作り方まで手取り足取り教えた結果、どうなったか。米国に並ぶ軍事力をもって、台湾や日本を脅しまくる恐るべき怪物を作ってしまったのである。残念ながら、いまの日本には中国共産党と対峙する力はない。ヘレン・ミアーズによれば、不平等条約と治外法権が結ばれている限りは、その国は独立国ではない。日本は日米安全保障条約という不平等条約と日米地位協定という治外法権を米国に許している以上、米国に対して独立しているわけではない。ミアーズによれば、世界は大国と植民地に分類される。

我が国の先達たちが築き上げた大日本帝国は、パールハーバー攻撃の結果、木っ端微塵に瓦解してしまったのである。日本国民の身を削るような努力と精進の成果として、ようやく世界の大国の一つにたどり着いたのに、日本軍部の戦略なき米国との戦争により、当時すでに超大国であった米国に屈し、かの国の準植民地となって、気が付いてみれば丸裸で放り出されつつある。額に「憲法九条」というお札を張り付けて、共産中国という怪物に対峙しなくてはならないのである。

我が列島人（劣等人？）にエールを

日本人は劣等か

本来の東京オリンピックイヤー二〇二〇年は、皇紀二六八〇年にあたる。この年から現在までコロナでさんざんな目にあい、我が日本国民のみならず、世界中が大混乱に陥ったのである。我が国ではすでに忘れ去られた皇紀を思い出すには、インドネシアのジャカルタに行ってインドネシア独立記念塔碑に収められた日付を確認してくれればよい。日本が大東亜戦争（実際には米軍との太平洋戦争でのみに敗退した）に敗れた翌日、インドネシアの初代大統領と副大統領となったスカルノとハッタらが、建国準備委員会をジャカルタ在勤の海軍武官前田精《ただし》海軍少将の公邸に集まりインドネシア人だけによる独立宣言書を起草したのである。記念塔には「〇五年八月十七日」と記されている。そこにはインドネシアの独立に貢献した日本軍の記念として皇紀二六〇五年が用いられたのだ。

オランダはインドネシアを三百五十年間も植民地支配をして、インドネシア人をゴム林の重労働者として働かせるのみの愚民化政策を強いていた。それに対して日本軍は、インドネシア人に官吏育成学校、医科大学、師範学校、商業学校など国づくりに必要な教育を推進した。戦後、日本軍に駆逐されたオランダがちゃっかりインドネシアを植民地として支配しようと戻ってきて、日本軍人をBC級戦犯として殺しまくったが、一部の日本兵はインドネシア独立軍に加わり、オランダを追い出すことに貢献したのである。

一九四〇年は皇紀二六〇〇年にあたる。当時、日本国中がその年を祝って祝典が挙行された。しかし、翌年の十二月八日、日本軍が真珠湾を攻撃し太平洋戦争が始まったのだから、すでに米国との戦争の足音がひたひたと近づいていたのである。一九三六年にベルリンオリンピックが開催され、ヒトラー総統が開会宣言をして、世界に冠たるドイツを大宣伝したが、その四年後は夏季オリンピックが東京、冬季オリンピックは札幌で開催されることが決まっていた。同じ年に冬季と夏季が開催されるので、日本初のオリンピックは札幌で、というはずであった。しかし、一九三七年のシナ事変で日本での開催が不可能となり、この年に大会開催を返上せざるを得なかった。たとえ、シナ事変がなかったとしても、一九三九年にはヒトラーの軍隊がポーランドに侵入し、英仏がドイツに宣戦布告したので、札幌での冬季オリンピックは開催寸前で中止に追い込まれたであろう。

皇紀二六〇〇年の年が明けて早々一月五日、北海道大学の山岳部が日高山脈のペテガリ岳の冬季初登頂を目指したが、パーティー十人のうち二人を除き八人が雪崩の犠牲になった。山岳での遭難死は常に悲惨であるが、この世代の若者が翌年に勃発した太平洋戦争に兵士として駆り出され、多くの若き人材が失われることになるが、まさにこの遭難が不吉な前触れとなったのである。北海道大学医学部の名簿を閲覧すると、期によってははっきりと戦死と記載されているのを見ても、相当な数の未来ある優れた若者が戦争で命を絶ったのが分かる。

一九二八年は、オランダのアムステルダムで織田幹雄が日本人初のオリンピック金メダルを三段跳びで獲得し、一九三二年は、ロサンゼルス大会で南部忠平が三段跳びで日本人の連覇とし、一九三六年のベルリン大会では田島直人が日本人三連覇の偉業を達成した。いまにして振り返って、オリンピックだけを挙げると平和な時代であったかに思われるが、この時代の世界の大変動は、第一次世界大戦と第二次世界大戦のはざまでまさに激動の真っ盛りであったといえる。一九二九年に始まる世界大恐慌と、一九三二年に誕生した米国のルーズベルト政権と、一九三三年のドイツでのヒトラー政権の誕生が、日本を巻き込み世界が大崩落する三大事件であったと言えないだろうか。

一九二九年の世界大恐慌がなかったならば、一九三二年の米国大統領選挙でハーバート・フーバーは再選されていたであろう。フーバー大統領の大著『裏切られた自由』を読めば、そのあたりのことが深く納得できるのである。米国の大企業がヒトラー政権に多大の支援をして、ドイツのファルベンなどを巨大企業にしてしまったことや、ルーズベルト大統領が英仏にちょっかいを出し、ヒトラーとの戦争に向かわせたこと、ポーランドをドイツと分割したソ連に対してポーランド占領を非難することはなく、大量の武器、弾薬、戦車、車両、食料などを援助するなどのことを、なぜ実施したのだろう。

ルーズベルトは共産主義に親和性を抱き、一九三三年に、一九一七年のロシア革命以来十六年間も四人の米国大統領が承認しなかったソ連邦を承認し、一九四一年三月レンドリース法を成立させ、ソ連邦に英国につぐ経済援助を乱発したのである。一方フーバーは、ヒトラーとスターリンをとことん疲弊させたのちに英仏が仲裁に持ち込めばよいと考えていた。むろんこの時点では、ナチスによるユダヤ人のホロコーストの全貌は明らかではなかった。また、ソ連によるポーランド将校など二万人の虐殺（カチンの森事件）などはナチスの犯行とされていたが、真相の解明はゴルバチョフのペレストロイカが実施されるまでは隠蔽されていた。

第二次世界大戦の結果、ヒトラーは退治されたが、スターリンのソ連が米国と西ヨーロッパの脅威となってたちはだかってきたのである。そもそも、スターリンとは何者であったのか。グルジア（現在ジョージア）人のロシア正教の司祭を目指していた男が、革命軍に身を投じ、気が付いてみれば革命指導者ウラジーミル・レーニンの後継者に上りつめていた。レーニンの母はユダヤ系ロシア人であった。レーニンは国際共産主義組織「コミンテルン」の創設大会で演説し、ロシア革命を主導したボルシェビキによる権力奪取を各国代表団に激励している。この理念をレーニンから引き継いだユダヤ系ロシア人レフ・

トロツキーはスターリンとの権力闘争に敗れ、国外追放され、トルコ、フランス、ノルウェー、メキシコと点々としたが、亡命先のメキシコで暗殺されている。

スターリンはトロツキーの国際共産主義革命には懐疑的で、ソ連邦と東欧の衛星国家の共産化で満足し、当初はコミンテルン活動により立ち上がった毛沢東と周恩来の中国共産党を格下とみて、訪れた毛沢東を拘束したことがあった。この時、周恩来がスターリンと交渉して毛沢東を救出したが、周恩来には天下を取るチャンスであったのに、あくまで毛沢東をトップとして、自分は黒子に徹することにしたのであろう。周恩来なくして毛沢東の共産革命は成功しなかっただろうし、毛沢東によるその後の農業政策の失敗や文化大革命の滅茶苦茶な政策の連発にもかかわらず、共産党政権が生き延びてこられたのは、周恩来の存在をおいてなかったであろう。

鎖国を続け、自給自足のエコ社会を二百六十年もの間平和に暮らしていた日本人が、ペリー提督の砲艦外交により無理やりこじ開けられ、薩摩と長州の下級武士たちにより主導された明治維新が驚くべき速さで大日本帝国を築き上げ、中国大陸に侵出し、欧米の中国利権の脅威となってたちはだかった。米国の強烈な人種差別主義者であったルーズベルトと陸軍長官スチムソンが主張したスチムソンドクトリンの信奉者により、日本を叩くべしとの基本方針が確立されていたのである。日清・日露戦争で獲得した台湾や満州、無理やり合併した朝鮮に、日本人は莫大なインフラ投資を行った。台湾の烏山頭《うさんとう》ダムや朝鮮の水豊ダムは、完成時にはそれぞれ世界一の巨大なダムであった。一方において、日本本土はろくな舗装道路もなく、東北の農民に代表された貧困にあえぐ人々が子女を遊郭に売り渡すような悲惨な時代であった。青年将校による五・一五事件や二・二六事件は、政争に明け暮れていた政党政治を打ち砕き、軍によって日本政府の統治を行うことを昭和天皇に要求する軍事行動であった。

特に一九三六年の二・二六事件は、軍部による独裁政治が日本国を支配し、曲がりなりにも築き上げてきた政党政治をシビリアンコントロールから軍部独裁に転換することを目指していた。昭和天皇が断固としてこの軍事行動を平定することを命じたが、天皇が日本政府の決定事項に関与したのは、この事件と敗戦を受け入れるための一九四五年八月十五日の詔勅だけであった。米国との戦争を決定した日本政府の閣議決定には反対であっても、その決定を阻止することはしなかった。この時点で天皇が米国との決戦を阻止したとすれば、強硬な軍部が昭和天皇を廃位させ、三人の弟たちの一人を天皇として担ぎ、米国との戦端を無理やり開いたであろう。

海軍は一年も前から真珠湾攻撃のための魚雷訓練を錦江湾で実施していたし、山本五十六は連合艦隊司令長官として真珠湾攻撃をどうしてもやってみたかったのだろう。三村文男の著書『米内光政と山本五十六は愚将だった「海軍善玉論」の虚妄を糺す』に、真珠湾攻撃がいかに愚策であったかが詳述されている。リメンバー・パールハーバーは米国民の記憶に留まらず、このたびのウクライナのゼレンスキー大統領の米国議会でのウエッブ演説でも持ち出されて、八〇年以上も前の日本軍の愚策がいつまでも消えない日本の汚点となっている。一方で、白人世界に虐げられてきた黄色人種には、衝撃的な大事件として褒めたたえられているのも事実である。一万二千年前に世界で初めて土器を作成し、一万年間も平和なエコ社会を持続させていた縄文文明を、縄文人は日本列島に住み着いて築いていたのだ。我が列島人は言語を残していない。だが、決して劣等だったわけではない。その経緯は、田中英道氏の著書に詳しく著述されている。

ナッシュビル

アメリカ滞在の印象

一九八一年十月から翌年の七月まで、私はナッシュビルのヴァンダービルト大学の付属施設であるテネシー神経精神研究所で、抗うつ薬の作用機序についての研究に従事していた。当時この分野で最先端の研究者であったサルサー教授は、ドイツ系スイス人でドイツ訛りの英語を話した。語学音痴でいっこうに英語を喋れなかった私であったが、よくしたもので、この研究所にも身振り手振り、以心伝心、互いに意思疎通ができるアシスタントがいるもので、研究を進める上で困ることはなかった。『Science』に掲載された私たちの論文は、この一連の研究自体が抗うつ薬の作用機序として唯一のものではないことが判明し、私を含めてこの研究に関わった研究者たちは、日の目を見ることがなく過ぎたことは誠に残念なことであった。

毎年のノーベル賞の選考には、世界中の著名な研究者に優れた研究を行った研究者を推薦してもらったり、活発な研究分野を切り開いた独創性を発揮した科学者を候補に挙げてもらったり、一流の研究者をストックホルムに招いて講演してもらったりして、選考委員会が検討を重ねている。一九八一年にはサルサー教授も講演者の一人として招かれたが、残念なことに参考業績の一つとして扱われたにとどまった。神経伝達の分野では実に多くのノーベル賞受賞者が輩出している。一九三六年にアセチルコリンが神経刺激の化学的伝達物質として働くことの発見により、ヘンリー・デールとオットー・レビイーがノーベル生理学・医学賞を授与されたが、アドレナリンの神経伝達の分野では三十四年後の一九七〇年にジュリアス・アクセルロッド、ウルフ・フォン・オイラー、ベルンハルト・カッツのノーベル生理学・医学賞に始まり、翌年のアール・サザーランドのセカンド・メッセンジャーとしてのサイクリックＡＭＰの発見に対する受賞、一九九四年、アルフレド・ギルマンとマーチン・ロッドベルはＧＴＰ結合蛋白質に関する研究、さらに二〇一二年にロバート・レフコウイッツとブライアン・コビルカがＧ蛋白質共役受容体の分子構造の解明によってノーベル化学賞を受賞した。それに先立って、二〇〇〇年にはアルビド・カールソン、ポール・グリーンガード、エリック・カンデルが神経系の情報伝達に関する研究で続々とノーベル生理学・医学賞や化学賞を授与されていたのである。

私が、ラットに薬物を注入するため毎日車で通った道はマーフリーズボロ通りで、南北戦争で北軍も南軍も隊列を組んで行き来した通りである。一八六一年に開戦した南北戦争では、ナッシュビルは南部の主要都市の一つであり、戦略的に重要な拠点であったので、一八六二年にはすでに北軍の手に落ちていた。さらに、一八六四年のナッシュビルの戦いでの北軍の勝利は、最も決定的な戦術的勝利とされる。南軍は続々とディープサウスに後退し、ジョージア州のアトランタでも壮絶な戦闘が繰り返され、マーガレット・ミッチェルの『風と共に去りぬ』に記述されているとおり、アトランタは灰塵に帰したのである。アトランタ近郊のストーンマウンテンパークには、南軍のロバート・リー将軍を含む南軍将軍たちの巨大なレリーフが彫られている。

ナッシュビルはテネシー州の州都で、米国人にとって、フランスのシャンソン、イタリアのカンツォーネ、ポルトガルのファド、アルゼンチンのタンゴ、ブラジルのサンバ、日本ならさしずめ演歌ということになろうか、米国の民衆歌謡としてのカントリーミュージックがあり、その音楽の殿堂グランド・オール・オープリーがあり、全米から多くの観光客がやってくる都会である。すでにリタイアした米国人が、キャンピングカーに乗って大挙して全米から集まってくるのである。この劇場は、ナッシュビルのダウンタウンの九マイル東に一九七四年に四四〇〇席のグランド・オール・オープリー・ハウスとして建設され、その二年前に開業したオープリーランドUSAという小型のディズニーランドのようなテーマパークに隣接していた。テーマパークにはジェットコースターや様々な遊具がそなえられていて、カントリーミュージックのショーも見ることができた。

私たちは一九八一年から翌年まで、テーマパークに何回か遊びに行ったが、残念なことに一九九七年には閉鎖され、オープリー・ミルズ・モールとして生まれ変わったとのことである。二〇一〇年五月、オープリー・ハウスはテネシー洪水によるカンバーランド川沿岸決壊により浸水被害をうけたが、無事に復旧されたという。なお、ナッシュビルで最高ランクのホテルであるゲイロード・オープリランド・リゾート・アンド・コンベンション・センターは、全米最大のカジノのないホテルとして有名であり、現在も世界中から金持ちのカントリーミュージックファンで溢れているらしい。

ナッシュビルは、教会ベルトといわれるぐらい全てのプロテスタント教会やカトリック教会が至る所に点在している。私たちは毎週のようにそれぞれの教会関係者から誘われて、ミサに参加して、その日のランチに招待されたのである。クリスチャンでもない我々が、信仰もないのに彼らと接点をもつことにはサルサー教授は批判的であったが、様々なアメリカの人々と触れ合うことが彼らを理解することではないかと当時は考えていたのである。しかし、なぜサルサーがいい顔をしないか考えてみると、サルサーはドイツ系スイス人で米国に帰化したプロテスタントであり、自分の信仰をきちんと持っており、その信仰をクリスチャンでもない我々に押し付けるような浅薄な考えを持っていなかったのであろう。

各家庭の前庭は広々としており、夏の盛りに日が落ちて暗くなると、天空から無数の蛍が舞い降りてくる。テネシー州が南部であることを実感するのである。日本人は虫の音や蛍の光を愛でるが、米国人たちには日本人の繊細な優雅さを理解できないらしい。ヴァイソンが群れをなし、草原を疾駆していたころ、後からやってきた白人たちはヴァイソンを駆逐し、インディアンと命名された米国先住民が集落ごとに平和にくらしていたのを無理やり追い払い、居留地に押し込めたり虐殺したりして、広大な新天地を我が物にしたのだ。

テオドア・ルーズベルトに代表されるカウボーイが、米国を世界の頂点に押し上げる道筋を作ったのである。サウスダコタ州ラシュモア山に、テオドア・ルーズベルトも、建国の父ジョージ・ワシントンやトーマス・ジェファーソン、米国が南北に分裂するのを防ぎ世界の大国となる基礎を築いたエイブラハム・リンカーンとともに、四人の巨大な顔の彫像の一人として刻まれているのは、明らかに米国の覇権を築いた一人に数えられたのであろう。テオドア・ルーズベルトがスペインとの戦争でキューバを奪い、サイパン島やフィリピン列島を奪い取って、次に目標としたのは中国大陸への進出であったろう。しかし、その野望の前に障害となる大日本帝国が目障りになったことは論をまたない。

テオドア・ルーズベルトは日露戦争の講和会議を米国ポーツマスで仲介し、その功績でノーベル平和賞を受賞している。彼こそが日本の中国進出に警戒心を抱き、その後の米国の日本たたきが始まったのである。一方で、後に白人の中にはアーサー・ウェイリーやドナルド・キーンのような日本文学の理解者が出てきて、日本人の繊細な心性を世界に紹介してくれた偉人もいたことを、我々日本人は決して忘れないであろう。カリフォルニア州への日本人移民を嫌い、排斥するきっかけを作ったのはこのルーズベルトであり、彼の十二親等の従弟であるフランクリン・ルーズベルトは、日米戦争時に日本人の強制隔離を行った。米国のドイツ人に対しては、敵国であっても強制隔離することはなかった。アイゼンハウアーもニミッツもドイツ系であるので、ドイツ人を強制隔離することなどできない相談であったろう。

黄禍論は白人世界の中では根深いもので、米国でははじめは中国人に対して、次に白人強国ロシアを破った日本人に対する警戒心ゆえに、カリフォルニアの人口のわずか二・一％ほどの日本人移民を、米国に対する脅威と受け止めていたのであろう。ハワイ諸島を侵略する時に米国の白人が入植して、ハワイの先住民より人口が多くなり、経済の実権を握った時点でハワイ王国を乗っ取った手口で、日本人がカリフォルニアを支配することを恐れたという説もある。

これはどこかで聞いたような話ではないか。かつて、トルコ領であったクリミア半島はロシアとトルコのクリミア戦争の激戦地であり、ロシアがトルコを打ち負かしロシア領とした歴史があったが、ソ連邦崩壊の際、ウクライナに所属された。しかし、ほとんどの人々がロシア語を話し、ロシア人が半数以上をしめていたので、プーチンは二〇一四年に電撃的にウクライナからクリミアを略奪してしまった。なんのことはない、現代版のハワイ列島併合と同じ理屈ではないか。日本軍がハワイの真珠湾を攻撃した時は、まだハワイは米国の五十番目の州ではなかったのである。

ナッシュビルには、原寸大のアテネのパルテノン神殿がコンクリートで建設されている。WASPを頂点とした白人社会は、自分たちの出自がギリシャ文明であることを誇りにしているのであろう。また、ナッシュビル郊外に第七代米国大統領アンドリュー・ジャクソンの邸宅ハーミテージがある。最盛期には五〇〇人もの黒人を所有した農場主であり、先住民の虐殺に関わった冷酷な軍人であったが、米英戦争ではニューオーリンズでの戦闘を指揮し勝利し、米国の英雄となった。その功績により、米国独立に関わった十三州以外初のテネシー州から選出された大統領であった。

マッカーサーとニミッツ

ところで、ナッシュビルはカントリーミュージックで有名であるが、フィリピンでの対日戦争でマッカーサーの旗艦は「ナッシュビル」であり、日本の特攻が「ナッシュビル」に突入し、艦員一三三名が戦死、一九〇名を負傷させたが、またしてもマッカーサーは乗船しておらず、我が日本軍は敵将を撃沈することができなかった。戦後、マッカーサーを日本占領の連合国軍最高司令官に指名したのはトルーマンであったが、マッカーサー自身はチェスター・ニミッツが指名されるであろうと考えていたという。日本の諸都市をナパーム弾で壊滅状態にしたのは米国海軍のニミッツではなく、米国陸軍のフランス系米国人カーチス・ルメイであり、広島と長崎に原爆を投下した最高責任者はトルーマンであり、その指揮系統もルメイ配下であった。

ニミッツは敵将としては残酷な男ではなく、空爆は軍事施設のみに限定していたし、原爆投下についても、「正道から外れており、妥当な戦法ではない、米国が使用しないですむことを願う」と反対していた。軍歌『比島決戦の歌』(一九四四年三月、西条八十作詞、古関裕而作曲)には「いざ来いニミッツ、マッカーサー、出て来りゃ地獄へ逆落とし」と歌われ、東京の丸ビルや有楽町駅の近くのビルの屋上や屋根に大きな長い垂れ幕が出たほど、海軍司令長官ニミッツと陸軍司令長官マッカーサーの名は日本人にはよく知られていたのである。

戦後、ニミッツは日本に進駐する米軍兵士に、日本人に対して馴れ馴れしくすること、虐待すること、毒舌を吐くことを禁じている。もしもトルーマンがマッカーサーではなくニミッツを連合国軍最高司令官に任命したならば、戦後の日本再生の道はマッカーサーのWGIPによる増悪と復讐を満載した占領政策とは異なったものになったであろう。なぜなら、東郷元帥を尊敬し、戦後、元帥の旗艦三笠を記念碑とすることに貢献したニミッツは、日本に対する個人的な復讐心を持っていなかったからである。

日本を占領したGHQは沖縄を本土と切り離し、米軍による直接支配とした。米軍は

C・W・ニミッツの名で沖縄占領の布告を行ったので、ニミッツ布告が沖縄の人々を一九七二年の沖縄返還まで縛り付けた悪法のように思われているが、当時ニミッツが「米国太平洋艦隊及び太平洋区域司令長官兼南西諸島及其近海軍政府総長」の肩書を有していたことによるもので、ニミッツその人は、占領され日本国籍を奪われた沖縄の人々に対して米軍人が行った筆舌に尽くしがたい残虐な仕打ちに全く無関係であった。

もともと巨大な帝国である米国に弱小国の日本が石油と鉄屑の輸入を禁じられ、このままでは野垂れ死ににされるという強迫観念から、ハル・ノートを受け取った際、充分な検討もせずに対米戦争に踏み切ってしまったのである。ハル・ノートの要求には納期ともいうべき日時が記載されていなかった。その時点で「ハイハイ」と受け流しておけば、三国同盟のドイツの敗色濃厚の情勢が明らかになりつつあった一九四一年末に、慌てふためいて真珠湾攻撃などの愚挙をしないですんだであろう。対峙するのはあくまでもソ連であって、満州の防備を固め、工業を起こし、日本の兵站基地を強固にして、かつ、とりあえず中国から手を引き、蒋介石や他の軍閥と和平交渉をするべきであった。日本人の美学ゆえに巨艦信仰から大和と武蔵を建造したのであるが、将来の米国との決戦を考慮するなら、その鋼鉄で帝都東京をはじめ日本の諸都市の周囲に高射砲陣地を構築しておくべきであった。日本人には兵站についての配慮があまりにも希薄であった。

一方、ドイツではヒトラーが全国に高速道路アウトバーンを作り、戦闘機の発着することすら考えていたのだ。日本と言えばろくな舗装道路もなく、土砂降りではぬかるみ、砂利道には馬糞風が舞うような体たらくで大戦争を始めてしまったのである。厚木に降り立ったマッカーサーたちが宿舎の横浜のホテルまでたどり着くまでの悪路といったらひどいもので、マッカーサーは日本の民度が著しく劣っていると勘違いしたに違いない。その時の強い印象が、日本人十二歳発言となったのであろうか。

日本人は、一八九五年に日清戦争で獲得した台湾や一九一〇年に合併した朝鮮半島に巨額のインフラ投資をして、肝心の日本本土はほったらかしの体たらくであった。韓国と共産中国はことあるごとに日帝だの侵略だの搾取だのと言いたてるが、黄文雄の書物を読むと、実際には日本人自身が搾取され、台湾や朝鮮にインフラ投資がせっせとなされていたのである。戦後、台湾の烏山頭ダムや朝鮮の水豊ダムが無償で住人に提供され、台湾ではダム建設に貢献した八田與一は称賛され銅像となっているが、朝鮮では完全に無視されている。北朝鮮の水豊ダムは米軍の度重なる爆撃にも崩壊せず、結果として、北朝鮮の原爆開発やミサイル開発の電力となってしまったことには忸怩《じくじ》たる思いである。

欧米人による植民地支配は、その土地の住民から収奪するだけで、インフラを整備するなどとの発想は全くなかった。オランダはインドネシアでサトウキビやゴムの生産だけを何百年もの間住民に押し付け、文明の恩恵をいっさいもたらさなかったのである。英国のインドやビルマ、マレー半島の植民地支配は、いわゆる住民の分断による苛烈なもので、シーク教徒やグルカ兵によるインド支配やビルマ、マレー半島でもそれぞれの土地での最大民族を他の少数の民族によって支配させるといった分断支配を長年にわたって続けていた。英国、フランス、オランダによる植民地支配を終わらせたのは、日本軍がこれらの軍隊を駆逐したことによるのである。

テネシー州は西側をミシシッピー川で斜めに仕切られ、東側をアパラチア山脈に斜めに仕切られたひし形の台形の形をしている。ルーズベルトによるTVA計画の対象となったテネシー川とその支流のカンバーランド川が縦横に流れている。私は小学校中学校ではほとんどお客さん状態であったが、なぜかTVAを熱心に称賛する教師の社会科の授業は覚えている。GHQの教育方針による偏った教科書では、TVAは米国の経済を立て直したルーズベルトの偉大な業績ということになっているが、事実は全くの失敗策であった。米国経済を立て直したのは、日米戦争に始まる第二次世界大戦に米国が本格的に参加して工業生産が天文学的に向上したためであった。一九二九年に始まる世界大恐慌の終息は、戦争による米国産業生産の爆発的興隆がもたらしたのであって、なにもルーズベルトの功績などではないのである。

テネシー州の州都ナッシュビルは州のほぼ真ん中にあり、西はミシシッピー川に沿って発達したメンフィスがあり、東のアパラチア山脈の麓にはノックスビルがある。ノックスビルのすぐ西隣に、広島に落とした原爆のウランを濃縮したオークリッジがある。現在、オークリッジ国立研究所として四千五百人ものスタッフを抱え、所員が研究生活を送っている。州の南、アラバマ州に面して、グレン・ミラーオーケストラによって作曲されたチャタヌガ・チューチューで有名なチャタヌガがある。

私たち家族が一九八二年にナッシュビル滞在中、北はケンタッキー州のマンモス・ケーブ国立公園、南はチャタヌガのロックシティーガーデン、東はグレート・スモーキー山脈国立公園まで出かけたが、西のメンフィスには行けなかった。理由は簡単で、単にあまりにも遠いので車での移動が大変であったからである。テネシー州は米国全体から見たら小さな州であるが、横に長い単調な高速道路を運転する気にはなれなかったのである。エルビス・プレスリーとミシシッピー川の魅力にもふれてみたかったが、米国の高速道路を運転する機会がその後何回かあったにもかかわらず、一瞬眠ってしまい大事故になるところであった。とにかく、単調さにはほとほと手を焼いてしまうのである。

放射能汚染の怖さ

この広大な米国に、ちっぽけな我が大日本帝国が戦を仕掛けたなど、気が狂ったとしか思えないとつくづくと実感するのである。東西の米国大陸の幅はほぼ太平洋の半分はある。

山本五十六は大使館の駐在武官として米国生活を経験していたのだから、米国の巨大さは熟知していただろう。それにしても、日本海軍は科学的思考力を欠いている事件を起こしている。戦艦を動かすには油がいる。とんでもない詐欺師が出現して、海軍に水から石油を採取する実験をして見せて、山本五十六をはじめとする海軍指導部の面々を誑《たぶら》かそうとしたのである。

一方、米国と言えば、アインシュタインをはじめ、ユダヤ系のドイツ人や大天才フォン・ノイマンなどのユダヤ系ハンガリー人の優秀な科学者が、ナチスドイツから逃れて大量に移住してきていた。一九三〇年、ニューアーク・デパートで財をなしたユダヤ人実業家の寄贈による、英語でアドヴァンス研究所、日本名プリンストン高等研究所ができ、そこに所属したノイマンはその優れた頭脳を原子爆弾の製造に貢献したのである。ノイマンの優れた計算力がなければ、プルトニウム型爆弾の爆縮型の計算は不可能であったのではないか。ノイマンは、原爆製造時には完成していなかったノイマン型コンピュータを完成させ、英国のアラン・チューリングとともにコンピュータの父と呼ばれているが、大天才ノイマンの業績は多方面にわたり、純粋数学における貢献、第二不完全性定理の発見（クルト・ゲーデルが先であった）、経済学でのゲーム理論の成立（後にゲーム理論でノーベル経済学賞を受賞したジョン・ナッシュより先行）、ゼロサムゲームによる戦略、量子力学の数学的基礎の確立、オートマトンの論理学概論、現在の気象学や気象予報における数理モデルもノイマンによるものである。

二〇二一年度のノーベル物理学賞に輝いた眞鍋淑郎《しゅくろう》は、ノイマンの弟子であるジョセフ・スマゴリンスキーに招聘され米国に渡り、アメリカ気象局に入り、後に主任研究員になったのである。眞鍋はノイマンの開発したコンピュータを駆使して気象の数学的予報を可能とした「大気海洋結合モデル」を発表した。つまり、ノイマンは現代の数学、量子論、経済学、気象学、コンピュータ、原水爆開発などの多方面における貢献をしており、それはまさに天文学的に広大な貢献であるが、五十四歳の若さで骨がんとすい臓がんで亡くなってしまったので、様々な分野で複数回ノーベル賞を受賞してもおかしくないにもかかわらず、一度も受賞していない稀有な人であった。

もっとも、ノイマンはノーベル賞の基準をはるかに超えた存在であったのであろう。あのアインシュタインのノーベル物理学賞は相対性理論に対してではなく、光電効果に対して授与されており、相対性理論のようなノーベル賞のレベルをはるかに超えた超弩《ど》級の理論は、対象外となるのかもしれない。つまり、通常の科学界を構成する科学者たちの思考をはるかに超えた理論は、すぐには理解することができないのであろう。フォン・ノイマンは、我が日本人にしてみれば広島と長崎に落とした原爆を製造したにっくき科学者であったが（彼がいなければ一九四五年までに原爆はできなかった）、ロスアラモスでの原爆製造と原水爆実験の立ち合いなどで放射能を浴びたせいでがんを発病したのではないかと疑われている。ネバダ砂漠で繰り返された原爆実験でのアトミック・ソルジャーと同様に、原爆症を患っていたのであろう。

エンリコ・フェルミも、五十三歳の若さで骨がんに罹患し死亡している。おそらく、シカゴ・パイルでの核連鎖反応の実験で放射能を浴びたせいであろう。オッペンハイマーも、咽頭がんに罹患し六十二歳で死亡した。放射能がＤＮＡに突然変異をもたらし、急性暴露であれば急性原爆症で死亡するが、許容量でも繰り返し浴びるとがんを誘発する。ウランが放出する放射線（アルファ線）を発見したアンリ・ベクレルは五十五歳で急死したが、六十六歳まで存命であったマリー・キュリー同様、放射線障害が原因とされている。キュリーの病名は再生不良性貧血であったが、ラジウムやポロニウムの放射能汚染によるのであろう。放射能という命名はキュリーによるもので、大発見ではあるが、その後の人類にもたらされた、現代の科学ではコントロールできない難問を突き付けたのである。

原子爆弾製造と原子力発電による核汚染は、現在の科学では解決できない難問である。核物質作成や原爆実験で英国のセラフィールド、フランスのラ・アーグ、米国のハンフォード、ロスアラモス、オークリッジ、ネバダ州の砂漠、カザフスタンのセミパラチンスク、ロシアのウラル山脈、ウイグル自治区のロプノール、太平洋のビキニ環礁と周囲の島々、仏領の南太平洋などは、数万年にわたる核汚染に悩まされるであろう。核施設や核実験地の周囲では、白血病や様々ながんが多発している。かつて発病者がまれであった泊《とまり》原子力発電所の周囲の町村では、白血病が多発している。

四十年ほど前に私たち家族が泊発電所の傍の海に近づいた時に、どこからともなく監視員が現れて、私たちに海には入らないようにと注意したのである。原子力発電はクリーンであるというテレビコマーシャルを電力会社が垂れ流していたので、当時は原発の近くの海は安全なものと思いこんでいたのである。しかし、ちょっと考えてみれば判ることであるが、なぜ日本の原発は海の傍にあるのだろう。原子力発電で生じた熱を冷却するために、海の水が必要なのである。

ここで、重大な問題点に気が付くであろう。一つは、原発は炭酸ガスを出さないクリーンエネルギーを生んでいるので地球温暖化をもたらさない、という真っ赤なウソである。なんのことはない、原発は巨大な海水暖房器でせっせと地球温暖化に貢献してきたのである。もと京都大学原子炉実験所助教小出裕章氏は、福島原発事故勃発以前から、原発が地球の生命環境の破壊をもたらすことを科学的事実に基づいて警鐘を鳴らしてきた。現在稼働している原子力発電の熱効率はきわめて低く、タービンの熱効率は三分の一程度で、残りの三分の二は海に捨てている。一〇〇万キロワットの原発では約二〇〇万キロワット分のエネルギーを海に捨てることになり、このエネルギーは一秒間に七〇トンの海水の温度を七度C上昇させているという。原発の近くの海の水温が上昇すると、もともとそこに生息していた生物に計り知れない影響をもたらすであろう。

さらに、原発の危険性は、温廃水だけではなく、化学物質と放射性物質が混入した三位一体の毒物が出ることである。原発の敷地に監視員が張り付いていたのは、原発の近くの海が毒物に汚染されており、海に入ることは危険であることをそれとなく知らせる必要があったのであろう。原発に海水を引き込む配管にフジツボやイガイなどが張り付き、配管が詰まらないように化学物質が投入されている。当然、近海の生物もこれらの化学物質の犠牲になっているだろう。作業服などの洗濯廃水には放射性物質が含まれている。原発の最大の危険性は放射性廃棄物なのである。

難問中の難問である原子力発電所に溜まり続けているトリチウムを低濃度に薄めて海に放出しなければならないが、その結果なにが起こるのであろうか。低濃度のトリチウムの外部被曝《ひばく》であれば問題はないが、海の生物系で濃縮したトリチウムを人類が食して内部被曝するおそれがあることを、北海道がんセンター名誉院長の西尾正道氏が指摘している。ガイガーカウンターによる外部被曝についてはある程度検討されてきたが、内部被曝については ほとんど警告されることはなかった。

たとえば、アルファ線は外部被曝であれば紙一枚で防げるが、食物として摂取したり、あるいは空中に漂う真球微粒子セシウムボールを吸い込んだりした場合には、生きている間、放射能を浴び続けることになる。放射能を浴びた微粒子は、これまでの二千回以上の地上核実験により、地球の大気圏を何万年も漂い続けているのだ。上空一〇〇〇〇メートルともなれば空気層は薄くなるので、太陽や宇宙からの放射線の飛来を磁力線とともに地球環境を守っている大気層の働きが相当に低下している。したがって、あまり頻繁に飛行機で移動すると、放射線を浴びて、将来がん化する可能性が高まると考えられる。

航空機のパイロットや客室乗務員に、格別高率のがん罹患者が多いという報告がなされている。ハーバード大学公衆衛生大学院のイリナ・モルドコビチは、米国の客室乗務員五千人以上の調査で、乳がん、メラノーマ、皮膚がんの生涯有病率が一般の人に比べて高いことを報告している。プライベートジェットで飛び回るビジネスマン、たとえばスティーブ・ジョブスのあまりにも早いがん死は、放射能障害と全く無関係ではないのではないか。米国の退役軍人では前立腺がんの発生率が一般より四割高く、膀胱、尿道などの泌尿器がん発生率は八割高いとの報告もある。ただ、パイロットの場合は、搭載されたレーダーの輻射《ふくしゃ》電磁波によるがん発症の問題が検討されなければならない。

人類が作り出した放射能災害に加えて、強力な電磁波による身体障害は、人類にもう一つの悲劇をもたらすかもしれない。現在、東京大阪間にリニア新幹線を建設中であるが、一時間もの間、強烈な電磁波に人体をさらす危険性について全く検討されていないことは問題である。DNAがばらばらにされ、その修復過程でがん化された細胞が大量発生する可能性がある。現在でも幼児にはCTやMRIでの診断は危険視されているのであるから、幼児を伴う旅行にリニア新幹線を使用すべきではないであろう。東京大阪間をリニア新幹線で飛び回るビジネスマンに、がんが多発する可能性はないであろうか。おそらく、強烈な電磁波は車両の台にのみ照射され、乗客には照射されないように工夫されるのであろう。砂の上に置いた磁石は磁力線が取り囲むが、その磁力線から外れていれば問題がないのかもしれない。しかし、パイロットと同様に輻射電磁波が発生した場合にどう対処するか、なのである。いずれにせよ、電磁波の人体に及ぼす影響については徹底的に検討しておく必要があるであろう。

私は一方的なペシミストではないが、マット・リドレーのようなオプティミストにはなれない。現代科学が生み出した様々な危険物質を常に見張り続けていなければならない。気が付いてみたらすでに手遅れとなっていた地球温暖化は、地球の生態系にとてつもない悪影響をもたらしている。確かに、地球の長い歴史では温暖化と氷河期がたとえば十万年ごとに繰り返している。したがって、現在の地球温暖化は一時的なもので、近い将来また、江戸時代に出現し飢饉をもたらした小氷河期が出現するかもしれない。

核のボタン

原爆開発の背景

バラク・オバマが現職の米国大統領として爆心地広島を訪れた。その時にオバマにピッタリ黒いケースを持った男が付き従っていたことは、テレビ画面にもはっきりと映し出されていた。オバマが広島で演説中、どこかの国が米国や日本あるいは世界のどこかの米国の同盟国に核攻撃をしかけたとすると、オバマは広島の爆心地で核のボタンを押さざるをえなかったのだ。

核の抑止力とは、核のボタンを押す最高責任者（米国の場合は大統領）が「GOサイン」を出すことがいつでも可能であるという前提に立っている。三百六十五日二十四時間、大統領と連絡が取れるようなシステムができている。世界初の原爆実験は一九四五年七月に米国アリゾナ州の砂漠アラモゴルドで行われた。最高責任者の米国大統領ハリー・トルーマンはベルリン郊外ポツダムにいたが、陸軍長官ヘンリー・スチムソンと現場責任者レズリー・グローヴスはトルーマンのGOサインをすでに得ていたので、核のボタンはおそらく、スチムソン配下の軍人により押されたのであろう。

原爆開発の最高責任者ロベルト・オッペンハイマーは、世界初のプルトニウム型原爆の驚くべき破壊力に「我は死神、世界の破壊者になった」とつぶやいた。もうひとつの原爆のタイプであるウラン型は、連鎖反応が確実に起こることが確信されていたので、米国での実験を省略して、広島で恐るべき実験を人類史上初めて上空より爆弾を投下することにより行われた。地上六〇〇メートルの高度で起爆するように設計されたウラン型原爆は、阿鼻叫喚の地獄を広島市民にもたらし、十六万人もの直接死者、数時間から数日間苦しみぬいて死亡した数え切れぬ火傷などの負傷者、さらに、後の黒い雨による放射能汚染による数万の人々を死に追いやったのである。

原爆開発に大きく貢献したフォン・ノイマンは、原爆が炸裂する前に音楽を流したらどうかという、恐るべき残酷な発言をしている。広島の市民が上空を見上げた瞬間になにが起こるのかの、人間的な情緒的な感情や思考力を完全に欠いていたのだ。原爆記念館の敷石に残された人の姿の影は、強烈な爆裂光によって瞬時に溶けた人の影である。ノイマンはコンピュータを開発した天才であるが、人間性を著しく欠いていたのだ。記念館を訪れたアラブの高官はその刻印された人影を見て驚嘆し、日本人はこのような暴挙になぜ報復しないのか、と問うたのである。非人道的な原爆を民間の非戦闘員に投下した米国に対し、日本はいまも二発の核の報復権を保留している、と高山正之氏は『週刊新潮』の人気コラムで書いている。世界基準では「目には目を、歯には歯を」のハムラビ法典にその論理を正当なものとしているのかもしれない。しかし、原爆の使用は必ず「核の冬」をもたらし、人類を含め地球上のすべての生物を死滅させることから、核のボタンはすでに死語となっているのだ。ただ、核の抑止という意味で莫大な戦費が浪費されているのである。

石原莞爾は、広島と長崎に原爆を投下させたことから、ハリー・トルーマンを最大の戦争犯罪人だと断罪していた。しかし、日本に原爆を投下して、その威力を都市の構造物や人類やその他の生物にいかなる効果をもたらすのか検討するということは、マンハッタン計画が完成した時点で決定事項であった。人類に大惨禍をもたらす恐るべき兵器は都合のよいことに、宣戦布告なしに突然に真珠湾を攻撃し米軍の太平洋艦隊に大打撃を与えた卑劣な日本人にその報復として懲罰的にやってもよい、というコンセンサスができていたのだ。米国の映画監督のオリバー・ストーンは、ルーズベルト亡き後、もしも副大統領がトルーマンではなくヘンリー・ウォーレスであったら、原爆を人類に投下するなどの恐るべき蛮行を敢行することはなかっただろう、と述べている。

マンハッタン計画にかかった費用は当時の二十二億ドルで、現在では百倍でも二千二百億ドルにもなる大金であった。ルーズベルトはマンハッタン計画を国民には極秘として、米国の議会にかけることもなく、開発した虎の子の新兵器を全く使用しないではすまないと考えていただろう。陸軍長官スチムソンをトップとして、マンハッタン計画はレズリー・グローヴス准将の指揮のもと、新兵器を開発するという狂気に捕われ驀進《ばくしん》したのである。計画当初はドイツに先行されては大変という恐怖があったであろうが、原爆ができあがる見通しができた時期には日本に投下することを暗黙の了承事項としていたのであり、ルーズベルトが存命しておれば、確実に実行したであろう。原爆完成の二年以上前から、どこに原爆を落とすかについて会議を重ねていた。ドイツはまだ降伏していなかったが、白人種の頭上ではなく、黄色人種の市民を目標に、当初は東京に投下するという記録が残っている。ルーズベルトの死後、副大統領トルーマンが大統領に昇格した時に、それまで全く知らされていなかった原爆製造の事実を突きつけられたのであり、トルーマンにしてみれば、マンハッタン計画は全く蚊帳の外であった。日本人を新爆弾のモルモットとしてその効果を見たいという強烈な欲望は、きわめて冷酷に実行されたのである。つまり、トルーマンは、原爆を投下する最高責任者として書類上のハンコに過ぎなかったのであろう。したがって、人物的にはトルーマンより数段人格者として知られていたウォーレスといえども、米軍の決定事項を変更し日本に原爆を投下することを阻止したとは思えない。

核のボタンを押す権限がどこまで許されているかは、核戦争が勃発する瀬戸際をどこで阻止するかの大問題なのである。これまでに知られた最大の危機は一九六二年のキューバ危機の際、旧ソ連の原子力潜水艦から米海軍への核魚雷が打ち込まれる寸前で、ソ連の副艦長ヴァシーリイ・アルヒーポフが艦長のGOサインを押しとどめたことであった。つまり、当時のソ連の原子力潜水艦の艦長は核のボタンを押す権限を持っていたということである。もしも、一発のミサイルが米国に打ち込まれたら、米国とソ連との間で数千発の核ミサイルが飛び交い、世界は破滅してしまっただろう。二年後一九六四年の東京オリンピックは幻となっていたのだ。

一九八〇年代になって、科学者たちの検討により、たとえ局地戦ですんだとしても核戦争は世界に「核の冬」をもたらすことが明らかになった。舞い上がった粉塵が大気圏を覆いつくし、太陽光線が地上に到達することはなく、寒冷な冬が世界を覆いつくすのである。日本では核シェルターはほとんど作られていないが、スイスでは住民の一〇〇％が核シェルターに避難できるという。しかし、狭い空間に閉じこもり、外部からの無線を傍受することは可能であったとしても、食料の自給がいつまで続くのであろうか。新鮮な空気をいつまで維持できるのであろうか。放射能汚染は何万年も続き、外に出るには完全な防護服を必要とするであろう。すっかり破壊され廃墟となった世界は、暗雲垂れ下がるなか、渦巻く大気を切り裂いて一条の光が射すこともあろう。しかし、植生は壊滅し、地上にはなにひとつ蠢《うごめ》くものはない。

スイスのように一〇〇％の住人が核シェルターに入ることができれば、ある時期まではなんとか生存は可能であろう。しかし、長期的にはいずれ飢餓と健全な空気の欠乏がやってくるであろう。つまり、核シェルターなどの一時的な避難などなんの役にもたたないのだ。これが銃社会の米国ではなにが起こるか、ちょっと考えてもそら恐ろしい事態が出現するであろう。核シェルターに入れなかった人々は、核シェルターの住人を襲撃するだろう。そこに、弱肉強食の阿鼻叫喚の世界が展開されることは間違いない。シェルターにはどこかに換気孔を開けなければならないので、外部から遮断され、息の根を止められたり、建設機械を使って破壊行為が頻繁になされたりするであろう。核シェルターに一時的に避難しても、しょせん時間の問題で人類は確実に消滅するであろう。

誰が核のボタンを押すのか

二〇一四年七月十七日、マレーシア航空十七便が、ウクライナ東部で何者かによって発射された地対空ミサイルで撃墜された。乗客・乗員二百九十八名もが犠牲になった大惨事であった。当時発行されていたロシアのミニコミ誌によると、その時点でプーチン大統領の特別機が飛来していたので、プーチンの暗殺を狙った何者かがミサイルを発射したのではないかと記述していた。伝え聞くところによると、激怒したプーチンは水爆を米国東部の海底で爆発させ、ロッキー山脈以東を水没させるぞと声を挙げたという。ロシアの核のボタンは、独裁者プーチン一人が管理しているのであろうか。二十四時間三百六十五日、どのように神経をすり減らしているのか想像すらできない。来日したプーチン大統領は安倍総理との会合時あるいは飲食時に、核のボタンを誰に預けていたのだろうか。

旧ソ連は、一九六一年に五〇メガトンもの核出力を誇った水爆実験を北極圏の島ノバヤゼムリアの上空四〇〇〇メートルで炸裂させた。この爆弾の爆発による衝撃波は地球を三周し、その炸裂光は二〇〇〇キロメートルもの彼方から観察されている。この爆弾は米ソ間の軍拡競争の産物であり、実際には量産されなかった。それにしてもキューバの危機の一年前である。この実験に関わったアンドレイ・サハロフは、このような爆弾は人類の生存に対する脅威であると正しく認識し、以後は原爆反対に転じてゆくのである。サハロフは社会主義労働英雄の称号を三回も授与され、「ソ連水爆の父」と称されたが、核実験による放射能汚染、特に大気汚染を目の当たりにして、核実験の中止をソ連共産党第一書記のニキータ・フルシチョフに進言している。

一方で、水爆の完成は米国のほうが早かった。エドワード・テーラーとスタニスラフ・ウラムが水爆を爆発させるための基本機構を創案し、一九五四年三月、ビキニ環礁でブラボー実験として実施された。当初、六メガトンと見積もられたが十五メガトンもの巨大な爆発となり、ビキニ環礁は完全に破壊され、巨大なクレーターを作り、周囲のロンゲラップ環礁とウチリック環礁に放射性降下物が降り注いだ。近くでマグロ漁をしていた第五福竜丸の乗組員二十三名は急性放射線症候群に罹患し、放射性サンゴの粉塵を大量に浴びた久保山愛吉さんは、六ヵ月後に激しい苦悶の闘病生活の末に亡くなられた。

この実験の端緒となった水爆のアイデアを原爆開発当初から唱えていたテーラーは、水爆の父と呼ばれ、被曝した人々に対する同情の念の欠片すらみられなかった。一方、サハロフは後にシベリアに流刑になっても、核実験を中止すべきであるとの信念を曲げなかった。彼はノーベル平和賞を授与されたが、ソ連政府により妨害工作がなされた。サハロフのようなロシア人のほうが人間的であった。それに対して、米国のマンハッタン計画に関わった科学者は、ノイマンをはじめ、ユダヤ系ハンガリー人が多い。原爆作成の最初の発案者であったシラードは、日本の都市への原爆投下に反対していたが、ノイマンは原爆を京都に落とすことを主張していた。日本文化を決定的に破壊することなど、彼にとってはどうでもよかったのであろう。原爆の完成にはノイマンがもっとも貢献したのであって、オッペンハイマーは陣頭指揮をしたに過ぎなかった。アラモゴルドのプルトニウム爆弾の炸裂を見ても、ノイマンは「たいしたことではない」とつぶやいていた。

キューバ危機は、ジョン・F・ケネディとフルシチョフの緊迫した対応で回避することができた。自由社会ではケネディばかりが貢献したと英雄のように持ち上げられているが、ソ連のフルシチョフの英断や、なによりも第一発を打つことを阻止したアルヒーポフの冷静な判断がなければ、現在の世界は消滅していたのである。ソ連の共産党支配が崩壊した際、ソフトランディングに貢献したソ連のゴルバチョフ書記長の存在もとても大きかった。

鉄のカーテンの崩壊に対して核の使用を含む軍事力をもって阻止することも可能であったのに、彼は第三次世界大戦の勃発を結果として未然に防いだのである。

このようなロシア人の指導者や軍人の一部の人々に人間としての尊厳や英知が保たれていたのには、当然のことに彼らの受けた文化的背景がある。彼らはマルクス・レーニン主義を学ぶ一方で、トルストイ、ドストエフスキーなどの長大な文学的素養を持っており、ニコライ・ゴーゴリー、アレクサンドル・プーシキン、イワン・ツルゲネフ、アントン・チェーホフなど、優れたロシア文学にも触れていたであろう。さらに、音楽家チャイコフスキーを生んだ国である。したがって、世界を破滅するような事態を招かないような判断力を保持していたのである。

一方で、歴史的な素養も文化的な背景も著しく欠いている某国の指導者が核のボタンを持って世界を威嚇している現状は、とてつもなく危険な状況にある。KGB出身で運動系のプーチンがウクライナ侵略で核戦略をちらつかせていることや、北朝鮮の独裁者が核実験を繰り返していることは、今後の人類の生存に関わる重大事である。彼らがいつ錯乱して核のボタンを押すことにならないとも限らない、という不安と恐怖は常にあるだろう。しかし、現実にはスチムソンやグローブスを頂点とする冷静でかつ残酷な判断力のもとに、広島と長崎が実行されたのである。核のボタンを押すということは大量虐殺をもたらすものであり、広島と長崎の何十倍ものホロコーストが実演されるのである。

アドルフ・アイヒマンの裁判を傍聴したハンナ・アーレントが述べたように、普通の人間がかくも著しい残虐性を平然となんら動揺することもなく示しうるのである。アーレントは「彼は愚かではなかった。完全な無思想性、これは愚かさとは同じではない、それがあの時代の最大の犯罪者の一人にした素因だったのだ。このことが陳腐であり、それのみか滑稽であるとしても、またいかに努力してもアイヒマンから悪魔的な底の知れなさを引き出すことは不可能だとしても、これは決してありふれたことではない」と記述している。この裁判記録『イェルサレムのアイヒマン――悪の陳腐さについての報告』でアーレントは国際法上における「平和に対する罪」に明確な定義がないことを指摘し、ソ連によるカティンの森事件や広島と長崎への原爆投下が戦争犯罪として裁かれないことを批判している。

広島と長崎では、連合軍の兵士、米兵やオーストラリア兵も犠牲になった。連合軍の上層部はそれを熟知していた。決定的な負け戦をひた隠しにした日本の大本営と異なり、米国の諜報機関は詳細に米兵の動向を確認しており、米軍機搭乗員が日本各地に絨毯《じゅうたん》爆撃をして日本人の非戦闘員を大量殺戮しておいて、高射砲に撃ち落とされると平然と保護を求める身勝手さにはあきれるが、彼らが生きていて日本の憲兵に逮捕された事実を正確に把握していたのである。

私の先輩で二歳年長で終戦時六歳であったK氏は、旭化成の工場があった延岡に連日のようにB29の編隊がやってきて爆撃をしてゆくのを鮮明に記憶していた。延岡からかなり離れた田舎に疎開していたKには、上空を通り過ぎてゆく爆撃機の轟音が途絶えると、遥か彼方で強烈な爆撃音がこだまするのである。当時、撃ち落とされた米軍機の搭乗員が九州帝国大学医学部で人体実験されたが、その事実も米国諜報部には筒抜けであった。人道上してはいけない犯罪行為ではあったが、米兵の絨毯爆撃で犠牲になった人々に対する復讐心がそのような行為を正当化してしまったのかもしれない。米軍の捕虜が当時どこに囚われていたかを彼らは正確に把握していたにもかかわらず、米軍指導部は原爆を投下し、自軍の兵士を平然と殺害し、結果としてホロコーストを断行したのだ。オバマが広島を訪れた時、原爆で犠牲になった米兵を弔うために、原爆生き残りの日本人と抱擁しあった報道は印象的であった。現在も勝って官軍である米国大統領が、広島、長崎の原爆投下を謝罪しないのは勝者の驕りであり、残念ながら敗軍の民は泣き寝入りしかないのであろう。

広島の原爆死没者慰霊碑の碑文は「安らかに眠ってください過ちは繰り返しませんから」と記載されているが、あたかも原爆を自分たちが落としたような過ちを赦してほしいと懇願しているように思われる。もっと適切な文章を考えて書き直す必要があろう。WGIPによる洗脳された者が碑文を書いたのであろうが、原爆を浴びて溶けてしまった人々が安らかに眠れるわけがあるとは思えない。私には、慰霊碑に灯された火は原爆を浴びた人々の苦しみを示す業火そのものに思われるのである。

脱原発

日本の原発はどうなる？

Ｆ君が突然私を訪ねてきたのは、一九七〇年代前半であったかと思う。中学一年生の時の同級生で二年、三年とクラスは違ったが、気が合ったのか、もう一人のＴ君と中学時代は仲良し三人組で、よく自宅の周囲を走り回ったりしていた。Ｔ君も勉強ができたが、Ｆ君は抜群で級長に選ばれていた。小学校は別であったが、既に秀才としてＦ君は別格の存在であった。Ｔ君とＦ君は私とは別の高校に別れ、Ｆ君は北大理学部の原子力学科に進学したので、中学で別れて以来すっかり疎遠となっていた。突然私を訪ねてきて初めて、Ｆ君が東海発電所に勤務していたことを知った。なんとなく深刻な面持ちで、現在気分が落ち込んでおりうつ病になっていると言う。その時点ではＦ君がなぜうつ状態に陥ったのか想像できなかったが、いまにしてはたと腑に落ちたのである。

原子力発電については全く知識がなく、福島原子力発電所の事故が起きるまで、発電に炭酸ガスを出さないクリーンなエネルギーを得ることができる、安全な発電所であると思い込んでいたのである。原子力発電は人類がつくり出した創造物の中でもとてつもなく危険なものであることは、スリーマイル島の臨界事故、チェルノブイリ原発事故に続いて、福島原子力発電所事故により、私のような能天気な人間にとってもこれは大変なことになったと理解できたのである。このような事故が起きる以前から、高木仁三郎や水戸巌は原発の危険性を訴え、原子力発電の持続不可能性、プルトニウムの危険性などについて警告を発し、特に地震の際の原発の危険性を予見し地震時の対策の必要性を述べ、脱原発を唱え、脱原子力運動を象徴する人物であった。高木は二〇〇〇年に亡くなっており、水戸も一九八六年末に双子の息子とともに厳冬の剣岳で消息を絶った。京大の小出裕章らも、福島原発事故発生以前から原発の危険性を訴えていた。しかし、三・一一の福島原発の大事故は、我々日本人及び世界の人々の能天気な安全神話の揺籃《ようらん》を突然破り、心胆を寒からしめたのである。

F君は原発の危険性を熟知し、東海発電所で原発を続けることにどうしようもない恐怖感を抱いていたのではないだろうか。私は安保反対の時もノンポリで、日米安全保障条約の意味することを分かっていなかったボケナスであったのだから、原発は安全な電気を生み出す装置であると完全に能天気に思っていた。F君の訴えようとしたことが、いまにして思い当たるのである。原子力発電所で働いている科学者のほとんどは、人類が生み出した恐るべきフランケンシュタインに怯えていたのでないだろうか。いわゆる御用学者の人々も、科学者であるからには原発の危険性を熟知しているはずであろう。

地震やそれに伴う津波が襲ってきた時に全電源喪失が起きないように、二重三重の防御機能を確保しておかなければならなかったのに、結果として手抜きしていたことになった。今回の事故は起こるべくして起きた人災なのだ。

いくつものプレートがひしめき、その圧力が我が日本列島を不安定な地形としているが、いつなんどき大地震や火山噴火や大津波に見舞われるかわからない。世界有数の地震地帯に原子力発電所を五四基も作って、せっせと稼働していたのである。たとえ事故がなくとも、原発を稼働するだけで溜まってくるプルトニウムや放射性廃棄物の処理ができない。いわば、将来の我らの子孫にとてつもない厄介物を引き渡し、あとは「野となれ山となれ」と投げ出してしまっているのだ。そもそも我が国に原発を持ち込ませたのは米国である。中曽根康弘と正力松太郎は米国のエージェントとして働き、日本に原子力発電を導入する役割を担った。

正力松太郎は原子力発電を日本に導入する際、原子炉の模型を東京で展示し、なんと昭和天皇にまでその展示物を見ていただき（陛下は原子炉の模型の中を覗かれた）、国民に原発の安全性を宣伝したのである。正力は米国中央情報局（ＣＩＡ）の協力者としてコードネーム「pod am」と呼ばれていたことが、アメリカ国立公文書記録管理局の公開外交文書によって明らかにされた。中曽根は米国の原発事情をつぶさに視察し、我が国への原発導入に深くかかわった。中曽根が提唱して原発導入につけた予算額は二億三千五百万円であった。

原発開発には莫大な予算が必要である。原発開発に関連して不透明な巨額の金が動いたことは、その後にほうぼうの原発立地地域で問題になっている。新潟には柏崎刈羽原発が稼働していたが、原発を立地する際に田中角栄がどの程度絡んでいたのであろうか。立花隆の田中角栄研究では、その件には一切触れていない。ロッキード事件では四億円の賄賂が問題になったが、原発立地での金額の動きは桁が違うと思われるが、おそらく、出版界では東京電力がスポンサーになることもあり、触れてはならないタブーであったのではないか。電力会社九社が使った原発広告代は一九七〇年代から二〇一一年まで二兆四千億円にも及ぶという。「原発は安全だ」「原発はクリーンだ」というウソのイメージを国民に刷り込み続けたのである。

広島と長崎の悲劇、第五福竜丸の被爆と、日本人は原爆の被害を世界の中で最も脳裏に刻んできているが、米国、ソ連、英国、フランス、共産中国などでの核実験でも膨大な数の被爆者を生んでいる。共産圏では被爆者の存在は隠蔽されているが、膨大な数がいたと推定されている。米国では、ネバダ州で繰り返された原爆実験に米軍兵士が爆裂後の現場に突撃して、原爆症（アトミック・ソルジャー）になった将兵が多数出現したが、米軍の機密事項として隠蔽され、最近までその事実が一般に知られることはなかった。千回にも及ぶネバダ核実験場での原爆実験で、風下の放射線被害を受けた人々は甚大な放射能障害を受けることになったが、一九五五年一月に米国原子力委員会が公式に発表したところでは、ネバダ実験場での原爆実験の影響について、これらの人々にはなんらの障害ももたらさなかった、ということになっている。人体は放射能の影響を受けるとその影響を修復していくので、かなりの量の放射能を安全に被爆できる、と全く根拠なく宣言している。しかし、福島原発事故でも、米軍は東北沖で「ともだち作戦」を展開し、参加した将兵に放射能障害が多発している。軍人は、軍務に服している時に受けた障害で国家を訴えることができない。

福島第一原発事故の三号機では、原子炉建屋南側で一瞬オレンジ色に光り、黒いキノコ雲状の煙が上空六〇〇メートルまで立ち上った証拠写真が、西尾正道氏の著書に生々しく掲載されている。爆発の規模が原爆の規模の一万分の一から十万分の一程度と小さかったので大事には至らなかったとはいえ、明らかに、日本国土で三発目の核爆弾が炸裂したのである。三菱重工業で原発の設計技術者を務めた藤原節男氏が、この事実を確認している。しかし、これを日本のマスコミは全く報道しない。

核アレルギーは日本人にトラウマとなり、不都合な事実は見ぬふりをする身の処し方を戦後七十七年も続けた結果、真実を証言する科学者を非難する御用学者が存在する。御用学者と反核学者を見分けることはきわめて簡単である。反核学者でもっとも有名な京大の小出裕章氏は、定年まで助教のままであった。つまり、出世ができないということである。

一方、原子核工学の大学教授に昇格した面々は、みな原発推進派の御用学者というわけである。政府の原発推進に賛同しない限り、出世できない仕組みになっているのである。原発の危険性を真摯に研究する学者を今後我が国でも育成してゆかなければ、核汚染の問題を解決してゆくことはできず、未来の我々人類の子孫にとてつもない災厄をもたらすことになる。それでもなお原発が必要であると強弁するのであれば、原発に関するあらゆる事実を国民に公開し、納得してもらわなければならない。いずれにしても、優秀な核科学者を養成して核科学のさらなる解明を待たなければならない。

現在まで、世界中で核融合の研究が行われている。最も軽い原子である水素原子を二個融合させ、莫大なエネルギーを生み出す、究極のエネルギー発生装置である。我々の太陽は水素の核融合によりヘリウムができ、太陽系に莫大なエネルギーを供給し続けている。核融合には超高温、超高圧が必要で、水爆は核分裂による超高温、超高圧下で出現した核融合を利用するので、いくらでも大きな爆発を可能にする。巨大なものを作成すれば、地球を宇宙空間に吹き飛ばすことすら可能なのである。サハロフを震え上がらせた旧ソ連の水爆実験は、爆発の威力を半分に設定しても五〇メガトンという巨大なものであり、その爆発威力で地球が振動したのである。核融合で電力を生み出そうと世界中で研究が行われているが、小規模でも核融合の超高温、超高圧に耐えられる装置を作り出すことはきわめて困難なのである。

習近平が日本を占領する

米軍支配下の日本

『文藝春秋』二〇二一年四月号に掲載された麻生幾の記事は、改めて我が日本国が完全な独立国家ではないことを我々日本人に突き付けた。日本に駐在する米軍や米国人になんらかの危険が及ぶと察知された時点で、日米安全保障条約と日米地位協定が、日本国憲法の条文の停止をしてしまう上部法律として機能することを、まざまざと示したのである。日本政府が機能不全に陥ったと米軍が判断した場合に、米軍が日本政府の上部機関としてかつてのGHQのように機能するということである。その場合、日本国憲法に記載されていない自衛隊が、米軍の指揮下で機能不全に陥った我が国のシビリアンコントロールに代わって我が国を外敵から防御する第一線に立つことを明確に示したのである。

日本国憲法の前文には「日本国民は、恒久の平和を念願し、人間相互の関係を支配する崇高な理想を深く自覚するのであって、平和を愛する諸国民の公正と信義に信頼して、われらの安全と生存を保持しようと決意した」とあるが、平和を愛する諸国民とはどこの国なのか。マッカーサーが作らせた憲法の施行は昭和二十二年五月三日であったが、当時は戦勝国すべてが含まれていたのであろう。一九四七年の時点ではお隣の韓国、北朝鮮も中華人民共和国も存在していなかったのであるから、彼らのことを指すわけではない。そもそも、現在の彼らに公正と信義を期待することは全くできない。すると、どこの国なのであろうか。当時は米国とソ連の対立、いわゆる米ソ冷戦は深刻なものではなく、原爆を保有する米国の力が抜きん出ており、ソ連の出る幕はなかった。すると、結局のところ、我が国はマッカーサーの自画自賛の米国の公正と信義に一〇〇%依存することになったのだ。憲法九条は、実際にはマッカーサーその人が起草したと言われる。その内容に自ら感動し涙ぐんだとも言われている。

確認しておくべきことは、憲法九条があったから、これまでの米国が主導する戦争に自衛隊が巻き込まれなかったのではない。沖縄をはじめ日本各地に存在する米軍基地が自衛隊を訓練し、いざという時に出動する可能性があり、その抑止力が北朝鮮や中国共産党の日本領土への侵入を防いできたのだ。ソ連に対しても、中曽根康弘が言ったように、日本列島は太平洋へのソ連の侵入に対する不沈空母であったのである。福島原発事故が発生し、その事故に日本政府が対応不能と判断すると、米軍は横田基地にある在日米軍司令部で自衛隊幹部と協議を開始し、原発対処を日本政府に任せず、米軍が統治して作戦を行うということを自衛隊統幕最高幹部に命じたのである。

日本国憲法の上部法律である日米安全保障条約と日米地位協定に記載されているとおり、米軍が危機にさらされた場面では、日本政府に相談する必要もなく独自の判断で作戦を遂行できるし、また、日本国憲法に記載されていない自衛隊がその指揮下に入り、日本政府のシビリアンコントロールは完全に無視されるということである。こういった事実は明々白々であるのに、日本の政治家や有識者やマスコミは知らないふりをしている。

横須賀の米軍基地（正式には横須賀海軍施設）のゲートでは、日本の業者は立ち入りの許可証を示して基地に入れてもらえるが、米軍関係者はフリーパスで出入りしている。私は、三笠公園の戦艦三笠を訪れた際ゲートの横を通ったが、何台かの米軍ナンバーの車の出入りを直近に見て、やっぱりまだ我が国は米軍支配下にあるのだと実感した。

いまだに、日本各地にある米軍基地の周囲に居住している日本人は、基地や基地の周辺で日本人が被害にあわない限り、米軍の存在が日常に溶け込んでおり、あまり関心を示さないで過ごしている。現在八〇歳以上の札幌市で生活していた市民は、終戦後のいつであったか進駐軍が押しかけてきて、三越デパート、札幌グランドホテル、札幌郵政省ビルを接収して、すべての窓をカーテンで覆ってしまったのを昨日のことのように覚えている。

終戦の年ではなく、一九四七年であったらしい。窓という窓が表（室内）は黒で裏（窓側）が深紅のカーテンで覆われたので、街路から見ると窓が真っ赤になっているのである。他の建物の窓とは違う風景に、子供心でも訝しく思ったものである。なぜ進駐軍はそんなことをしたのか当時は分からなかったが、いまにして思えば、終戦直後のことであるから、狙撃を恐れていたのではないだろうか。ペリリュー、グアム、サイパン、硫黄島、沖縄戦での日本軍人の狙撃の腕前をいやというほど見せつけられた米兵にとって、進駐してきた自分たちが狙撃されるのではと警戒するのは当然であった。日本人は、軍人はむろんのこと一般人も、昭和天皇の玉音放送でピタリと戦闘行為をやめたのである。ヴィシー政府ができたフランスではパルチザンがドイツ兵に抵抗したように、米軍から見れば日本人も抵抗する者があっても不思議ではなかったのであろう。

マッカーサーは一九四五年八月三十日、専用機バターン号で厚木飛行場に飛来し、悠然とコーンパイプを手にしてタラップを降りてきたが、カメラマンのフラッシュに紛れて狙撃されるのではと、心底恐れていたのではないかという。マッカーサーが恐怖のため失禁してズボンを濡らしたという証言もある。その真偽はともかくとして、専用機で厚木に乗り込む前のマッカーサーの機内での挙動は落ち着かず、いかに振舞うべきか苦心していた。タラップでしばし周囲を見回し、いかにも威厳に満ちたスタイルを報道陣の前で示す腐心をしていたのである。皇居の直前の第一生命館を司令部として接収し、宿舎と司令部以外に出ることはほとんどなかったのは、あれほど果敢に戦った日本兵が自分を狙撃することに怯えていたのではなかろうか。事実、厚木には小園安名中将が徹底抗戦を宣言して、マッカーサーの搭乗機に体当たりすると公言していたが、マラリアの高熱で病床に伏したので、高松宮宣仁親王が出向いて将兵らを説得して、辛うじて米軍を受け入れる体制が整ったのである。

マッカーサーは、昭和天皇との会見が無事終了し、日本人は天皇には恭順することが明らかになって、今後自分が狙撃されることはないと確信したであろう。八月十六日以降の戦闘行為は、千島列島占守島でソ連軍の侵攻を我が日本軍が敢然として防御した。千島列島伝いにソ連軍が北海道東部に侵入することを防いだのである。

自衛隊を国軍に

福島原子力発電所の三号機は、一号機と同様の水素爆発により損傷したと報告されているが、実は核燃料の連鎖反応による核爆発であったと西尾正道は指摘している。証拠映像があり、一瞬オレンジ色に光る、いわゆる「ピカドン」が出現、六〇〇メートルと小規模であったが黒いキノコ雲も撮影されている。地震出現時各原子炉は自動停止し、核分裂反応は起きないはずであったが、三号機の炉心にはプルサーマル利用としてのMOX燃料が使われていたので、ウランのほかにプルトニウムが含まれていた。津波による電源喪失のため、原子炉が冷却できなくなり、一旦は止まった核分裂反応が誘発されたのであろうか。

爆発の規模が長崎の一万分の一から十万分の一程度と小さかったが、屋根フレームの鉄骨が飴細工のように折れ曲がった。西尾の著書『被曝インフォデミック』の表紙の証拠写真からは、明らかに原子爆弾が破裂したとしか考えられない。

すなわち、我が国は三発目の原子爆弾を浴びたことになる。その事実はあまりにも生々しいので、単に水素爆発であったと国民を欺いたのであろうか。西尾はもと三菱重工業原発設計技術者で、原子力安全基盤機構検査員を五年間務めた藤原節男氏が『週刊朝日』二〇二〇年三月十三日号に報道した記事に基づいて、三号機の爆発が核爆発であったことを、大気中に放出された真球微粒子セシウムボールが観測されたことから確実であると主張している。

これまで世界中で行われてきた核実験で放射性物質がまき散らされ、数万年の年月、地球の大気中を循環しているのである。大気圏に守られた地球は、太陽や宇宙からの放射線から生物のＤＮＡの破壊を免れてきていたが、人類が作り出した放射線が地球上の生物の生存を脅かしているのである。ガイガーカウンターが反応するということが、単に外部被曝をもたらすというだけではなく、大気中を漂う放射性物質を吸い込んだり、放射能に汚染された食物を摂取したりすることにより、内部被曝を受けてしまうのである。これまでの被爆者は強烈な爆発を外部被曝として受けた場合のみ問題にされていたが、これからは大気中を漂う放射性物質や摂取した食物からの被曝を考慮しなくてはならない。原子力発電をより安全なものに改良して運転すれば、大気中の二酸化炭素を増やすことはなく地球温暖化対策になるという議論は、原子力発電そのものが地球の核汚染物質を垂れ流すのだから、すでに破綻しているのである。たとえ希釈して海に放出しても、トリチウムは生物連関により濃縮され、必ず人類の食卓に舞い戻ってくるであろう。

プーチンによるウクライナ攻撃は、近い将来習近平が我が国に攻撃を仕掛けてくる可能性があることを予測させる。台湾有事の際、日本に対してミサイルを撃ち込んできても、米軍は日本各地の軍事基地からグアム島に引き上げるだろう。日本の自衛隊は金魚のうんこのように米軍につき従い、グアム島に避難するしか自身を守る方法はないのである。自衛隊は日本の国軍として日本国憲法に認知されていない。命をかけて守るべき国家や国民が、国軍ではない自衛隊にとって存在していないことになる。自衛隊を日本国軍として認知し、敵の先制攻撃に直ちに反撃する戦闘力を持たせなくては、我が国を守ることはできない。日本人がミサイルの餌食になって次々と殺されていくのを、ただ指をくわえて見ているしかないのである。何度も言うが、平和憲法というお札を額につけていれば核攻撃をされない、と本気で信じているのではないのだろうが、なるべく考えないように思考停止状態にあるのだろう。

プーチンのウクライナ攻撃は、我々日本人が自分の国家をいかにして防衛しなければいけないかを明確に示している。侵略される前に充分な戦力を蓄えておき、有事に備えておかなければ、日本国は習近平のミサイル攻撃であっさりと灰塵に帰するであろう。なんの防衛力もなく、米軍と自衛隊がグアム島に退いた我が国は悲惨な状態に陥るのである。一九六〇年に改正された当時の日米安全保障条約では、もはやなんの効力もない、核の傘も破れ傘のままである。マッカーサー憲法を改正し、自衛隊を国軍として、男も女も老若に関係せず全員徴兵制を実施すべきであろう。身体や精神に障害を持つ者や、認知症になった老人は除くとして、身体障害者でも、パラリンピックに出場する能力のある者には武器を持たせて侵略者に立ち向かわせなければならない。習近平には断固として立ち向かう意思を、日頃から示しておかなければならない。日本人自身が国を守る断固たる意思を示し、ウクライナの人々が示した勇気ある行動を自分たちも身に着けておかなければならない。

別に述べるように、GDP二%まで軍事費を増やしたからと言って、もはや中国共産党の軍事力の前では、日本単独でも日米同盟でも防衛力としては不十分である。軍事力だけでなく、国際的外交力を磨き、欧米や自由と民主主義を守る国々との強固な連携が必要である。中国に進出した世界の企業は直ちに工場を閉鎖して、他の国々に移転し、これ以上の莫大な利益を中国共産党の軍事力のために貢献することを止めなければならない。

中国共産党が喉から手が出るほど欲しいのは、台湾の半導体生産能力であろう。現在の中国の保有する膨大なミサイル攻撃により、台湾はあっさりと灰塵に帰するであろう。半導体生産能力も優秀な人材もすべて失い、廃墟と化した諸都市が残されているだけになる。

そもそも、中国共産党が蔣介石を大陸から追い出したのは、蔣介石が無能であっただけではなく、日本人が満州に残したインフラと武器をソ連から無償で受け取ったお蔭なのである。ロシア人のことだからおいしいところはすべて略奪し、残り滓《かす》のような武器であったろうが、ダムや建築物など、当時着の身着のままの敗残兵のような中国共産党軍にとっては、天から降ってきた宝物であったに違いない。一方の蔣介石の軍隊といったら、できの悪い愚連隊の集まりで、まともな軍事訓練など受けたことのない烏合の衆であった。

蔣介石（国民党政府）が、米国の軍事援助があったにしても、曲がりなりにも一九七一年まで国連安全保障理事会常任理事国の地位を確保できたのは、日本が五〇年の歳月をかけて、日本本土よりインフラ整備に資金を投じた結果、中国本土よりまともな国家資産があったからであろう。日本政府は台北に台湾帝国大学を創設し、水利技師八田與一は台湾南部の嘉南《かなん》平野に当時東洋一の烏山頭ダムと平野一帯に水路を作り、水利設備全体が嘉南大圳《たいしゅう》と呼ばれた大工事を完成させていた。さらに、鳥居信平は台湾南部でサトウキビなどの農業生産を高めるために、地下水路ダムである二峰圳《にほうしゅう》ダムを作った。台湾人は彼らの功績を忘れず、銅像を作り顕彰している。

一方の朝鮮では、完成時東洋一であった水豊ダムや、日本では六番目の京城帝国大学やその他膨大な数のインフラ整備を無償で米軍からいただいたにもかかわらず、日本人はなんの感謝もされていない。日本、朝鮮、中国の歴史についての正しい知識を、米国国務省や米軍は間違って理解していたのか、あえて自分たちに都合のいいように捻じ曲げていたのであろう。当時はむろんのこと、驚くべきことは、戦後七七年もたっているのに自分たちの先祖がしたことを棚に上げて、日本の軍国主義を復活させたとして安倍元首相を非難する弔辞を、ノーベル経済学賞受賞者のポール・クルーグマンが寄せていることであろう。経済学に関しては一方の旗頭として有名かもしれないが、東洋の歴史については無知であることを暴露したわけである。彼は米国の元大統領フーバーの大著『裏切られた自由』やミアーズの『アメリカの鏡・日本』を読んだことがないのだろう。クルーグマンは、日本は米国による瓶の蓋状態を続けるべきだと考えているのだろう。

在日と帰化人

安重根と朝鮮半島

在日は日本人が避けて通れない厄介な問題である。一九一〇年に日韓併合をしてしまったことが、昭和戦後の複雑な日韓関係のごたごたが解決できずに、平成、令和まで韓国の大統領が変わるたびに新たな問題が蒸し返される根本原因となっているのである。一九〇五年十二月から一九〇九年六月まで初代の韓国統監であった伊藤博文が、統監辞職後の十月にハルピン駅頭で暗殺されたことが、翌年一九一〇年日韓併合を推し進めることになった。伊藤が存命であれば日韓併合に反対していたので、少なくとも同年の日韓併合は見送られたはずであった。

伊藤を暗殺した犯人は安重根とされたが、当時、伊藤暗殺に関与した複数の暗殺者がいたとされている。安重根のブローニング拳銃の弾痕と伊藤の致命傷となったカービン銃の弾痕とは別なものであったことが明白であったにもかかわらず、急きょ行われた裁判で安重根を殺害犯として断定し、処刑したのである。安重根がロシアの兵列に隠れてしゃがんで撃った射撃位置からは説明のつかない、伊藤の右肩からの二発命中した弾丸は駅舎の二階から打ち込まれた弾丸であり、安重根とは別の人物が伊藤を暗殺したのである。安重根のような素人の射撃ではなく、プロのスナイパーによるねらいすました銃撃であった。この構図はケネディの暗殺犯とされたオズワルドと全く同じで、伊藤やケネディを邪魔者として排除しなければならない黒い闇が潜んでいたのである。

いまとなってはその真相は全く不明であるが、処刑時弱冠三十二歳であった安重根は、後に朝鮮の英雄として朝鮮民族に称えられている。安重根は紛れもなくテロリストであるが、殺人犯ではなかったのである。では、真犯人は誰であったか。ロシアの蔵相ウラジーミル・ココツエフが伊藤をわざわざ車外に連れ出し、当時治安の悪かったハルピン駅で射殺する計画をたてたのか、日韓併合に反対する伊藤を排除しようとする日本政府側の黒幕が朝鮮人の暗殺者を複数雇ったのか、そのどちらも強く疑われるのである。いずれにせよ、伊藤が排除されたことにより、日韓併合は即座に実行された。当時二千五百万人の人口を抱えていた朝鮮民族を日本人にするなどという、いまから考えたらなんという馬鹿らしいことをしてしまったのであろう。

当時の欧米諸国がやっていたように、後進国を植民地として支配しておくに留めておくべきであった。後の米国大統領ハーバート・フーバーは、朝鮮の鉱山について調査に入った時に、朝鮮がまるで石器時代であったかの印象をいだいている。両班《やんぱん》という貴族階級以外の人民はほぼ奴隷状態で、インフラが全く整備されていなかった朝鮮半島は、かつて英国の女性旅行家イサベラ・バードが、糞便の垂れ流しの朝鮮の市街地では悪臭がひどいことを著述している。一九四五年の日本の敗戦により、日本の国土であった朝鮮は朝鮮人のものとされた。米国はメキシコを屈服させたので、テキサスやカリフォルニアを米国領としてメキシコから略奪して、現在では返還する素振りすらない。本来、台湾は高砂族など原住民が住み着いていたのだから、原住民に独立国を建国させるべきであった。そもそも日本が下関条約により正当に日本領土とした台湾を、日本が敗戦時国民党と内戦状態であった中共が自分たちの領土だと主張することは、筋違いなのである。当時正当な日本領土であった台湾を、ルーズベルトが勝手に蔣介石に与えると、まるで上から目線でごり押しをしたのである。それならば、米国の領土は原住民の領土であったのだから、彼らに返還してはどうか。ここにも、勝てば官軍負ければ賊軍で、敗者は勝者の言いなりにされてしまう。

敗戦後、国籍が日本人から朝鮮人に戻った人々とは異なり、日本にとどまり日本人として生きることを選択した朝鮮人は、国籍を日本とした帰化人と朝鮮とした在日と、二種類の朝鮮系として日本に住んでいる。スポーツ選手や芸能界、さらに政界ではきわめて多くの在日あるいは帰化人が活躍してきた。

スポーツに関しては、そもそも、朝鮮の貴族階級である両班は、自らが運動するなどということは決してせずに、運動は奴隷がするものだという認識であった。東京のある大使館でテニスに興ずる某国の大使館員を見た両班が「あんな運動は奴隷にさせればよいのに」と述べたほど、スポーツの意味することを全く理解していなかった。李氏朝鮮が続いていたら、孫基禎がマラソンを走ることはなかったであろう。

日本人と半島の人々とのつながりは古来よりあったことは、日本書紀などにも記されている。かつて、平成天皇が天皇家には朝鮮からの渡来人の血が流れており、「続日本紀に記されている」と明言している。一万六〇〇〇年も前から縄文文化が世界に先立って花開いていた日本列島人は、おそらく縄文人なのであろう。そこに、朝鮮半島から移住した人々や招聘された人々によって、様々な文化が融合したのであろう。独特な埴輪から、古代にユダヤ人も移住してきたとされている。そのような人々はもはや日本人の一部であって、日韓併合により出現した在日や帰化人とは異なっている。

日本の総理大臣や衆院議長にのぼりつめた政治家にも朝鮮系の血脈が流れている。

金日成なる人物がスターリンの傀儡であることは歴史上の事実で、かつて、関東軍が満州国に愛新覚羅溥儀を皇帝にした事実となんら変わりはないのである。現時点では、勝てば官軍の論理で金日成は北朝鮮の英雄とされているが、負けた日本に対しては世論は愛新覚羅溥儀は幻ということになる。

現在、北朝鮮では多くの国民が飢餓状態にあると言われているのに、北朝鮮軍は次々にミサイルを飛ばしている。一発にいくら費用がかかるのであろうか。その一発でどのくらいの人々が飢えから解放されるのであろうか。北朝鮮のＩＣＢＭの列や兵士の行軍を目にすると、その資金の半分でも食料に回すべきではないであろうか。いったいなんのために示威行為を続けているのだろう。プーチンと同様に、金正恩も権力を失うことは自分が抹殺されることに繋がることを恐れているのであろう。

ルーズベルトの大罪

欧米の植民地支配やロシアの南下政策の脅威から、朝鮮半島、満州国、中国へと侵略した日本の軍国主義は、米国により完膚なきまで叩き潰され、日清・日露戦争で正当に獲得した日本国領土である台湾、樺太のみならず、本来の日本領土であった千島列島までルーズベルトに不当に奪われてしまった。民族が異なる朝鮮の併合は、戦前の日本政府が行った最大の失敗ではあった。朝鮮語を話し、朝鮮文化を保持していた朝鮮人は、あくまで欧米の基準に従って植民地としておくべきであった。

英国が世界中で植民地を作り、米国がフィリピンを植民地にしても、世界では誰も文句を言っていない。植民地とされた土地の住民すら、独立を意識していなかった国もあったのである。メキシコなどは、テキサスやカリフォルニアまで略奪されても米国に返還を要求することはできず、いわば完敗してしまっているのだ。ハワイ王国の米国侵攻は日本の軍艦だけが弔意を示したが、そのことを米国は面白くなく思っている。台湾には高砂族など土着の民族が住んでいた。明時代に鄭成功が台湾のほんの一部を拠点としていたので、中国共産党は台湾が中国領だと言い張っているが、中華民国から逃れてきた蒋介石に付き従ってやってきた人々は中国共産党ではない。台湾は李登輝総統以来、自由民主主義を掲げ、住民の選挙で選ばれた政府が存在する国家であって、共産党中国とは全く別の国と考えるべきである。

さらに言っておくべきは、日本国に併合されていた朝鮮を南北に分裂させたのはルーズベルトの大罪なのである。日本軍は米国に屈したのであって、ソ連や中国に敗退したわけではない。ルーズベルトがスターリンを満州国や朝鮮に引っ張りこむからややこしいことになってしまったのであり、敗戦国日本と戦勝国米国で日本領土をどうするか、たとえ無条件降伏でも話し合いの場をもうけるべきだった。ルーズベルトは、大西洋憲章でチャーチルといかなる領土変更もさせないと高らかに宣言したのではなかったか。

ただし、この宣言には英国の場合は世界中に所有していた植民地を除いていたので、敗戦国日本だけ植民地を放棄させるにはなんらかの言い訳が必要であった。そこで、スターリンを引っ張り込んで、いかにも連合国が勝利し軍国主義国日本から朝鮮民族を解放した、ということにしたのであろう。ルーズベルトが存命中、すでに日本には戦闘能力はなく米国に降伏を申し出ていたのに等しかったのだから、なにもソ連を引っ張り込む理由はなく、米軍が満州まで占領すればよかったであろう。

蔣介石軍には米国のウェデマイヤー将軍が指揮を執っていたのだから、そのまま米軍が占領しておけば、朝鮮の分裂などありえなかった。ただ、歴史は無情なことに、ルーズベルトに代わったトルーマンではスターリンに対峙するには迫力不足であった。さらに、英国ではナチスドイツの侵略に対して敢然として戦いを挑み英国民に勝利をもたらしたチャーチルの保守党を選挙民は落選させ、あっさりと労働党のアトリーを首相に選んだのである。ベルリン郊外で開催されたポツダム会談の最終段階では、ルーズベルトとチャーチルという大物が存在せず、似ても焼いても食えないスターリンの独壇場と化したのである。

チャーチルにとって屈辱的であったのは、このポツダム会談の最中に首相の座を追われ、アトリーに交代させられたことである。チャーチルは、民主主義は専制主義のような最悪の制度よりちょっとましな制度に過ぎない、と嘆いたようである。それでもトルーマンは実務家としての能力はあり、ルーズベルトがスターリンに約束したらしい、北海道の分割案は承諾しなかった。

ほとんど共産主義者と化していたルーズベルトが存命であったならば、間違いなく北海道に朝鮮半島の三八度線同様の悲劇が出現しただろう。ルーズベルトは完全に日本を見下しており、日本が日清・日露戦争で合法的に獲得した台湾や樺太を本来彼らに帰属する理由もないのに、日本から略奪して、投げ与えたのである。おまけに満州までソ連が攻め込んできて、朝鮮半島の半分を占領してしまったのである。ヘレン・ミアーズの冷静な分析によると、開戦時に米国が主張するような日本の軍事力の脅威などみじんもなく、日本が世界征服戦争に乗り出すとしたなどと主張することは戯言に過ぎない、パールハーバーの攻撃に対するルーズベルトの米国議会における名演説が、過剰ともいえる日本人に対する憎しみを米国民に植え付けた、と述べている。冷静に開戦時の工業力を比較分析すれば、米国の圧倒的勝利に終わるだろう。これほど明確な事実を考慮することなく、パールハーバー攻撃を仕掛けた日本政府は、あまりにも未熟な思想判断のレベルに留まっていたのであろう。日本人を戦闘的な人種であると一方的に米国が非難するなら、自らのたどってきた道を胸に手をあてて考えてみればよい。欧米帝国主義をメンターとして最後に中国を侵略した日本であったが、英国が清国にアヘンを売りつけ、漢人をアヘン中毒にした挙句、アヘン戦争で香港を奪い、さらに上海に租界を作り、北京や満州まで商業圏を広げていたのだし、欧米列強は次々とそれぞれの租界を作り、軍隊や戦艦を揚子江に遊弋させていたのだから、日本だけスケープゴートにされたのである。この事実に目をつぶり、日本だけを悪玉にして、日本人が戦闘的民族だと断定するのであれば、ミアーズは米国には精神分析が必要だとまで述べている。

ニセコ

山スキーの醍醐味

新雪が積もった山の斜面をジグザグに登ってゆくが、二、三人では交代してもすぐに息が上がってしまう。札幌近郊の山で山スキーに適した斜面があるのは、春香山《はるかやま》と奥手稲山《おくていねやま》である。

春香山は、旧国鉄の銭函《ぜにばこ》駅で下車して、銭函峠に向かって、当時は数軒しかなかった民家のために除雪した道をたどり、除雪が途絶えると雪に埋もれた峠への道をスキーの板にシールを付けて登るのである。シールとはアザラシのことで、毛の並びが一方向なので、登る時は毛が逆立つからスキーが逆走せず、前方に滑る時にはスムーズに滑ることができる。雪が深いと峠まで結構時間がかかる。峠は深い雪に閉ざされて、視界はあまりよくない。峠から右に折れて尾根を登ると、春香山の広大な雪の斜面の下に山小屋がある。無人小屋であるが、炊事はできる。夜来の大雪が翌朝に晴れあがっておれば、最高の山スキーの醍醐味《だいごみ》を味わえる。そんなに大きな斜面ではないので、ジグザグを切って山頂に登ると、まだ誰もシュプールを描いていない処女雪を転げるように舞い降りることができるのである。こういった至福の瞬間を味わえる機会はなかなか得られないが、この感動を一度でも経験するともう病みつきになってしまう。

奥手稲山も、山頂直下に広大な斜面を有している。親友のKO君とは、春香山にも奥手稲山にも登った。奥手稲山は山頂までのアプローチが長く、たどり着くのに一日がかりであった。旧国鉄の山小屋が山頂直下にあり、やはり無人小屋であったが、炊事はできる。一冬に何回かこれらの山スキーを楽しんでいた。春香山から朝里川温泉への深い雪にうずもれた尾根を下ったこともある。単独行であったので、無人の野を行く爽快感は六十年後もありありと記憶している。真っ白な雪の中にウサギが飛び跳ねていた。

札幌の周辺には札幌岳、無意根山《むいねやま》、余市岳などが山スキーに適しているが、いずれも深い雪に閉ざされており、素人の山スキー愛好家には難関の山である。私は単独行で無意根山の中腹の無意根小屋から下る際に、一メートルほど口をあけていたクレバスにスキーごと突っ込んでしまった。幸い雪が固くしまっていたので、スキーの先端が一メートルほどの深さで突き刺さって私の体重を支えてくれた。どうやってそのクレバスから抜け出したのか、もうすっかり忘れてしまったが、よほどの偶然が私の命を救ってくれたのであろう。

私たちの山スキーの主戦場はニセコであった。誰も滑り降りたシュプールがない真っ白な大斜面を、これからいっきに滑り降りようと眼下をみおろす瞬間ほど至福の時間はない。

現在は、ニセコと言えば海外から多くのスキーヤーがやってくる一大スキーリゾートとして有名で、最上級ホテルとして倶知安《くっちゃん》花園地区にはパークハイアットが、ニセコ町にはリッツ・カールトン・リザーブがあり、八億円もするリゾートマンションも建っていて、販売すると即刻購入する世界の富裕層がいるのである。インターコンチネンタルなどを展開する英国ホテルチェーンのＩＨＧホテル＆リゾーツが、倶知安町でシックスセンシズホテルズリゾートスパを二〇二四年開業予定とのことである。

いまではニセコの東南斜面には無数のリフトが張り巡らされているが、一九六〇年代前半には鄙《ひな》びた温泉宿が二、三軒ある大自然そのままで、リフトは一つもなかったのである。現在ではスキー場は新雪が積もると機械キャタビラで平坦にしてしまう。そのため、新雪をえぐるようにして滑るスキーの醍醐味を味わうのに、コースをはずれた斜面に入り込んで雪崩にあい、命を落とすスキーヤーが見られることはとても残念である。私たちがニセコでスキーを楽しんだ時分は、いたるところが深い新雪に覆われていた。急斜面を直滑降しても、でんぐり返りしても、当時のスキー金具であったカンダハーがはずれて、我々が雪まみれになるだけで怪我一つせず、真綿のような深い雪にうずもれて至福の時間を味わったものである。

ニセコ連峰の主峰であるニセコアンヌプリの山頂に、かつて零戦《ぜろせん》の風洞実験施設があった。北大の雪の結晶研究で有名な中谷宇吉郎博士が主導する実験であった。戦後廃屋となり零戦も打ち捨てられ、片方の主翼が谷から見つかり、現在博物館に展示されている。ニセコ連峰はイワオヌプリ、ニトヌプリ、チセヌプリ、シャクナゲ岳、ワイスホルンと多くの白銀に覆われた山々が連なり、現在でも開発されていない広大なパウダースノーに覆われた雪の斜面の宝庫である。北緯四二度で札幌市の四三度とほぼ同じ緯度であるが、日本海から連山が連なっており、一番東にニセコアンヌプリ（一三〇八メートル）があり、その東に独立火山である羊蹄山（一八九八メートル）が広大な裾野を介して対峙している。日本海から吹きつける雪雲が羊蹄山にぶつかり、ニセコアンヌプリに大量の雪をもたらす。ニセコアンヌプリから西方にイワオヌプリ、ニトヌプリ、チセヌプリ、シャクナゲ岳までシールを付けて一日かけてたどっていくと、パウダースノーがだんだんザラメに変化してゆくので、ニセコアンヌプリのパウダースノーはまさに天の配剤と言ってよいであろう。

つまり、日本海に近づくと雪質が少し湿り気を帯びてくるのである。私たちはニセコアンヌプリの左裾の急斜面見返り坂を登って、イワオヌプリの懐に抱きかかえられた鄙びた温泉宿を定宿としていた。当時素泊まり一泊百円で、鍋釜燃料は無料なので、仲間で食材を持ち込み自炊することになる。判で押したようにカレーライスか豚汁に決まっていた。布団は、夏の間天日干しにした使い古しの煎餅布団で雑魚寝することになる。それでも二畳半ほどの露天風呂があり、大雪の後では四メートルにもなる深い雪の壁の底の湯の中から、天空には、晴れていれば天の川銀河をはじめ満天の星空が広がっているのである。酷い嵐の日には視野が完全に失われるが、見返り坂には宿まで電線が通っているので、電線に沿って登っていくと、必ず宿にたどり着けるのである。

いわゆるホワイトアウトという猛烈な雪嵐にあうと、ひどく心細くなるものである。KO君と見返り坂の左側の尾根を形づくる藻岩山の山頂経由で宿を目指した時に、この雪嵐に遭遇した。全く周囲が見えない。へたをすると周囲をグルグルまわるリングワンデリングをしてしまう。山頂のすぐそばに宿があることが分かっていても、強烈な不安に陥るのだ。一九〇二年の八甲田雪中行軍遭難事件は近代の登山史における世界最大級の山岳遭難事故で、二一〇名中一九九名が死亡した。未曽有のシベリア寒気団が日本列島を覆っており、日本各地で最低気温を記録した想像を絶する悪天候の中でリングワンデリングが起きたことが検証されている。

地球温暖化の影響

私たちも、藻岩山の平坦な山頂でウロウロしたのであろう。宿にたどり着けたのは幸運であった。KO君は、ニセコアンヌプリの山頂を越えてきたのではと極度の不安を訴えた。晴れていれば、標高差が五〇〇メートルものニセコアンヌプリの巨大な西斜面が目の前に迫っているのがわかる。しかし、全く視界がない状態では歩けど歩けどたどり着けないことから、とてつもない不安が襲ってくるものである。つまり、この五〇〇メートルもの斜面を乗り越えてしまったのではと錯覚するのである。ニセコアンヌプリの広大な西斜面と北斜面は、スキー場として現在でも開発されていない。斜面がかなり急で瘤《こぶ》がない平面なので、スキー場として適していないのかもしれない。雪質によっては雪崩が起きるかもしれないし、機械キャタピラで圧雪するには斜面が急すぎるのである。我々はスキー板にシールを付け、この西斜面を斜め上方に横切り、大雪が積もっても露出している大きな突起した岩峰「チンポコ岩」の上方を巻くと、広大な北斜面に入り込む。その大斜面をジグザグに何回も行き来して山頂を目指すのである。

現在では、ニセコアンヌプリの山頂近くまでスキーリフトが伸びてきている。しかし、私たちが登山をしていたころにはなにもなかった。シールを付けて山頂に達して眼下を見渡すと、一面の広大な雪の斜面がどこまでも続いているのだ。私は年四回、十二月、一月、三月、五月とニセコ連山を訪れていた。五月でもパウダースノーに遭遇することがあった。たぶん、三月であったか、私の叔母節子の従姉妹で東京大空襲で両親を失ったK女史が、職場の若い男性を二人伴ってニセコスキーに挑戦することになった。私が案内人を引き受け、前日に見返り坂を登り、当時営業していた国鉄山の家に宿泊、翌日は晴天に恵まれ、深い雪を元気な若者三人（私を含む）で交代でラッセルして、チンポコ岩上部から広大な北壁をジグザグとたどり、お昼ごろにはニセコアンヌプリの山頂にたどり着いた。さあ、そこから国鉄の狩太駅（現ニセコ駅）まで大滑降が始まった。途中に平地はあるが、当時は駅までスキーで滑走できたのである。ニセコアンヌプリ全山がパウダースノーに覆われていた。現在、山の麓にはホテルやレストランが林立して、大量の雪を除雪したアスファルト道路が露出した状態では、このような贅沢なスキー滑走は望むべくもない。

二〇三〇年には、函館から札幌までの新幹線が完成する。東京と札幌が五時間ほどで繋がることになる。倶知安に新幹線の駅ができるので、札幌から二十五分、東京から四時間半ほどで到着できる。世界の富裕層がニセコに投資するのは、十年先を目指した交通機関の整備だけではなく、ニセコのパウダースノーが現時点では世界有数のものと評価されているからである。しかし、年々進む地球温暖化は間違いなくニセコの雪質を変化させ、湿雪やザラメ雪になってしまう恐れがある。そういう時代になってニセコが世界的なスキーリゾートとして生き残れるのか、とても心配である。なぜなら、すでにスイスアルプスでは、斜面の氷の上に降り積もった雨が雪崩で流れ下る現象（流水雪崩）が出現しているのである。この現象はかつてなかったことで、地球温暖化が原因とされている。

気候変動では氷冷期と暖期が繰り返されており、大気中の二酸化炭素が増加すると気温が上昇する周期が、ほぼ十万年おきに交互に起きている。この地球の自然現象に加えて、現在の人類による化石燃料の大量消費が二酸化炭素を筆頭に種々のガスをまき散らし、大気中に膨大な量が蓄積し、地球の気温が上昇し、危険な領域までに地球環境を悪化させているのではないだろうか。たとえば、地球温暖化による海面上昇が膨大な面積の居住地の水没をもたらすのではと心配されている。実際には、自然に繰り返されている温暖化現象に人類の生活条件がどの程度影響するのかは未知の部分もあるであろう。しかし、最近までの頻発する異常気象、日本の河川を決壊させた巨大な台風、ニューオーリンズを水没させたハリケーン、インド洋を襲ったモンスーン、アマゾンの熱帯雨林やカリフォルニア、オーストラリアの大火災など、これまでに見られなかった大災害が地球温暖化の結果であると考えられている。

ニューオーリンズは、かつてはフランス領ルイジアナの首府であり、市内のフレンチ・クオーターと呼ばれる地区は、いまなおフランス植民地帝国時代の雰囲気を残している。私たちが最初になにかの学会で訪れたのは、一九八二年三月ではなかったであろうか。ニューオーリンズはその独特な雰囲気で、観光都市としても種々の学会を開催する都市としても、米国の人々や世界中の観光客がやってきていたが、実はそのころから人口が減少しはじめ、都市としては斜陽化してきていたのである。私たちは二〇〇〇年十一月にセロトニン・クラブという学会で再訪したが、ミシシッピー川の観光船での懇親会やフレンチ・クオーターでのジャズ演奏など、ニューオーリンズならではの楽しみにはなんら変わりはなかった。

しかし、二〇〇五年のハリケーン・カトリーナがこの都市に壊滅的被害をもたらしたため、毎年無数の学会が開催される都市としての機能を喪失して、現在に至っているようである。すでに現時点で地球温暖化に対する国際的な対応が必要であり、炭酸ガスを排出させないような施策を、各国で待ったなしに実施しなくてはならない。かつては五十年に一度程度であるかないかの災害が、毎年のように世界のどこかで出現している。再びカトリーナがニューオーリンズを襲ってきたら、低地に住む低所得の人々に（その大半は黒人であるが）、信じられないような災害が発生する可能性がある。

愛唱した『山男の歌』

私たちがニセコでスキー三昧にふけり、当時の世界の重要な動きに無頓着であったことは、いまになって真に慚愧《ざんき》に堪えない。もっと真剣に時代のうねりを感知し、世の中に役立つなにものかに参加すべきであったろう。言い訳になるが、自分たちがニセコに入り浸りになるには、ニセコに魅入られた偉大な物理学者の存在があった。強磁性結晶体の研究で著名な茅誠司先生は、後に東京大学総長を務められたが、一九三一年から北海道帝国大学教授に三十三歳で就任され一九四三年に東京帝国大学教授に転出されるまで、札幌に居住しておられた。戦後東京におられた時期にも、ニセコで山スキーをされていたが、中谷宇吉郎先生とも知己であったので、一九四三年から終戦までニセコアンヌプリ山頂の風洞実験には関与されていたのであろう。

ニセコでの山スキーというのは、我々にとって偉大な物理学者の息吹に触れるような喜びがあったのかもしれない。京大の西堀栄三郎氏らが作詞し、アメリカ民謡『いとしのクレメンタイン』の替え歌として『雪山讃歌』が三高山岳部で歌い継がれ、多くの岳人に親しまれた。我々も吹雪に閉じ込められた日には、露天風呂につかり「雪よ岩よわれらが宿り、俺たちゃ町には住めないからに、山よさよならごきげんよろしゅう、また来る時にも笑っておくれ」などと大合唱したものである。当時の我々には、女っ気が微塵もなかったのである。

『雪山讃歌』はダークダックスが歌って有名になったが、同じく彼らに歌われた『山男の歌』もよく愛唱したものである。原曲は江田島の海軍兵学校で歌われた『巡航節』で、その替え歌であったが、戦前、戦中、一高や三高より難関といわれた海兵で愛唱された『巡航節』は、戦後になって、戦争で失われた多くの若者の鎮魂歌として岳人の琴線にふれるものがあったのであろう。「娘さんよく聞けよ　山男にゃ惚れるなよ　山で吹かれりゃよ　若後家さんだよ　山で吹かれりゃよ　若後家さんだよ　娘さんよく聞けよ　山男の好物はよ　山の便りとよ　飯ごうの飯だよ　山の便りとよ　飯ごうの飯だよ」。当時は男性社会で、山登りは男性に特化していたが、日本の男たちは先の大戦で米軍に完膚なきまで打ちのめされた悲哀を歌で昇華していたのであろうか。この歌の山男を、赤紙一枚で出征した兵隊さんに代えて歌ってみれば、この歌の深い悲しみが切々と訴えてくる。

なお、私はここで日本の女性が男性より劣っていると考えてはいない。なぜなら、戦後働きづめであった母がふと「日本の男たちはなさけない。たった一度の負け戦で腑抜けになった」と、小学校の庭で上映された米国映画の鑑賞から帰宅した小学生の私に告げたからである。金髪の白人女性がしなやかな肢体をさらす銀幕に登場する映画を子供たちに見せる政府の方針が間違っている。貧弱な体躯の日本人が強靭な米国人の登場により、いかに馬鹿な戦争をしでかしたかを、これでもかこれでもかと日本人に「War Guilt Information Program（WGIP）」によって罪の意識を植え付けようとするGHQの魂胆を、はっきりと見抜いていたのである。西部邁はその著書の中で、彼の母親も全く同じことを述べていたことから、日本女性の芯の強さに感嘆しているのである。そもそも、いかにルーズベルトの命令とは言え、自分たちだけがコレヒドール要塞をこそこそ逃げ出し、部下たちを置き去りにしたマッカーサーが「日本人は十二歳の知能程度」と嘯《うそぶ》いたが、その十二歳に追い出されたのだから、あんたは赤ん坊であったのか、と言いたくなる。「I shall return」と負け惜しみを言ったが、後にそれが英雄の箴言とされるのだから、歴史というものは皮肉なものである。

中谷宇吉郎は一九三二年ごろから雪の結晶の研究を始め、一九三六年に北海道大学の低温実験室で人工雪の制作に成功した。気象条件と結晶が形成される過程を、世界で初めて解明したのである。さらに、凍上や着氷防止の研究で低温科学に大きな業績をあげた。中谷の研究でニセコ山頂での航空機への着氷防除など基礎研究を行ったが、戦後、軍事研究への関与について批判を受けた。自国を守るために自国の科学者が軍事に関する基礎研究をしてはならないというのは、まさにマッカーサーの刷り込んだＷＧＩＰそのものであろう。ジェットエンジンの基礎研究が超高速戦闘機の開発をもたらしたが、一方で現在のジェット旅客機が一般の交通手段になっているのである。

マッカーサーの二面性

マッカーサーによって日本の航空機産業は破壊されつくされ、技術開発は欧米のメーカーの後塵を拝し、現在になっても、三菱のリージョナルジェット旅客機の完成をみることがない。日本の技術の問題ではないことは、自家用小型ジェット機としてホンダジェットが実用化されており、その性能は驚異的なもので、まさに奇跡に近いことである。おそらく、ボーイングやロッキードがなんらかの政治的工作を仕掛けているのであろう。大型ジェット機とは競合する領域ではない中型ジェット機であるが、まさにdual use（デュアルユース）で戦闘機や爆撃機の分野に応用が可能なので、米国が許可しないのであろう。

マッカーサーの破壊行為は、仁科芳雄博士のサイクロトロンにも及んだ。原爆を投下した米国に今後逆らうことがないように、原子力の研究を禁じたのである。サイクロトロンは、原子爆弾製造をもたらす一方で陽電子放出断層撮影法（ＰＥＴ）の医療用核物質作成に必須の機器であり、ここでも戦争と平和のdualな科学者の研究成果が問題になるであろう。マッカーサーは日本を二度と軍事強国に復活させず、当時のアジアの諸国のような農業国に改造しようと、日本の工業力を徹底的に破壊した。鍋釜や農業器具製造程度に貶めたが、ミシン製造までは禁止しなかった。日本の零細中小企業は生き残り、朝鮮戦争勃発による鉄工業の復活に繋がったのである。

終戦後、吉田首相の懐刀として活躍した白洲次郎は、日本の製鉄業を英国企業ジャーディン・マセソンに売り渡そうとして、永野重雄と暗闘までしたが、かろうじて永野が日本の鉄工業を死守したのである。日本製鉄広畑製鉄所が一九四九年に日本に返還される際、外貨獲得のために、当時商工省の外局で貿易庁の長官であった白洲次郎が、売却しようとしたのである。永野は「広畑を取れなかったら腹を切る。将来の日本の経済のため製鉄業を外国資本に任せられるか」と啖呵《たんか》を切ったのだ。後に、この件では白洲は日本の魂を英国に売り渡す売国奴、と呼ばれてもしょうがなかったであろう。それにしても、マッカーサーが永野たちの要求をよく呑んでくれたものである。

翌年に始まった朝鮮戦争の鉄鋼の需要にかろうじて間に合ったのである。ここでもマッカーサーという人物の複雑な人間性が明らかになるが、自分の輝かしい軍歴に汚点を付けた日本軍に対する異常なほどの復讐心をもって日本占領に臨み、ルーズベルトが日本人を四つの島と付属する島嶼《とうしょ》に押し込め、石器時代に戻してしまえと命じて、当時の東南アジアの農業国と同程度のレベルに改造するつもりであった。日本占領直後、マッカーサーが戦争犯罪人を二八人吊るせと口走ったのは有名な話である。

米国の歴史は先住民の虐殺と彼らの土地を奪うことで発展したが、リンカーンがミネソタ州でスー族の酋長や呪術師三八人を特別あつらえの絞首台で一気に死刑に処した事例に倣《なら》ったのであろう。リンカーンのゲティスバーグ演説の中の「人民の、人民による、人民のための政治」には、アメリカ先住民は含まれていなかったことを指摘しておかなければならない。リンカーンの演説が、教科書レベルで偉大なる演説であったなどと、単純に納得していてはいけないのではないか。ワシントンのナショナルパークの巨大なリンカーン記念堂は、原住民にとっては恐るべき虐殺者の像として、幾年にもわたって記憶され続けていくであろう。

東京軍事裁判はマッカーサーの主導で行われたし、A級戦犯として死刑を宣告された東條英機ら七名の絞首刑は、皇太子昭仁の十五歳の誕生日に執行された。将来天皇誕生日として日本国民の祝日となるのがわかっていて、命令したのであろう。しかも、特別あつらえの絞首台を作らせて、四人と三人を二回に分けて同時に処刑したのだ。できれば七人並べて一斉に処刑しようとしたのであろうが、あまりにも目立つので、二回に分けたのであろう。あくまで、リンカーンの残虐な絞首刑に倣ったのである。死体は秘密裡に焼却され、その灰は太平洋に投棄されたという。彼らの遺骨が日本のどこかに埋葬されれば、そこが聖地となり、実態のある神社が建立されることを恐れたのであろう。オサマ・ビン・ラディンは、アルカイダを支持する人々にとっては英雄である。したがって、彼の焼却された灰はどこかに投棄された。支持者に聖地とされては困るからである。

日本占領当初、日本を石器時代の農業国に戻そうと本気で考えていたマッカーサーは、なぜか永野たちの要求を認めたのである。おそらく、ジャーディン・マセソンが米国企業ではなく、英国企業であったためかもしれない。英国と米国はアングロサクソン国家として固い絆で結ばれてはいるが、大戦中に、サウジアラビアの石油利権ではルーズベルトはチャーチルを完全に出し抜いていたのだ。さらに、マッカーサーは日本のトラック製造までは許していた。その下請けとなったのはシンガー、ジャノメ、ブラザー、ジャガーなどのミシン産業であって、トヨタの下請け業界も一時期にはミシン産業で糊口をしのいでいたのである。すなわち、日本国中を網羅する下請け企業が生き残っていたので、後に我が国の工業生産が爆発的に発展することができたのである。

マッカーサー元帥の日本に対する二面性は、彼の出自や経歴を検討すると明らかになる。マッカーサーは米国大使公邸を住まいとし、邸宅とGHQ本部以外を訪れることなく、朝鮮戦争勃発まで日本における、いわば蛸壺生活を続けて、自分の輝かしい軍歴に汚点をつけた日本人をいかにして痛みつけるか、復讐心の権化と化した。次々と無理難題を、ここまでよくもまあ考えついたものだと、いまとなっては感嘆している。しかし、一九四六年にフーバー元大統領が東京を訪れた際に「日米戦は気の狂ったルーズベルトが日本に仕掛けた」という意見では一致している。自分の軍歴を傷つけたのは、ろくな兵力もフィリピンに配置せず、日本軍の第一撃のフィリピン攻略でマッカーサーが恥をかくことを、ルーズベルトは一顧だにしていなかったことが明らかであったからである。

マッカーサーは、米国陸軍で輝かしい軍歴を誇ったアーサー・マッカーサーの三男として出生し、米国陸軍のエリートの家系で成長し、自身もウェストポイント陸軍士官学校をトップで卒業し、自己顕示欲が強く表れていたので、かつての海軍次官当時から、ルーズベルト大統領はマッカーサーのことを嫌っていた。ルーズベルトが二期目の大統領を目指す時に、最大の政敵であったルイジアナ州選出の上院議員のヒューイ・ロングがいまだに謎に包まれた暗殺により四二歳で葬られたので、一九三五年の大統領選挙は順風満帆であった。トルーマン大統領も、高校卒という学歴の引け目から尊大なマッカーサーを目の敵にしていたが、連合国軍最高司令官にはマッカーサーを指名した。ルーズベルトが存命であったら、彼が米国で最も危険な二人の人物の一人として、ヒューイ・ロングとともに警戒していたマッカーサーを指名せず、チェスター・ニミッツを連合国軍最高司令官に任じていたかもしれない。もちろん、歴史にはｉｆは許されない。まして人種差別主義者で日本人を嫌っていたルーズベルトが長生きしていたら、日本の北半分はソ連に蹂躙され、間違いなく赤化していたであろう。

マッカーサーは、ＭＣが示すとおりスコットランド系米国人である。ドイツが英国と戦争を始めた時の駐英米国大使はジョン・Ｆ・ケネディの父ジョセフ・ケネディで、アイルランド人であり、ジョンの兄でジョセフの長男は戦闘機乗りで、ドイツとの戦闘で戦死している。アイゼンハウアーやニミッツは、ドイツ系米国人である。なによりも、ルーズベルトのミドルネームはデラノであり、母方から清国にアヘンを売りつけたオランダ系財閥の血が入り込んでいた。かように、アングロサクソンではない米国人が第二次世界大戦ではきわめて重要な役割を担っていたのである。

小樽

ハイカラ都市小樽

小樽は坂が多い街である。泥の道は雪解けで荷馬車が通ると深い泥濘《ぬかるみ》となるので、早くからアスファルト舗装道が作られていた。大正から昭和初期の大東亜戦争以前から、小樽は北海道庁の所在地である札幌などより、ハイカラな都市として発展していたのである。札幌にはろくな舗装道路がなかった。戦後にアメリカの占領軍がやってきて、まず始めたことは土木工事であった。札幌の真駒内駐屯地から街の中央までコンクリート舗装を行い、できあがった舗装道路を米軍のＭＰがジープに乗って、我が物顔に走り回ったのである。ほとんどの道路は雨が降ると泥濘となるので、砂利がまかれ、その上を荷馬車が通り糞を垂れ流すので、乾燥したころには馬糞風が舞うといった具合で、札幌のインフラが遅れていたのである。

小樽の住人は、質素倹約で地味な札幌の役人街の住人を見下す傾向があった。大銀行の支店は小樽に集中していた。北海道開拓使の本庁は当初函館に置かれていたが、明治四年五月、道央の札幌に転居することになった。札幌は明治初年まで豊平川が氾濫した広大な扇状地であり、鬱蒼とした森林に覆われていた。札幌の開拓のため資材が小樽の銭函から荷揚げされたことから、小樽の港は開発が進んでいったのである。この年、後に内閣総理大臣になる黒田清隆が立案した「開拓使十年計画」により、三九もの各種の官営工場の設立、幌内炭山の開発、その石炭輸送のための鉄道の建設が始まったのである。

明治日本には多くのお雇い外国人が米国、英国、フランス、ドイツからやってきたが、北海道はもっぱら米国から有識者が招かれた。当時の米国農務長官ホーレス・ケプロン（一八七一年七月来日、八月には六十七歳）、アマースト大学学長ウィリアム・S・クラーク（一八七六年七月来日、その月末に五十歳）、乳牛の運搬を依頼されたエドウィン・ダン（一八七三年来日、当時二十五歳、東京官園で北海道に移住する東北士族団の子弟と開拓使官吏らに農畜産の指導を行い、一八七五年北海道函館近郊の七重で馬の改良のための去勢技術の指導を行い、一八七六年札幌に移動、真駒内に牧牛場を作り、翌年には新冠牧場で千数百頭もの馬を飼育した）らが、北海道開拓のフロンティア・スピリットを北の大地にもたらしたのである。

札幌の中心を、東西に貫通する幅一〇〇メートルほどの大通りが中央に公園を抱いて一・四キロメートルほど続いているが、この公園の十丁目に、東を向いて二つの銅像が立っている。フロックコートを着た黒田清隆（開拓使長官就任時三十四歳）とホーレス・

ケプロンが、発展した札幌の街並みを見つめている。クラークの両肩までの半身の銅像は北海道大学の南端の芝生の片隅にひっそりと立っているが、観光用に羊ヶ丘公園に右手を西に伸ばした伸びやかなクラーク像が立っている。北海道大学のクラーク像は、戦時中撤去され鉄屑として供出されたが、戦後復活したのである。ダンの銅像は、真駒内団地の小公園に、子羊を肩に担いだ青年期の頑健な姿で立っている。米国牧童はかくありなん、という素朴ながら凛とした感動を覚える銅像である。

石原慎太郎と裕次郎兄弟の父親が小樽の山下汽船で働いていたので、裕次郎は三歳から九歳まで小樽で幼少期を過ごしていた。兄弟の父潔は、中学を中退して十四歳で店童として海運会社山下汽船に雇われ、後に関連会社の重役にまで出世している。慎太郎は神戸で生まれたが、父の転勤で一九三六年から一九四三年、小学校五年まで、小樽で過ごしたことになる。弟裕次郎も、小学校三年まで住んでいたことを機縁として、一九九一年に小樽築港に「石原裕次郎記念館」がオープンした。しかし、二〇一七年に建物の老朽化のため閉館し、記念館の前庭にあった裕次郎のヨットは小樽港マリーナに寄贈された。石原の父は小樽から神奈川県逗子市に転居したが、湘南で小中高時代と青年期を過ごした石原兄弟の成長ぶりが、あの石原文学と昭和の大スターを生んだとも言える。

貿易港としての小樽の繁栄は、一九一七年のロシア革命まではウラジオストックからの貿易ルートでピークに達していた。小樽は札幌の開拓使とは対になって発展していった経緯がある。札幌郊外は泥炭地が多かったので灌漑《かんがい》技術による土地改良が行われ、農業は当初の米国の農業経営を計画したが、札幌農学校一期生の佐藤昌介が米国留学（ジョンズ・ホプキンス大学）中にドイツ歴史学者のリチャード・T・イリーの指導を受け、ドイツ的農学・経営学を持ち帰ったことから、大規模な米国流農法よりも、中小農経営・米作中心の農業が北海道の農家に根付いていった。現在の北海道が農業自給率二〇〇％の基礎を築いたのは、札幌農学校当初の大農法による方針ではなく、佐藤昌介やエドウィン・ダンによる小規模農法や牧畜が主流となったからで、大農法の象徴というべき農場や建築物は北海道大学に札幌農学校第二農場が残されているのみである。

明治九年に開校した札幌農學校は、ウィリアム・S・クラークの指導によって開校とほぼ同時に広大な農場を開き、北海道への移住者に未経験な近代的な大規模有畜農場を取り入れる拠点を作った。クラークはわずか九ヵ月で帰国してしまうが、マサチューセッツ農科大学での教え子であるウィリアム・ホイラー、デビッド・ペンハロー、ウィリアム・ブルックスらに引き継がれ、彼らは北海道開拓に適する作物や農機具の輸入と選定、栽培や農業経営の構築に貢献したのである。現在札幌農学校第二農場は一般公開されており、屋外公開は通年、模範家畜房、穀物庫、牧牛舎などの屋内公開は未定となっている。

明治九年当時は函館から室蘭までのまともな道路は開通しておらず、クラークたちが札幌に到着するためには、船で小樽沖から銭函に艀《はしけ》で渡り、馬上で札幌までの道中であった。

したがって、クラークが札幌を去る際には、細い馬車道を苫小牧経由で室蘭まで馬で駆け抜け、室蘭で米国の軍艦に乗船し、太平洋を渡って米国西海岸に帰米したのである。現在でも車で札幌から室蘭まで高速を使っても相当な時間を要するが、明治初期の北海道は全く未開の大地であった。クラークにしてみれば、一八六〇年代の南北戦争では馬上で広大な米国の大地を縦横無尽に走り回って奮戦した経験があったので、札幌から室蘭などの道中はどうということはなかったのであろう。

一八七七年五月、札幌農学校生徒とホイラー、ペンハロー、ブルックスらは札幌から現在の北広島市島松の駅逓所まで馬に乗ってクラークを見送り、その別れの際にクラークは「Boys be ambitious like this old man」という名言を残したのである。直訳すると「この老人のように、あなたたち若い人も野心的であれ」ということになる。クラークはアマースト大学当時から、ambitiousという言葉を愛用しており、クラークの人物の形容詞とされていた。Ambitiousと発音したのかambitionsと述べたのか、聞いた生徒の中でははっきりしなかったが、後にブルックスがambitiousという言葉を惜別としたことは間違いないと認めているようである。

実はもっと長く馬上から述べたという説もあるが、生徒が全て理解したわけではないのであろう。「Boys be ambitious. Be ambitious not for money or for selfish aggrandizement, not for that evanescent thing which men call fame. Be ambitious for the attainment of all that a man ought to be」。ここで生徒たちがambitiousを大志と訳したことはすばらしい翻訳であった。日本語の持つ志の高い名訳である。日本人が持つ感性はとても豊かであり、なによりもunited statesを合州国と訳さないで、合衆国としたのは、フランス語にもドイツ語にもなく、移民の坩堝である現在の米国の実態をよく捉えている。

クラークの教え子

現在でも、大学教官には二種類の学者に分類される。一群は教育者であり、もう一群は研究者である。米国では二十世紀になって、ユダヤ系を中心とする膨大な数の研究者が渡米することにより、大学の中で、ほとんど教育に関与しない学者が増加した。アルバート・アインシュタイン、レオ・シラード、ロベルト・オッペンハイマー、フォン・ノイマンなどユダヤ系の天才たちを含む膨大な数の学者群が、米国の学問を世界最高の水準に引き上げたのである。しかし、クラークが活躍した当時は、米国の学問レベルはドイツや英国の学問レベルに遠く及ばず、クラークもドイツのゲッチンゲン大学で化学の博士号を習得、成績は優秀であったが、研究者としての貢献はなかった。クラークは、札幌農学校の生徒を教育するわずか九ヵ月の過程で優れた教育者の模範を示したのである。クラークは十一人もの子だくさんで、生活が大変であった。

当時、米国東海岸から鉄道で西海岸までの長い道中に続く広大な太平洋を越えて、未開の日本の北方の島北海道に渡る決心をするには、相当な覚悟が必要であったろう。むろん、日本の維新政府からの多額の謝金がクラークの家計を助けたことも、札幌農学校の教頭を引き受ける要因の一つであったであろう。一八七八年、マサチューセッツ農科大学長を一年間休職のかたちで、太平洋の波頭を蒸気船ではるばる越えてやって来たのである。途中、ハワイで大量の聖書を購入したので、農学校生徒の情操教育にキリスト教を布教することを当初より考えていた。しかし、東京から函館を経由して小樽までの船旅で、北海道開拓使長官黒田清隆(当時三十六歳)はクラークにキリスト教の布教を許可せず、農業教育だけに専念することをきつく要請した。しかし、当初十六名の十代後半から二十歳の青少年たちが、荒野に建てた校舎の中で娯楽施設がなに一つない生活を禁欲的に送ることの困難さを考えると、クラークとしてはキリスト教の教えを彼らに導くしかないと考えたのはよく理解できる。

クラークはかなりの量のワインを持ち込んでいたが、生徒に禁酒を誓わせるために彼らの面前で全てのワインを廃棄したのである。クラークは一八七七年三月五日に「イエスを信ずる者の契約」を生徒たちに示し、署名することを勧めている。一期生の佐藤昌介らは署名したが、クラークの残したこの契約に、クラークに会ったこともなかった農学校二期生の多くが署名している。日本人として神道のもとに育ち仏教徒であった彼らが、キリスト教徒になるには相当な抵抗もあったであろう。そのへんの葛藤については、内村鑑三の著書に詳しい。

クラークに従って札幌農学校の教師になっていたホイラーは、二十六歳でクラークの後任となり、一緒に来札したペンハローと、遅れて来札してきたブルックスが農学校二期生の教育に誠心誠意尽くしてくれた。ペンハローは一八七九年の一年間は帰米したホイラーの後任として教頭として農学校生徒たちを指導したので、一期生は卒業まで面倒を見てもらったことになる。この一期生の中で、佐藤昌介ほど札幌農学校とその発展である北海道帝国大学に貢献した人物はいない。

佐藤は一八八〇年に農学校卒業後、米国で農業技術を学び、帰国後の一八八六年に札幌農学校長職務代理を一年、一八九一年から一八九四年まで校長心得、一八九四年から一九〇七年まで校長、一九〇七年から一九一八年まで仙台にまだ実態のなかった東北帝国大学農科大学長として、一九一八年から一九三〇年まで北海道帝国大学総長として、農学校当時から四十四年もの長期間にわたって関与していた。退官した時には実に七十四歳であった。妾宅から人力車で通学していたという大物であった。今度の一万円札の肖像に採用が決まった渋沢栄一には多くのお妾さんがいて、なした子は二十人以上という。戦前には結構大物が日本の国をのし歩いていたのだ。佐藤の一期下の南鷹次郎が佐藤の後任として総長になった時は、実に七十一歳にもなっていた。南も三年後に七十四歳で退職している。

札幌農学校の二期生としては新渡戸稲造や内村鑑三が有名であるが、日本のみならず、米国でも著名であった「港湾工学の父」と呼ばれた廣井勇が、明治時代の日本の発展に大いに尽くしたのである。廣井は十六歳で札幌農学校に入学、土木技術者であったホイラーやピーボディから土木工学、数学、測量術、物理学などを学んだ。一八八三年、単身私費で米国に渡り、ホイラーの紹介でセントルイスの陸軍工兵隊本部の技術者に採用された。さらに、チャールズ・スミスの設計事務所で橋梁設計に従事した。スミスの病没後はバージニア州の鉄道会社やデラウエア州の橋梁建設会社で働き、橋梁建築について英文で技術書『プレート・ガーダー・コンストラクション』を刊行した。弱冠二十六歳であった。いかに優れた才能の持ち主であったかがわかる。

この技術書は、理論から実践的な標準設計を説明する米国の大学の土木工学の教科書として長く使用され、一九一四年には五刷が出版されるほど好評であった。廣井と同じ札幌農学校二期生である新渡戸稲造が一九〇〇年、英文で『武士道』を出版し、テオドア・ルーズベルトがいたく感銘を受けたことが知られているが、もう一人、明治を代表する世界的な学者が札幌農学校から生まれていたのである。

小樽の町のどの高台から見下ろしても、赤い灯台と白い灯台の間の開口部がある小樽港北防波堤が望める。この防波堤は一九〇八年に廣井が火山灰を混入して強度を増したコンクリートブロックを、七一度三四分に傾斜させ並置する「斜塊ブロック」という独特な工法を採用し、一三〇〇メートルに及ぶ日本初のコンクリート製長大防波堤を完成させたものである。工事中、廣井は毎朝誰よりも早く現場に行き、半ズボン姿で自らコンクリートを練り、夜も遅くまで工事の監督をしていた。廣井は小樽港の防波堤工事に先立ち、秋田港の改修を手掛け、「廣井波止場」と名付けられた港を完成させている。廣井は一八九九年から東京帝国大学の教授となり、多くの優秀な土木技師を世に送ったが、後に台湾の烏山頭ダムを建設した八田與一も廣井の薫陶を受けている。

烏山頭ダムは一九三〇年に完成したが、米国のフーバーダムが完成するまで世界一のダムであった。日本は一八九五年から五〇年間台湾を領有したが、その間、台湾の多くの分野で日本国以上に国費を投入した。日本人の台湾統治については黄文雄の著書に詳しい。台湾には新渡戸稲造も大いに貢献しているが、札幌農学校の同期の廣井の東京帝国大学での弟子であった八田與一が建設したダムが台湾の現在の技術大国の基盤となったことは、台湾と札幌農学校の深い繋がりを感じさせるのである。

台湾を統治するにあたって、実に多くの優れた日本人が新渡戸の説くところの武士道精神に基づいて多くの業績をあげていたのである。三高から京都帝国大学を卒業した台湾の元総統李登輝や台湾から帰化して日本人になった黄文雄の書物を読むと、戦後封印され日本人が教育を受けなかった戦前の日本人の精神が、どのように台湾の近代化に貢献したかが明らかになる。特に、黄文雄の書物は日本人の今後の教育課程で教科書に取り入れて大いに学ばせるべきであろう。また、これほどのすばらしい歴史を紐解いてくれた黄文雄には、日本政府は感謝し勲一等か文化勲章を贈るべきであろう。そのへんのおかしな日本人の文化人に文化勲章を贈るくらいなら、朝日新聞などに日本人の誇りが傷つけられている現状を打破するためにも、日本人の教育課程を根本から変えていかなければならない。なにもやたらに愛国心を高揚するのではなく、歴史の事実を正確に教え、朝日新聞のような嘘を捏造してまで間違った歴史解釈をやらかしたサドマゾ的態度を正していかなければならない。

日本人のメンターとしての英米人

日本に貢献した英国

戦後一九四八年に連合国軍最高司令官総司令部の諮問機関「十一人委員会」のメンバーとして来日したヘレン・ミアーズは、一九四八年に『アメリカの鏡・日本』を出版し、発売当初は米国で注目されたが、アメリカ人にとって不愉快な内容であったので、いわばシカトされ、歴史上最も優れた書物が埋もれてしまっていた。当時、日本語への翻訳と出版をマッカーサー元帥が許可しなかったのは、極東国際軍事裁判の判決が下された時期であり、この判決がいかに不当なものであるかを赤裸々に示す内容であったのである。日本人が好戦的な人種と非難され、なぜ、パールハーバーを攻撃したかを事実に基づいて冷静に的確に論説した書物であったので、マッカーサーは認めることができなかったのであろう。

一九〇〇年生まれのヘレン・ミアーズは八十九歳まで存命したが、その著書は米国では無視され、二年前の一九四六年に出版されたルース・ベネディクトの『菊と刀』ほど有名著書としての地位は与えられなかった。日本でも一九五三年講和独立の翌年に、文藝春秋新社で出版されたが、朝鮮戦争真っ盛りの日本の政情の最中ではあまり評判を呼ぶこともなく埋もれてしまったのではなかろうか。

一八五三年にマシュー・ペリー提督が米国大統領ミラード・フィルモアの親書を携えて、四隻の蒸気船(フリゲート)艦隊で浦賀に入港し、久里浜に上陸し、徳川幕府の役人に大統領の親書を手渡し、翌年旗艦サスケハナ号など七隻の軍艦で横浜沖にやってきて、強引に不平等条約である日米和親条約を幕府と調印した。ヘレン・ミアーズによれば、不平等条約を結んだ時点で、結んだ相手国の植民地待遇となってしまうのである。その後、英国、フランス、オランダ、ロシアと次々に不平等条約を締結した。この不平等条約を対等な条約にするのは、日清戦争まで待たねばならなかった。

それまでは、日本国は米英などの大国として認められず、三流の国家として扱われていた。この幕末に幕府が締結した不平等条約の改定は、明治政府にとって最大の外交課題であった。領事裁判権の撤廃と居留地の廃止による法権の回復と関税自主権の回復であって、一八七一年に岩倉使節団を欧米に派遣して条約改正を試みたが、相手にされなかったのである。その後も井上馨、大隈重信が外相時代にそれぞれ改正寸前までこぎつけたが、大国の厚い壁の前に挫折したのである。ロシアが南下政策をとり、シベリア鉄道で東アジア進出を開始したので、英国はそれを脅威ととらえたのであろう。それまで日本との条約改正に難色を示していた英国は、一八九四年に外相陸奥宗光の外交努力もあり、ついに日英通商航海条約が締結された。翌年一八九五年日清戦争に勝利した日本は、ようやく独立国として欧米並みの大国として認められたのである。

英国がジャーディン・マセソン社を介して明治維新に著しく貢献したことは、トーマス・グラバーや坂本龍馬の逸話で日本人なら誰でも知っている。一九〇二年に日英同盟が締結されたが、欧米列強の中で、英国がもっとも日本が大国の仲間入りする際に貢献したことは明らかである。つまり、明治維新を影でささえ、導いた日本のメンターは英国であった。米国の介入により日英同盟が解消された時点で日本国は凧の糸が切れ、中国大陸に迷走してしまったのである。アヘン戦争で香港を租借し、上海租界から中国大陸に深く入り込んでいた英国がヒトラーとの戦争で中国大陸への進出が滞っていた時期に、日本軍が満州から中国内陸へと進出してしまったのである。

この状態を、米国が不快に思わないわけがないであろう。中国大陸進出を狙っていた米国は、人種差別主義者として有名であったフランクリン・ルーズベルトが一九四〇年暮れの大統領選挙で異例の三選をはたし、一九四一年になって、昭和天皇や近衛文麿からの和平の依頼を完全に無視し、最後にはハル・ノートを突き付け、日本を戦争に引きずり込んだのである。このあたりの事情は多くの内外の書物により明らかにされている。ともかく、日英同盟が解消された時点で日本の運命は米国に握られてしまったのである。パールハーバーを境に、日本のメンターは米国にとって代わられたのである。

戦後の日本の状況を冷静に見つめてみると、ヘレン・ミアーズが戦後のわずか三年で著わした『アメリカの鏡・日本』がいかに優れた書物であったか、その驚くべき慧眼に脱帽するのである。戦後、マッカーサーのやりすぎはあったとしても、現時点まで静かなる米国の植民地として現在の日本国を作り上げたことは、米国の世界支配の唯一の最高の成功例なのである。日本は軍事力を米国に依存し、経済的繁栄をもたらし、一時は「ジャパン・アズ・ナンバーワン」とまで持ち上げられたのである。米国は朝鮮戦争、ベトナム戦争で疲弊し、さらにアフガニスタン、イラクの植民地化に見事に失敗した。米国の国力の衰えが始まった時期に、中国共産党という猛烈な速さで軍拡に邁進する超大国が出現したのである。

かの国は核爆弾、ミサイル、空母を増産し、自前の地球軌道をめぐる宇宙基地を作り、さらに月の裏側に基地を作る目論見のようで、米国単独ではもはや対抗することが困難な状況ができてしまったのである。馬鹿正直な日本人は、六兆円を超えるODAでこのフランケンシュタインを育ててしまい、この怪物はことあるごとに尖閣諸島や沖縄に侵攻すると脅している。日本単独ではこの超大国には太刀打ちできない。いまだに額に「憲法九条」をお守りにして、習近平様、金正恩様どうぞミサイルの雨をご勘弁してくださいと這いつくばっているのだ。いまとなっては、憲法改正もミサイルの増産も、もはや手遅れとなった。日本国を大きな俯瞰的視点で見れば、まだ米国の準州クラスにとどまっているのであるから、中国共産党と対峙するためには、日米同盟をより強力なものとして、米国を日本のメンターとして崇めていくしかないであろう。

パールハーバー後の日本は米国の保護のもとに生きながらえているが、米国の国力の停滞と中国の台頭のはざまで、いまや日本の命運は風前の灯となっている。国力を高めるのは軍事力だけではない。チャーチルが説くところの政治力を研ぎ澄ます必要がある。現時点では絶望的ではあるが、再び英国やヨーロッパと連携し、オーストラリアやインドとの様々な共同作戦をたて、突出した軍事大国中国に立ち向かってゆく必要があるだろう。

明治期のお雇い外国人

現在ウクライナを侵攻中のロシアの戦争は、戦争戦略としてはすでに時代遅れで、ウクライナの人々を虐殺し、全てのインフラを破壊し、小麦などの作物の輸出を阻害し、ロシアはなに一つ得るものがない。膨大な数の自国の兵士を死傷させ、莫大な戦費を浪費している。酷い話になるが、ロシアはウクライナの小麦を盗んでいる。なんというさもしい国家であろうか。未来の戦争は、AIのとてつもない発達による戦略の応酬による、いわば仮想戦争となるのではないか。なぜなら、核戦争は核の冬をもたらし、人類が絶滅することを免れないことから、よほど頭の狂った独裁者しか核のボタンを押すことはないからである。さらに、様々な種類のドローンの出現や大量に増産されるステルス戦闘機やミサイルのために、実際の戦争は人類絶滅の危機をもたらすからである。第二次世界大戦後、米国のウェデマイヤー将軍が述べた「戦争には勝者もなく、敗者もない」という歴史的教訓は、その後の世界でおろかな戦争を繰り返すことにより、いやというほど身に染みているはずである。愚かな人類は同じ過ちを繰り返してきたのだ。

これからの戦争は、各国のＡＩに管理された戦略図に基づき、様々な場面でのシミュレーションがなされる。すなわち、ミサイルの地上戦力、航空機による空中戦、原子力空母による海上戦、原子力潜水艦による海中からの攻撃、さらに地球軌道を回る宇宙基地や月の基地からどのような攻撃が可能か、徹底的に検討されるであろう。これらのシミュレーションに基づき、互いの均衡を保つ睨み合いの時代へと発展し、よほどの独裁者でなければ戦争を始めようとはしないであろう。ロシアのウクライナ侵略が第三次世界大戦まで突き進まないように、米国が主導するＮＡＴＯは細心の配慮を続けている。時代遅れの殺戮を続けることはもう即刻止めなければならない。これからは、ＡＩによる戦略図を完成させるためには膨大な資金が必要となるであろう。また、優れた頭脳の出現も期待しなければならない。いま言えるのは、このままでは人類は滅亡の淵にいるということだ。

ここで、日本人のメンターとして活躍した英米人のおさらいをしておこう。日本で初めて蒸気機関車を走らせたのはトーマス・グラバーであるが、明治時代のお雇い外国人の一人として英国からやって来たウォルター・ページは、日本の鉄道運営に多大な功績を残した。当初、日本人には理解できなかった列車のダイヤグラムを自室にこもって作成し、日本人職員には時刻表の形式に書き改めたものを渡していた。日本人には秘密にしていたとされるダイヤグラムは、明治後期には公知のものとなり、現在我々が目にする列車の時刻表となっている。当初はレールも機関車も英国から輸入したが、自国で生産できるようになって、英国のレールは駅の階段の手すりにも転用されている。JR函館本線美唄駅の階段の手すりが英国製のレールであることは、一九七六年には知っていたが、その来歴まで思いをいたすことはなかった。

明治初年までの日本人の発明は、人力車と謄写版ぐらいだと皮肉られ、英国のマーガレット・サッチャー首相が来日した際には、新幹線ですら鉄道は英国の発明で、日本人の発明はソニーのトランジスタラジオぐらいだと日本人を見下していた。彼女は華岡青洲の全身麻酔による乳がん切除が世界初であったことや、関孝和の和算がアイザック・ニュートンやゴットフリート・ライプニッツと同時代に高度な数学研究を行っていたことを知らなかったのであろう。確かに、鉄道や戦艦は英国から仕入れたものであり、東郷元帥の旗艦三笠は英国製であった。その後、わずか四〇年ほどで、日本人は自前の鉄道や戦艦、航空機を作ったのである。

米国の策略により、一九二一年のワシントン海軍軍縮会議で日英同盟を解消させられた日本は、パールハーバー攻撃まで、メンターなしで突き進んでしまった。米国による日本占領が始まると、強力なメンターとして米国が日本に君臨したのだ。もっとも北海道では、米国の農務大臣ホーレス・ケプロンやアマースト大学学長ウィリアム・クラークらがメンターとして日本人青年たちに多大な薫陶を与え、札幌農学校出身の新渡戸稲造、内村鑑三、廣井勇など世界的視野からみても偉大な功績を挙げた日本人が輩出したのである。北海道に酪農と畜産をもたらしたエドウィン・ダンは札幌農学校とは無関係であったが、札幌農学校を卒業した町村金弥にアメリカ式農場経営法を教えた。金弥の息子の敬貴も札幌農学校を卒業後、ウィスコンシン州立農科大学に学び、帰国後、江別に町村農場を開いた。米国オハイオ州出身の獣医師で畜産農業家であったダンは、札幌農学校とは別の意味で実学的な指導で開拓民を導いたのである。

英国と言えば海賊から成り上がったサー・フランシス・ドレイク、米国と言えばテオドア・ルーズベルトのようなカウボーイを連想するが、ダンこそが米国人のメンターであった。ダンは北海道での任務を終了し、米国に帰った後に再度来日、最終的には米国の日本公使として日米の絆を深めた。さらに、その職を終えても新潟で石油採掘を指導するなど、二人の日本人の妻（一人は死別）を娶《めと》ったこともあり、真の意味で親日家であり、その生涯を通して信頼できる日本人の友であった。カリフォルニアで日本人移民排斥運動が始まった時にダンは猛烈な抗議の声を挙げ、一九一三年に成立した排日土地法に反対したが、日露戦争後の黄色人種に対する黄禍論のいわれなき日本人差別は強烈なもので、ダンの日本人への思いはアングロサクソンには通じなかったのである。

要は、格下の人間として蔑んでいたイエローが白人大国ロシアを打ち破ったということで、自分たち白人がイエローに支配される社会の出現を恐れたのであろう。戦後、フランスの作家ピエール・ブールによる小説が映画化され『戦場にかける橋』や『猿の惑星』が日本でも公開された。作者は戦争捕虜として日本軍に使役された屈辱をこれらの作品に描いたのであるが、日本人＝イエロー＝猿という隠喩が込められた内容であり、能天気な日本人は日本でも公開された映画を単なる娯楽作品として見ていたようであるが、白人のイエローに対する人種差別はいかに根強いものであるかが実感できるのである。

パールハーバー攻撃がもたらしたもの

戦後の最高の米国人メンターは、日本軍人に対する復讐心に燃え盛ったマッカーサー元帥であろう。彼は日本伝統の文化を全く理解しようとしなかった。一九五〇年に朝鮮戦争が始まるまで、日本人を見下して、未熟な日本人には武装させないと宣告していたのに、朝鮮に攻め込んできた中国軍の膨大な人海戦術には度肝を抜かれたのであろう。地雷原で何万人が吹っ飛んでも平気で次々と押し寄せる中国軍に、米軍兵士の戦死傷が増え、たまらずマッカーサーは、かつての屈強な日本軍を創設して日本軍に中国共産党軍と戦わせようと画策したり、原子爆弾を中国の主要都市に落とすことをトルーマンに進言したりしたのである。北朝鮮にはソ連が控えており、ソ連軍は一九四九年には原爆実験に成功していたので、米国が核を使えば必ず報復してくるだろうという懸念から、トルーマンは原爆の使用を許さなかった。その結果、マッカーサーはトルーマンに連合国軍最高司令官の地位を解任されてしまう。

マッカーサーが日本に君臨した二千日の期間は、ミアーズが一九四八年の時点ですでに指摘しているように、戦勝国が一方的に敗戦国を改革する権利などないのにもかかわらず、日本人に米国の価値観を徹底的に植え付け、いわゆるWGIPを押し付けたのである。江藤淳が『閉ざされた言語空間　占領軍の検閲と戦後日本』で指摘しているように、我が国の言論はGHQにより徹底的に監視されていた。日本国は一九五三年に一応の独立を果たしたが、日本人の心底まで浸み込んでしまったWGIPは朝日新聞を筆頭とする左翼系文化人に脈々として受け継がれ、いまだにマッカーサー憲法を一文字も変更できない能天気な国家になり果てている。

天才作家三島由紀夫は、憲法改正と自衛隊の国軍化を唱えていた。三島は自衛隊に入隊したり、楯の会を作ったり、作家の枠を超えた活動を開始し、ついに一九七〇年市ケ谷の陸上自衛隊駐屯地で自衛官に対してクーデターの要請をしたが果たせず、割腹自殺した。一般社会では、天才三島由紀夫らしくない凡庸な事件として受けとられている。幼少期より作家としての天才を発揮し、膨大な数の作品を残したが、わずか四十五歳でその才能を自ら閉じてしまった。世界的な作家百人の中に、日本人としてただ一人、三島由紀夫の名があるといわれている。三島が自死してすでに半世紀が過ぎたが、いまだに彼が憂いた我が祖国が米国の植民地のまま、誰もそのことを知らないふりをして、嫌なものを見ないように過ごしている。ミアーズが指摘するように、日本の長い歴史のなかで、パールハーバー攻撃以前と以後では全く異なった列島人が日本に住み着いているのであろう。

英国のメンターにより、坂本龍馬、高杉晋作や伊藤博文などを代表的人物として幕末や明治維新に関わった群像が作り上げた大日本帝国は、パールハーバー攻撃により暗転してしまったのである。日本が守り続けてきた国体は、藤巻一保によると擬史の帝国ではないかという。要するに、パールハーバー攻撃は日本の敗戦により日本国に甚大な被害をもたらしたが、英国を筆頭とする欧州の白人国家による有色人のアジアやアフリカの国々の解放をもたらす、世界的な大転換であった。パールハーバーを攻撃した日本人は好戦的人種であり、今後二度と白人国家に逆らわせないという、米国の指導者たちは自分たちが過去にさんざん世界中でやってきた蛮行を棚に上げて、日本をスケープゴートにして、東京裁判を行ったことが実情であった。東京裁判を日本人が受け入れないと日本を独立させない、と吉田茂は米国首脳部に恫喝《どうかつ》されたのであろう。サンフランシスコ講和条約は、米国が主導する民主主義国各国により、多くの人々の面前で行われたが、この講和条約の上部法律としての日米安全保障条約と日米行政協定（改定後は日米地位協定）は、吉田だけ別の場所で秘密裏に結ばれたのである。ポツダム宣言では、占領が終了した時点で米軍は引き上げなければならないが、米軍はソ連との冷戦の橋頭堡《きょうとうほ》として、後に中曽根が言うところの不沈空母日本列島が必要であった。

主権国家の独立は基地の撤退と治外法権の撤廃がないかぎり、占領国の植民地のままである、とミアーズは指摘している。その時点で、沖縄は米国軍が占領したまま、日本各地の米軍基地には治外法権が残されたままの法律に署名することを、吉田は強要されたのである。吉田にしてみれば、まずは独立を勝ち取りたい、米国の指導層のご機嫌を損ねては独立も許されない、後のことはそのうちなんとかするさ、と考えたに違いない。鳩山一郎らがマッカーサー憲法の改正を主張し、一九五五年自民党結党時に憲法改正を唱えたところで、孫悟空の頭のワッカのように日米安全保障条約と日米行政協定ががっしりと日本国憲法を締め付けている状況では、どうにもこうにもならなかったのであろう。

西部劇

カウボーイの国

学生のころはむろん、大人になってからも、クリント・イーストウッド主演などの西部劇を楽しんで見ていたが、米国白人開拓者がいかにして米国先住民であるインディアンからその居住地を奪い取っていったかの歴史を知ると、ハリウッド映画に対して批判的にならざるをえない。ジョン・ウェイン主演の『駅馬車』でインディアンの襲撃を受け、ああもうだめだと思った時に騎兵隊の突撃ラッパが鳴って、インディアンが駆逐されてしまうのを、ああよかったと喜んで見ていたが、よく考えてみると、なんで白人ばかりが救われてインディアンがばたばたと殺されてしまうのか、そんなことが許されていいのか、と考えてしまうのである。テレビ放送が始まり、ローハイドの放送にかじりついていた自分が、情けなく思うのである。

そもそもフロンティア精神というものは、先住民の虐殺を行って達成されたわけで、明治政府が北海道の開拓のためにホーレス・ケプロンやウィリアム・S・クラークを雇い、フロンティア・スピリットによって米国風農業を推し進めようとしたことについて、彼らの恩恵だけではなく、フロンティア精神そのものについてその陰の部分に思いを致す必要がある。

クラーク博士は南北戦争に従軍し、六十万人もの犠牲を出した戦争を経験してきている。彼が聖書に基づく精神教育を学生たちに行った背景には、彼のキリスト教精神による深い信仰があったのであろう。クラーク博士は研究者ではなく、教育者に分類される人物であった。学問的にも思想的にも西洋的思想には全く無知であった農学生がクラークに心酔し、その一挙手一投足を我がものにしようと夢中になったことは無理もないことであった。まだ雪に閉ざされていた標高一〇〇〇メートルの手稲山登山を農学生とともに敢行し、発見した木の上のコケをクラークゴケと名付けたエピソードは、特に有名である。クラークはそのコケの採取を生徒の一人に命じ、自分の肩の上に生徒を乗せるという感動的な行為を行っている。

黒田清隆が望まなかった農学生に対するキリスト教の布教を、クラークはあえて推し進め、農学校一期生を「イエスを信ずる者の契約」に署名させた結果、一期生は二期生の新渡戸稲造、内村鑑三らに署名を勧めたのであろう。特に、内村鑑三は熱心なキリスト者となり、後に聖書研究会を主宰し、聖書の研究書を発刊することにより、岩盤的なキリスト教信者の信仰の主柱となった。戦後の東大総長を務めた南原繁と矢内原忠雄は、内村鑑三の無教会主義の唱道者となり、戦後の思想界に多大な影響をもたらした。

高校生のころ、なにかの授業時間に西部劇『OK牧場の決闘』について生徒の間で議論が持ち上がった。なんでそうなったのかは全く覚えていないが、生徒の間ですごく盛り上がった討論がなされた。私はその討論の意味がわからず全く蚊帳の外の状態であったが、長い人生で何回もこの映画を鑑賞することになった挙句、最近になって、映画製作者の意図する米国の正義とはなんだろうと考えるようになった。主人公のワイアット・アープは実在の人物で、後半生をロサンゼルスで送り、当時ハリウッドでジョン・フォード監督の知遇を得て、彼の西部劇制作に影響を及ぼし、おそらくジョン・ウェインとも知り合っていたのであろう。

西部開拓のフロンティア・スピリットはよい意味では受け入れられても、要するに、先住民の土地を奪い、虐殺の上に成り立ち、米国の領土はついにカリフォルニアにまで到達し、広大な太平洋をさらに、ハワイ諸島、フィリピン列島、中国大陸へと、その止まることがない征服欲の怒涛の進撃となった。その米国の東洋進出の面前に立ちはだかったのが日本であった。十九世紀後半までは米国は日本に対し、少なくとも敵愾心など持っていなかったであろう。しかし、一九〇四年、当時の大国ロシアとの戦争に日本が勝利したことが、米国大統領テオドア・ルーズベルトに衝撃を与え、日本に対する警戒心を抱かせたのであろう。

ルーズベルトは、米国のポーツマスで日露講和条約を締結するお膳立てをしたことで、後にノーベル平和賞を授与されている。日本はロシアから賠償金を得ることができず、ただ北緯五〇度以南の樺太島の割譲とロシアの遼東半島の租借地の移譲、満州や朝鮮の利権を日本に譲るといった程度で、膨大な戦費の借金が残ったのである。すでに戦費が尽き、ロシアとの戦闘継続が困難になっていた日本側からすれば、ルーズベルトの仲裁は渡りに船といった妥当なものであったが、当時の日本国民は納得せず、マスコミが煽りたてるので、賠償金五十億円や樺太全島の割譲や遼東半島や鉄道の利権の譲渡を要求していたため、講和条件に納得できず、激怒した民衆が日比谷公園に侵入し、東京市の交番や警察署などを焼き討ちまでして、不満を爆発させた。

戦後一九五〇年代ごろまで、子供たちの間で鞠《まり》をついて歌う手鞠歌に『あんたがたどこさ』が有名であったが、日露戦争の数え歌として『一列談判』があった。冒頭の「いちれつだんぱん」は「いちれつらんぱん」という説もあり、日本軍がロシアに勝利し、敵の大将クロパトキンの首をはねたことになっているが、アレクセイ・クロパトキンはロシア革命後も生き延びて、学校の教師をしていたようである。ロシアとの戦費はユダヤ系財閥ジェイコブ・シフが公債五〇〇〇万ポンドを引き受けてくれたので、香港上海銀行のシンジケートが同額を出し、一千万ポンドの戦時国債を発行できたのである。当時の日本の財力では大国ロシアと戦争をするなどはもっての外であった。

米国はカウボーイの国であった。独立時には大西洋沿岸の十三州に過ぎなかったのに、対英、対仏、対メキシコ戦争に勝ち、西部開拓をどんどん進め、ついに太平洋沿岸まで到達し、対スペインにも勝ちフィリピンを植民地として、ペリー提督による沖縄占領宣言、さらに、一八五三年江戸湾での砲艦外交による日本鎖国を開国に強制し、翌年結んだ日米修好通商条約は、世界の大国から見ると彼らの植民地として処遇されたのである。米国の経済発展の欲望の先は、広大な国土を持つ清国であった。カウボーイ精神そのものであったテオドア・ルーズベルトにとって、中国の東端の小国としての認識しかなかった日本が大国ロシアに勝利したなどは、受け入れられない事実であったろう。

ここで、想像してみてほしい。確かに、ヘレン・ミアーズの指摘するように、パールハーバー前後で我が日本国は欧米列強の大国から米国の植民地にその地位が下がり、現在にいたっているが、桂内閣の時に米国の鉄道王ハリマンとの満州鉄道共同経営の契約を破棄しなかったとしたら、満州経営は日米共同でなされたであろうし、日本は大国としての地位を維持し、かつ日米戦争が起きることはなかったであろう。満州国は開拓が進み、チベット、ウイグル、内モンゴル、中国は北京、南京、上海に軍閥政権に分断した状態で、中国共産党が覇権を握ることはなかったであろう。また、インド、インドネシア、マレーシア、ビルマ、ベトナム、フィリピンなどの独立はずっと後に残されて、英国、フランス、オランダ、米国などの植民地支配が継続されていたに違いない。米国や欧州の大国にとって、大日本帝国の存在は目障りこの上ない存在になっていただろう。

米国の歴史を俯瞰的に眺めてみると、三つの転換点があって、その都度、強大国に大変身したことがわかる。第一段階は、一八三六年にメキシコ共和国軍とテキサス分離独立派がアラモの戦いでデビット・クロケットなどがメキシコ大統領サンタ・アナに惨敗した後に米国がテキサスを米国領にしたこと、二つ目は、南北戦争後の一八七六年、インディアンとの戦争であるリトルビッグホーンの戦いでカーター将軍が先住民との戦闘に敗れた事件、三つ目は、真珠湾を攻撃されたこと。背後に圧倒的な軍事力を有する米国が、始めから犠牲者になることが分かっていて敵前に差し出し、その復讐戦として、徹底的に相手を掃討してしまうのである。いずれもカウボーイとしての米国の面目躍如としての実力を発揮し、世界一の大国になった、まさに三段飛びの快挙であった。

理論生物学

捏造が……

Yは同時通訳ができるぐらい英会話が巧みであった。日本語では緊張すると少し吃音が出るが、不思議なことに英語はすらすらと出てくる。教室員の論文を添削することも、いとも簡単にやってのけるのである。

しかし、彼の学位論文は日本の学会誌に掲載された膨大なものであったが、その実験方法を閲覧すると、一目でおかしなことに気が付く。ラットにストレスを与え、ある種の尿中のホルモンを測定したのであるが、一九五〇年代までの研究室はお粗末なもので、ラット小屋はあるが、当時使用したラットのケージでは便と尿の分離はできなかった。したがって、便由来の色素が採取した尿のホルモンの比色分析に影響を与えていた。

このような論文が教授会でクレームもつかず、また、日本の学会誌に掲載されたのである。Yは正直に「測定した値を三で割ったら、これまでの諸外国の論文に近かったので、問題ないと思った」と述べている。当時の学会誌はやたらに長い論文が掲載され、英文の短いアブストラクトが付いているが、諸外国の研究者が目を通すことなどなかったのであろう。インターネットが発達した現代では、ＳＴＡＰ細胞のように『Nature』など超一流誌に掲載されると、たちどころにそのインチキが暴露されてしまう。

ＳＴＡＰ細胞は明らかにノーベル賞が授与されたｉＰＳ細胞に対抗して提唱された初期化細胞であった。ｉＰＳ細胞は、四つの山中因子と呼ばれる遺伝子を導入することにより、すでに分化した体細胞が受精卵にまで初期化されることを二〇〇六年に山中伸弥らによって実証された、驚くべき生物学的大発見であった。ただ、間葉系細胞が多能性を示すことはこの時期の前後にすでに知られていた。東北大学の出澤真理らがすでに二〇〇七年に発見しており、二〇一〇年には、生体のあらゆる組織の中に多能性をもち、ある種の刺激で初期化する細胞があり、それをＭｕｓｅ細胞と名付けたことを報告したのである。ＳＴＡＰ細胞の論文が評判になった時期にはすでにＭｕｓｅ細胞が報告されており、このＭｕｓｅ細胞こそが、酵素にさらすなどの刺激により、多能性があり、初期胚のクラスターにまで初期化することを証明していたのである。ｉＰＳ由来の細胞はがん化するがＭｕｓｅ細胞はがん化することはない。心筋梗塞、脳梗塞、脊髄損傷などの障害部位に自走し、自動的にそれぞれの組織に分化して、組織を再生する驚くべき現象の発見なのだ。日本ではｉＰＳ細胞の陰に隠れて一般に評価されることが少ないが、欧米ではすでにノーベル賞候補とされている。そうなれば、出澤は日本女性初のノーベル賞受賞者となる。

Yの長大な論文は何の役にも立たなかったし、誰もそのインチキを批判することはなかったが、神戸の理化学研究所発生・再生科学総合研究センターの研究員小保方晴子らにより報告されたSTAP細胞の研究は『Nature』に掲載され、かつ、マスコミにも華々しく取り上げられたために、あっという間にその捏造がばれてしまった。これまでも、結構著名な研究者による論文捏造は頻繁におきており、たとえば、高血圧治療薬ディオバンに関する論文捏造は膨大な数の治療が行われてしまってから発覚したのであり、STAP細胞のように鵜の目鷹の目で引きずり降ろされることはなかったのである。

新たな研究成果が発表され、それが他の研究者によって確認されれば有力な科学的知見として確立されていく。Muse細胞の研究報告はまだiPS細胞の十分の一程度であるが、すでに海外では有力な科学的知見として多くの研究報告がなされている。

STAP細胞については実に痛ましい事件が起きてしまった。小保方論文に深く関わったS氏は幹細胞研究者として世界的に知られた多くの研究成果を発表していたが、論文不正の責任を取って自死されたのである。日本にとっても世界の科学界にとっても実に大きな損失であった。科学的な間違いなど巷に溢れているのだから、「御免なさい」と謝れば済むことではなかったろうかと科学者として素人に近い私などは思うのである。いずれ重要でない論文など誰も相手にしないので、そのうち忘れ去られてしまうのだから放っておけば良いのである。

かつての自分の論文をPubMedで検索すると、かなりの論文が検索不能になってしまっている。自分としては心血を注いだ論文なので、多くの人に閲覧してほしいと思う。いつか、誰かにより、引用されることもあるだろう。私たちが一九七四年に欧州の科学雑誌『EXPERIENTIA』に発表した論文に対して、その反論が米国の一流誌に掲載された。私たちの実験結果が間違いだという単なるネガティブな結論が一流誌に掲載されたのには驚くとともに、世界では誰かが見ているのだと大いに感動した。さらに、あまり引用されることのない、一流誌でない学術誌に投稿した私の小論文を二編も論文の冒頭に引用して『Science』に掲載されたものが、議論の発端となっているのを発見した時は感動を通り越して万歳を叫んだものである。

ところで、物理学には理論物理学と実験物理学があり、理論物理学の理論が提唱されると、それを証明するために実験や観測がなされる。光は重力により曲げられるというアインシュタインの一般相対性理論は英国のアーサー・エディントンが一九一九年五月二十九日にプリンシペ島で皆既日食を観察して正しいことを証明し、それによってアインシュタインは世界的な著名人になった。

このように、物理学では先に理論が提唱され、後の実験や観測により証明されるのが一般的であるが、理論生物学の認知度は極めて乏しい段階にある。理論である以上、実験で証明されることもあるが、全く的外れという事もあるだろう。S氏のような優れた科学者でも、若い共同研究者が論文を捏造した事件に巻き込まれる事があり、その責任を追及される「ケース」は世界的にはまれなことではない。最も有名な捏造事件は高温超伝導の分野で画期的な成果をあげて、『Science』誌上に二〇〇〇年五編、二〇〇一年三編、同じ頃、『Nature』誌上に七編もの論文を掲載し、ノーベル賞候補とされたヘンドリック・シェーンの場合であろう。なんと、すべての論文が捏造であった。この事件は二〇〇四年十月九日にNHK・BSドキュメンタリー「史上空前の論文捏造」として取り上げられ、二〇一四年にも再放送された。

STAP細胞の場合、理論としてだけ提出されたものであったなら、同じ時期に発見されたMuse細胞は消化酵素などの刺激で発現されるのであるから、同じ現象を唱えたといえる。理論物理学ではむろん数学的な裏付けが必要であり、湯川秀樹の中間子理論も、クォークが六種類以上存在することを提唱した小林誠と益川敏英の理論も、数理的証明に基づいており、後に実験により裏付けられた結果、ノーベル物理学賞に認められたのである。

理論生物学からSTAP細胞の問題を検討すると、結論として、はなから捏造ではどうにもならないが、それにしても生物学の常識を覆し、新たな視点を提唱する理論として脚光を浴びてもよいのではないであろうか。外傷後にその外傷を修復するために、ある種の多能性細胞が誘発されるという報告もなされている。おそらく、Muse細胞が関連していると思われるが、論文の著者らは自分たちの発見であると主張している。こういった報告は他にもあり、誰に先取権があるか、後に争われることになるが、Ｍｕｓｅ細胞については間違いなく出澤らの発見が最初であり、心筋損傷、脳神経細胞損傷、脊髄損傷などの修復に即急に用いられ、多くの障害を取り除くのに役に立ってほしい。

精神病院

精神病患者

N院長は一九四五年、医師不足を補うために設立された北海道立女子医学専門学校の精神科教授となった。敗戦後、五年経過した一九五〇年に札幌医科大学として組織編制がなされて、しばらく、医学部教授として教育に携わっていたが、金貸し業で財をなした実母の強い勧めで、「安月給でいつまでしょぼい学校の先生をしているの」と諭され、退職し、北海道大学正門前の電車通りに三階建てのN精神病院を開業した。

敗戦後、精神病患者は世にあふれており、まだ覚醒剤が出回っていたので覚醒剤中毒者の離脱症状のため院内は阿鼻叫喚の状態であった。覚醒剤中毒者のために特別の治療施設も作られ、建物の外までうなり声が聞こえるぐらいであった。何しろ、近くに小中学校があったので、子供たちまで何か薬物中毒者が収容されていることがわかったのである。一九五一年六月三十日に覚醒剤取締法が公布され、同年七月三十日に施行された。しかし、覚醒剤（代表的製品名は大日本製薬が製造販売する〝ヒロポン〟。現在でもうつ病治療薬として認可されている）はエフェドリンから、簡単に還元製造ができるので、容易に密造ができる。

戦時にはチョコレートにまで仕込まれ、特別攻撃隊の若者が米軍の軍船に突っ込んで行ったのである。銃後でも飛行場へ勤労動員された女学校の生徒たちが黄色い錠剤を服用させられていた。眠気覚ましとして〝ヒロポン〟は軍需工場の労働者や徴用工員にも配布されていたという。つまり、「奴隷への鞭」としての役割をはたしていた。

一九五四年には覚醒剤事犯の検挙人員は五万五六六四人にも達したので、同年五月には罰則が強化されたが、覚醒剤に対しては一般の人々も政治家もそれほど重大な問題であるとは認識していなかったのである。覚醒剤が国会で問題視され、議員立法として成立した時期は我が国では朝鮮戦争での特需に沸いていた。

N院長は北大医学部精神科勤務時代、鶏の卵を実験室の孵《ふ》卵器でせっせと孵化させ、鶏小屋で育て、戦中の食糧難を免れたり、融雪剤の塩カルを一俵単位で仕入れ、下剤として患者に投与していた。製薬業者から購入するより、ほぼタダですむからだと言っていた。そんな抜群の商才を発揮して、北大前の精神病院を北大の北側の広い敷地に移して大病院を建設、六百五十人もの入院患者を実質一人で診療していた。入院患者は一年に一回の回診時に退院の話を付けなければ、退院は一年先ということになる。北大前の電車通りを走る電車の窓から病院を見上げると格子窓から患者たちが覗いていたのに、いつのまにやら大病院に移動して、電車通りの名物となっていた窓ガラスの患者の姿が消えていたのである。

Nは腰が軽く、留置所には顔パスで出入りしていた。当時、精神障害者が何らかの事件を起こし、留置所に収監されると、Nはもう一人の精神鑑定医を連れて、看守に「やー」と声をかけて、看守所を素通りして留置所の患者が収容されている牢までズカズカと入り込み、「どうだね」と声をかける。ちょっと声をかけるだけで彼の鑑定は終了し、私がもう一人の鑑定医だとすると、「あんた、どうするね」と尋ねるのである。当時は覚醒剤中毒か統合失調症かで、診断ははなから決まっていたのである。

いくら戦後の混乱期といえども、一応は大学教授なのだから、それなりの業績はあった。脊髄液の蛋白質に関する立派な著書があった。しかし、脊髄液の研究を博士論文として研究したSAはその著書の内容がドイツの学者の翻訳であることを突き止め、Nに指摘したところ、「君、ここに僕のオリジナルが入っているのだよ」と自分の英文抄録を乗せた邦文の論文を引用した、たった二行の文章を示し、したがって自分の著書なのだとなんの屈託もなく平然と言い放った。N病院には立派な図書館があり、英文のみならずドイツ語、フランス語、スペイン語、イタリア語など大学図書館でも購読していない各国の雑誌が揃っていた。テニスコートもボウリング場も喫茶店もあり、大学病院から内科医が出張してきており、入院患者はアレルギー反応の研究対象として当時の最先端の研究に患者の同意もなく動員されていた。

その一方で、六百五十人の入院患者の精神医学的治療は院長一人で行われていた。入院時に処方された薬物が退院までに変わることはまれであったが、当時はクロルプロマジンが向精神薬として精神科治療に用いられ始めた時期であったので、慢性的経過をたどっていた当時の統合失調症の入院患者に対して、カルテに「スタチオネーレ（変わりなし）」とドイツ語で記載されるだけであった。向精神薬が精神疾患に使用されるまでの精神病患者は悲惨な状態に置かれていた。

平和呆け日本

暗殺事件について思う

この度（二〇二二年七月）の安倍晋三元首相の暗殺事件は真底、驚愕すべき事態であった。ロシアによるウクライナ侵攻により多くの市民が殺戮され、それが連日テレビで報じられ、死体については他人事で深刻な脅威と感じなくなっていたのであるが、我が国史上最長の内閣総理大臣を務め、なお、日本政界でトップリーダーであり続けていた人物が白昼大衆の目前で銃撃され、死亡したなどということが、平和国家をいわば国是とした国で出現するとは全く何という驚くべき事件であったろうか。現総理の岸田文雄氏はなんとなく、その存在が薄いので、小泉元総理の「次もありであった」という発言がとても重く感じられるのである。世界各地のリーダーから寄せられた安倍氏への弔問の内容はとても濃いものであったし、九月二十七日に日本武道館で執り行われた故安倍晋三国葬儀には多くの外国の要人が参列された。カナダ首相トルドーは自国のハリケーン被害のため急遽取りやめたので、G7の首脳の参列はなかったが、それでも、かつての安倍首相はいかに世界情勢に大きな影響を与えていたのかと今になって納得するのである。

安倍氏が絶対にやり遂げたかった三大懸案事項は、憲法改正、北方領土返還、拉致被害者問題の解決であり、いずれも彼の手での解決は未完のまま終わってしまった。今やならず者の正体を暴露したロシアのプーチンと原爆実験を繰り返す無頼漢、北朝鮮の金正恩が相手では、ルーズベルトでもチャーチルでも歯が立たないであろう。二十七回もプーチンと会談した安倍元首相は完全にプーチンにコケにされていた。映画監督オリバー・ストーンはプーチンにインタビューして書き上げた「オリバー・ストーン・オン・プーチン」で彼を持ち上げていたが、今回のウクライナ侵攻によって化けの皮がはげ、とんでもない無頼漢であることを世界中は知ることになった。

憲法改正の問題を早く解決しておかなければ、日本国が中国軍によりウクライナのような無残な姿になるかもしれない。中国軍は二千発もの中距離弾道ミサイルを持ち、台湾と日本に打ち込む体制が出来上がっている。能天気な日本人はイージスアショアで彼らのミサイルを迎撃できると思い込んでいるとしたら、平和呆けもすでに救いがたいレベルに達している。今更、防衛費をGDPの二%にして防衛力を高めるなどと議論しているようでは、我が国の諸都市は習近平のミサイル攻撃で灰燼《かいじん》に帰するであろう。相変わらず、額に「憲法九条」と張り付けておけば習近平はミサイルを撃ってこないと信じているのだろうか。安倍元首相が無残な暗殺にあわなければ、憲法改正に一番強力な国会議員として活動してもらえるはずであった。

ロシアによるウクライナ侵攻はプーチンの蛮行ではあるが、ウクライナがNATOに入ることを阻止したいプーチンにとって、絶対に引き下がれないレッドラインをゼレンスキー大統領が越えてしまうのを許せなかったのであろう。ノーム・チョムスキーが非難するように、ウクライナのNATO加盟の裏には米国の意向が強く働いているという。ウクライナは中南米のメキシコのように、あるいは永世中立を誓っているスイスのように、NATOには入らず、中立を宣言しておくべきであったという。

日本の場合は台湾有事と尖閣諸島有事が喫緊の課題である。歴史を事実に基づいて素直に眺めれば、台湾が中国共産党の領土であると誰が決めたのだろう。ここにも米国の身勝手な意思が働いていた。一九七一年にニクソンとキッシンジャーが台湾の国民党を見捨て、ただソ連との対抗上、中国共産党と手を結んでしまったのである。台湾の国民党の軍事力では一九六四年には核保有国となっていた中国共産党には歯が立たないとは誰でも承知してはいたが、同盟関係をポイ捨てにしてしまったのである。それまでの国連安全保障理事会の常任理事国の地位を台湾国民党からあっさり剥奪して、中国共産党に売り渡した暴挙ではなかったか。

一方で、拒否権があった台湾の国民党も米国の暴挙を拒否する権利があったはずである。なぜ、米国の一存で台湾が世界から見捨てられてしまったのであろうか。三島由紀夫が存命していたら、何と諭説しただろうか。三島由紀夫は文章の達人であったが、楯の会に閉じこもらず、その文才を発揮して、日本とアジア諸国の現状を世界の識者に問うべきであった。石原慎太郎が『「NO」と言える日本人』（盛田昭夫との共著）で主張したように、日本の真の独立を世界に訴えるべきであったろう。

ミアーズによれば台湾の日本統治は五十年ではなく七十年であるという。一六三〇年にオランダが台湾を基地として領有し、自国の領土としていたのを、一六六二年に明国の鄭《てい》成功《せいこう》（国姓爺《こくせんや》）に追い出され、明国が滅亡後、清国の領土のようであったが、琉球人が台湾に漂着した時に台湾の土着民に殺害された事件が起こり、明治政府が清国に抗議した際、清国政府は、台湾は清国ではない「化外《けがい》」の地なので責任はない、と回答している。

現在の中国共産党が清国時代の版図を中国の領土だと言い、チベット、ウイグル、内モンゴル、満州を占有しているが、かつて漢人が打ち立てた国、前漢、後漢、宋、明などはそれぞれの周辺国に囲まれた小国に過ぎなかった。万里の長城の外は漢人にとっては化外であったのである。まして、台湾が漢族の領土であるなどと強弁するのは、厳然とした歴史の事実に反している。そもそも、中国共産党で三度も失脚したにもかかわらず、毛沢東死後に最高権力者に登りつめた鄧小平は実に老獪な人物で、改革開放路線に踏み出し、資本主義路線を取り入れ、馬鹿正直な日本の経済界が鉄鋼をはじめ多くの分野で中国を強国にする手助けをしてしまった。自由民主主義社会は本質的な疑問を中国に突き付けるべきであった。つまり、共産党を解党しなければ、何のための共産主義なのであろうか、と。まだ、ソ連共産党が米ソ冷戦を戦っていた当時としては、共産党の看板を下ろすわけには行かなかったのであろうが、計画経済が大失敗したのであるから、残された共産党は単なる暴力集団に過ぎない。繰り返すが、自由主義社会が中国に資本主義をもたらした時点で共産党の解党をせまるべきであった。世界の誰もそのことを指摘せず、何の警戒もせずに中国を世界の工場として便利に使い回した結果、驚くべき軍事力を誇示する独裁国家が出来上がったのである。一九八〇年初頭には中国製の廉価な衣類が米国のデパートに溢れかえるようになり、二〇〇〇年代にはイタリアのナポリの埠頭には中国からのコンテナが積み上げられていたのである。

非常識なのは中国だけではない。安倍元総理は二十七回もプーチンと会談したあげく、北方四島は戻ってこなかったのである。プーチンのような狡猾な大統領には安倍元首相はまるで赤子のように転がされたという事であろう。

そもそも、旧ソ連を歴代の米国大統領は承認していなかったのに、フランクリン・ルーズベルトは自らの政権中枢に蔓延《はびこ》っていた共産主義者の策謀があり、ソ連を承認し、挙句の果てに武器貸与法を成立させ、ナチスドイツの猛攻に息も絶え絶えであったスターリンの軍隊に武器、弾薬、戦車などの車両を大量に貸与したのである。前大統領であったフーバーは共産主義の危険性を早くから警告し、スターリンとヒトラーを相打ちさせ、相互に疲弊し戦闘能力を失った時点で自由民主主義国が仲裁に入り、欧州に平和をもたらすのが最善であると述べている。もっともこの時点でナチスドイツがアウシュビッツなどの強制収容所でユダヤ人の驚くべき大量虐殺を行っていることを知らなかったのではないか。伝え聞くことはあっても、これほどの残虐な行為を普通に知性をもったドイツ人が実行するなど想像することは困難であったろう。後に、ハンナ・アーレントがアイヒマン裁判を傍聴し、平凡な人間がこれほど残虐な行為を積極的に何のためらいもなく行うことが出来ることに、人間性に潜む不気味な側面を指摘している。

ナチスドイツは捕虜になった大量のロシア人を残虐に殺害した。しかし、逆にドイツに攻め込んできたロシア人がドイツ人に同様の残虐性を示したことは改めて論述することに我々をためらわせるのである。日本軍は米欧が支援する中国の軍閥と戦火を交え、泥沼に嵌まってしまったが、南京を捨てて、重慶に籠った蔣介石軍に対して、爆撃したことを東京軍事裁判ではナチスと同じ残虐性があったと、重大な戦争犯罪としたのである。しかし、それだけの罪状では不足と考えたのか、在りもしない南京大虐殺をでっち上げたのである。マッカーサーの父アーサーが独立を求めたアギナルド将軍に対して、反抗するフィリピン人二十万人を虐殺したが、虐殺とは二十万人程度と勘案して、日本軍が南京で二十万人の中国人を虐殺したとマッカーサーが付け加えたのであろう。日本軍の南京攻略については後に沖縄防衛戦を指揮した牛島満中将が南京城壁をよじ登る場面を将口泰浩は著書『魂還《たまかえ》り魂還り皇国《みくに》護らん――沖縄に散った最後の陸軍大将牛島満の生涯』で詳述している。第三十六旅団の将兵を「チェスト！　イケ！」と激励し、自らも城壁をよじ登っていく牛島は感動的でもある。牛島隊が南京城を攻略した際、蒋介石軍は逃げ去っており、すでにもぬけの殻であった。したがって、南京大虐殺などなかったのである。

A型肝炎について

NK細胞の発見

A型肝炎の名称は、一九四七年にF・O・マッカラムとD・J・バウエルとが潜伏期が十五―五十日間と比較的短く経口感染する伝染性肝炎に対して用い、潜伏期が五十日以上と比較的長く血液を介して感染する血清肝炎をB型肝炎と呼ぶことを提唱したことに始まるとされている。

実はこの時期、札幌市の病院で小児の肝炎患者の便を素焼きの皿で濾過した液体を結核患者に飲ませて肝炎が発症することを見出した医師がいたのである。すなわち、同じ頃、濾過性病原体が実在することを証明していたのである。当時、結核は不治の病とされ、結核に侵された患者が大学病院の特別な病棟に多数収容されていたが、先進的な医師たちにより、臨床実験のモルモットにされていたのである。彼らを実験台にして皮膚反応によるアレルギー反応についての論文は『Nature』誌に掲載された。後にA型肝炎として経口感染する病原体が存在することを日本人の小児科医が発見していたのである。

現在では決して許されない人体実験が不治の病に苦しむ結核患者に実施されていたが、その背景には太平洋戦争による日本の国土と人心の荒廃が存在していたと考えられる。大学病院の小児科教授は肝炎に罹患した小児の糞便を濾過器に通して、得られた液体を結核患者に与えた。その液体を与えられた結核患者は皆一か月ほどで肝炎を発症した。この時点で彼は濾過性病原体が肝炎を発症させるという発見をしていたのであるが、この病原体がA型肝炎ウイルスであることはまだ分かっていなかったのである。マッカラムとパウエルより先に報告しておれば、ノーベル生理学・医学賞の受賞も可能であったであろう。

一九六四年にオーストラリア抗原が発見され、後に肝炎ウイルスであると判明し、B型肝炎の病態が解明され、その発見によりバルーク・ブラムバーグは一九七六年にノーベル生理学・医学賞を当時スローウイルス感染症とされたパプアニューギニアで発見された感染性疾患（後に狂牛病の病原体と判明）を発見したカールトン・ガジュセクとともに受賞している。さらに、A型でもない、B型でもない未知の肝炎ウイルスの存在が知られ、一時、non A, non B肝炎と呼称されていたC型肝炎の発見によりマイケル・ホートン、ハーベイ・オルター、チャールズ・ライスが二〇二〇年にノーベル生理学・医学賞を受賞している。しかし、A型肝炎の発見者にはこの賞の受賞者は出ていない。電子顕微鏡は一九三一年にマックス・クノールとエルンスト・ルスカにより開発されたが、実用化は一九五〇年代であり、生物学の分野でウイルスの発見や細胞小器官の構造が明らかにされた。電子顕微鏡のおかげで、光学顕微鏡では解像出来なかったウイルスの解像が可能になり、肝炎ウイルスの姿が同定されたのは一九五〇年代になってからである。

日本人が世界で初めて発見した事実、あるいは、初めて行った事績が世界では認知されていない場合が数々ある。欧米の医学会では吸入麻酔は米国のクロホード・ロングやウィリアム・モートンによって一八四二年から一八四六年に確立されたとされているが、彼らより四十年も早く、華岡青洲は自ら調剤した全身麻酔薬「通仙散」を用いて、乳癌手術を行っていた。

NK(ナチュラルキラー)細胞の発見はR・B・ハーバーマンや日本の仙道富士郎らによって、一九六〇年代に細胞障害性(natural killing)をもつ細胞集団として明らかにされたことに始まる。しかし、英文論文はそれぞれ一九七五年であったので、一九六六年にH・J・スミスが英文論文を報告したのが最初の報告とされる。当時は他の多くの研究者たちからアーチファクト(人為的)だという意見もあって、確立されてはいなかった。それでも、一九七三年までには種々の生物種や細胞群でnatural killer作用が証明され、R・キスリングとH・プロスが最初の報告者であると主張している。彼らの論文は一九七五年の二月であり、ハーバーマンらの論文は同年の八月であった。

なんと、仙道らの論文はWikipediaの「natural killer cell」には引用されていない。ノーベル生理学・医学賞ものの大発見であったので誰が最初に発見したかは重大な意味を持っているのである。細胞性免疫を司るマクロファージの発見や樹状細胞の発見ではそれぞれ、イリヤ・メチニコフ（一九〇八年）、ラルフ・スタインマン（二〇一一年）がノーベル生理学・医学賞を受賞しているので、ＮＫ細胞の発見も将来その候補となる可能性がある。その場合に仙道が外されてしまうのではなかろうか。

ＮＫ細胞とＴ細胞の性質を有するＮＫ－Ｔ細胞は日本人研究者の発見である。この重要な発見に対して、ノーベル生理学・医学賞が授与される可能性がある。

二〇二〇年初頭から猛威を振るっている新型コロナウイルス感染症（COVID-19）は、ワクチンによる抗体で感染を防ぐ過程において、これらの免疫機能を働かせる細胞群によって、どのように機能しているのであろうか。その複雑な過程の究明が待たれるのである。

人類を含めて生物は皆それぞれのＤＮＡの中にウイルスのＤＮＡを取り込んでいる。いわば、ウイルスとの共存で生物世界が構築されているのだ。病原体となるウイルスもいつか他の生物のＤＮＡの中に取り込まれ、その過程で生物の進化が起きる可能性がある。

今のところホモサピエンスが別の人類に進化したという証拠はない。しかし、いつの日か新人類が誕生する時期がくるであろう。ホモサピエンスと一時期、共存していたネアンデルタール人が絶滅したように、今や八十億人以上に増加したホモサピエンスも新人類にとって代わられる時期が来るであろう。約二十万年のホモサピエンスの生存時期はそろそろ賞味期限が切れるのかもしれない。それは何万年後か、それとも、すぐ訪れるのかは誰にも分からないであろう。

二〇二二年度のノーベル生理学・医学賞はスウェーデン国籍の遺伝学者スバンテ・ペーボに与えられた。原題『Neanderthal man』は文藝春秋社から『ネアンデルタール人は私たちと交配した』として出版され大変評判を呼んだ。アフリカ人で過去にも現在も他の大陸人と交雑のなかった人々を除いて、現代のホモサピエンスはネアンデルタール人の遺伝子の一部を引き継いでいるという驚くべき事実の発見であった。ただ、一部のネアンデルタール人とホモサピエンスの交雑があったとしても、現代のほぼすべてのホモサピエンスの遺伝子の一部になっているという説には一部の考古学者は疑問視している。ネアンデルタール人の遺伝子が世界中に広がったほとんどのホモサピエンスの遺伝子にどのように入りこんだかは解明することが困難だからである。

我が日本列島再生への道

可能性のある研究者を育てよ

地面を這うアイビーは、途中で切断して水を入れたコップに入れておくと、室内の蛍光灯の明かりだけで根を延ばしていく。太陽光線も必要とせず、水道水だけで生き延びるのだ。地中に切断したアイビーを差し込んでおくだけで、根を出して繁茂することもある。コップの中のアイビーがなぜ水中に根を出し新しい葉を作り出していくのか、私自身は専門家ではないのでそのメカニズムは確証できないが、おそらく、アイビーの断面から初期化が誘発され、栄養源は自らの組織のオートファジーによるものではないであろうか。

オートファジーの発見は言うまでもなく、ノーベル生理学・医学賞を受賞した日本の研究者大隅良典氏により、酵母菌の観察からもたらされたものである。シロイヌナズナでの組織再生について帝京大学理工学部バイオサイエンス研究グループは、神戸大学と筑波大学との共同研究により、植物の持つ高い自己治癒力の仕組みを解明している。傷ついたシロイヌナズナの花茎では、傷によって蓄積したオーキシンによって誘導される転写制御因子が働き、茎の内部にある木部や髄組織の柔細胞と呼ばれる細胞から、維管束幹細胞として働く形成層細胞に似た性質の細胞が誘導されることが明らかになった。京都産業大を中心とするグループは、葉の断面からクローンを再生するRorippa aquaticaで植物の生長を制御する三つの植物ホルモンの働きにより、クローンが再生することを明らかにした。茎と葉の再生にはサイトカインが、根の再生にはジベレリンが、新規の器官形成にはオーキシンが重要な役割を演ずるのである。

生物の初期化については山中伸弥氏のｉｐｓ細胞が有名であるが、さらに東北大学の出澤真理氏によるｍｕｓｅ細胞の発見が、生物再生のメカニズムの解明に大きく貢献するであろう。二〇〇三年、骨髄間葉系細胞を培養している時に偶然発見したが、その後その細胞を同定できたのは二〇〇七年ごろで、二〇一〇年に論文として発表している。山中氏のｉｐｓ細胞の論文は二〇〇六年で、その発見により二〇一二年にノーベル生理学・医学賞を授与されている。ｉｐｓ細胞は再生医療の分野で有力な方法として期待されているが、四つの山中因子と呼ばれる遺伝子を導入するので、できた組織ががん化する可能性があり、実際の応用には大きな壁がある。

一方、ｍｕｓｅ細胞はｉｐｓ細胞と同様の多能性幹細胞であるが、皮膚、筋肉、肝臓などの細胞に変化しても、がん化することはない。しかも、自らあらゆる細胞に分化できる多能性を持つので、ＥＳ細胞やｉｐｓ細胞のように目的とする細胞に移植前に分化誘導する必要はない。また、手術を必要とせず、点滴するだけですむ。このようなmuse細胞の発見は、現在世界中でips細胞に多くの研究者が取り組んでいることに大変換を迫ることになるのである。令和三年三月号の『文藝春秋』に「ミューズ細胞の再生医療革命」という記事がひっそりと掲載された。日本国の科学事業の目玉として多額の研究費が投入されたips細胞の再生医療の実用性は、muse細胞の出現により大転換しなければならない、という事実が明らかにされたのである。PubMedによる文献検索では、ips細胞についての掲載論文は二万六千五百九篇で二〇二二年に向かってうなぎ登りで増加しているが、muse細胞の論文は一九七四年より初期のピークを形成するものの、漸減して二〇二二年までに二千四百七十七編と停滞している。

muse細胞は体のあらゆる組織に微量ではあるが見出されるので、効率よく取り出す技術が確立されれば、ips細胞よりはるかに扱い易いであろう。すでにips細胞研究のために研究活動が進行中であれば、急にmuse細胞研究に舵を切ることにはためらいもあるであろう。しかし、muse細胞がips細胞より多くの点で再生医療の実用化には優れていることから、ips細胞研究は基礎的研究レベルで留めて、莫大な研究費の浪費を止めるべきであろう。

ところで、我が日本列島再生の道は科学立国以外にはないのではなかろうか。我が国では優れた科学研究が続々と発表されている。ノーベル賞級の発見が次々と雨後の竹の子のように生まれているのである。科学技術的なものであれば、それぞれについて国際的な特許をとり、安易に他国に剽窃《ひょうせつ》されないように国家として防御する機構を確立しておく必要がある。戦前の八木アンテナや戦後の光ファイバーのように、特許庁の役人の知的レベルを超えた発見や発明に対しても、遅滞することなく認可するべきであろう。アインシュタインの特殊相対性理論が、チンプンカンプンでも欧米では科学的業績として受け入れられたが、日本人による奇想天外な理論も提唱されているので、理解不能でもとりあえず先取権を確認しておかなければならない。

なお、日本学術会議は戦闘機やミサイルの開発に関連した研究に日本の科学者は関与してはならないと病的なほど警戒心を露わにしているが、日本の防衛なくして民間の研究成果を挙げたとして、あっさり破壊されてしまえば元も子もないではないか。防衛省が研究費を出すのであれば、それによって研究者の給料を支払い、防衛面と民間面のデュアルユースとなっていっこうにかまわないのではないか。

第一、いま世界中で使っているインターネットは、米国の軍事研究、国防総省高等研究計画局による軍事目的で構築されたアーパネットが起源とされている。ドローンは軍事にも民間でも利用されており、もっとも警戒しなくてはならないのは、テロに利用される可能性があることである。ドローンがテロに用いられたら、いまのところ防ぎようがない。また、軍事には兵器としてこれほど有用なものは他に見当たらない。ＡＩに誘導されたウンカのようなドローン兵器の大群が襲ってくる悪夢をいつか見るだろう。その時になってはもう手遅れなのだ。いますぐに、ドローン兵器の大群を阻止する研究者を育てておく必要があろう。その際、軍事研究だから研究を許可しないなどと日本学術会議が申し出るようであれば、東大教授の戸谷友則が「非民主的に選ばれたごく一部の研究者団体が、全ての研究者に画一的な価値観を押しつけて、自由を縛ることが許されるだろうか」と述べていることからも、日本学術会議そのものの存在意義が問われるであろう。

我が日本列島再生の道は、自由な発想に基づくあらゆる分野の研究者の創意工夫の発展に期待することであろう。たとえ、デュアルユースであろうと研究者の自由な発想を阻害してはならない。

二〇二二年五月に成立した経済安全保障推進法に基づき、政府が重点的に育成する「特定重要技術」として、AI、バイオ、宇宙関連技術など約二十分野から選定し、五千億円規模を見込む基金から研究開発のための資金を拠出するという。総額としていかにも少ない。数兆円の規模の資金に増額すべきである。ここに防衛省の資金も導入して、デュアルユースの意味で大学や民間の研究者を動員して多彩な研究を推進しなければならない。この場合、特定領域だけに限るのではセレンディピティに遭遇しない可能性がある。思わぬ研究結果に遭遇した瞬間を見逃さず、従来の考えを大転換するコペルニクス的研究成果を失ってはならない。

最近の報告によると、我が国の英文論文掲載数が中国の洪水のような論文数の波に飲み込まれつつある。彼らの論文は、ほとんどがオリジナルの論文の追試みたいなものが多い。我が国では日本語で報告された論文も含めて、オリジナルな研究成果を今後も地道に積み上げていくべきであろう。それには研究者の研究場所を確保する必要がある。教授を頂点とするピラミッド型の講座制を廃止して、独立した研究員に職を確保する制度を導入すべきであろう。成果を挙げた研究者や研究成果を中国に奪われてはならない。日本学術会議などは即座に解散させ、若い可能性のある研究者にその資金を提供すべきあろう。

エピローグ

日本の歴史を見直そう

私にとって昭和戦後は四歳九ヵ月から四十九歳二ヵ月の間であり、昭和天皇が崩御された一九八九年一月は五十歳目前であった。四十九歳と言えば、文豪夏目漱石の亡くなった年であり、漱石はそれまで森鷗外（享年六十歳）と並び称される日本文学の巨星として生涯を終えていたのだから、この年まで全くなにもしていなかった自分と比べて天と地の差を実感するのである。

私は同級生より明らかに年齢発達が十年から二十年は遅れていたと最近になって納得できるのである。小学校二年生の時、母の親友の夫が学級担当でI先生であったが、私に対して「あんた知的障害なのか」と面と向かって宣告したのである。考えてみれば、八歳ぐらいの年で知的障害の意味を理解して、馬鹿にされていることはわかったし、その屈辱を母には話さないでおく配慮ができたのだから、小さいながら馬鹿ではなかったのであろう。母が親友の夫と険悪になったら困るとでも考えたのだろうか。そうではない、自分の身に起きた不祥事は隠してしまうという悪い癖が子供のころからあったのである。

なにしろ、小学生高学年まで寝小便をして、それを必死に体温で乾かそうと不始末を隠蔽しても、いつもバレバレであった。不都合を隠蔽するという行為は、たぶん自分だけのささやかな悪弊ではなく、人類に普遍的に見られる行為でなかろうかと思われる。その行為には明らかになんらかの神経機構が関与しているはずで、神経科学的に解明することには興味がある。

この行為が個人のレベルで終わっていればなんということもないであろう。しかし、多数の人間集団が関与するとなると、ただごとではすまなくなるであろう。現実にこのようなことが起こったのである。一九四二年のミッドウェー海戦の惨敗を大本営が隠蔽したことには、おそらく類似の脳内神経系が働いたのであろう。しかし、山口多聞少将の場合は敗戦を隠蔽せず、自らの命と引き換えに、大破された空母飛龍に艦長加来止男大佐と二人で残り、雷撃処分により太平洋の海の藻屑となったが、それこそがミッドウェー海戦で我が日本軍が米国に屈した、というシグナルを母国に送ったのである。虎の子の空母四隻を失い、その時点で我が国が米国に屈したことを悟り、米国との講和を模索すべしという深謀遠慮ではなかったか。同じ状況で、英艦プリンス・オブ・ウェールズの艦長ジョン・リーチ大佐と東洋艦隊司令官トーマス・フィリップス大将も、艦とともにマレー沖の海に沈んでいった。全力を尽くして戦い敗れた時に出所進退を明らかにできる人物は、みごとなまでに歴史に名を残すのである。

昭和戦後は、そこだけを切り離して論考すべきではない。そこに至るまでの日本国の歴史のみならず、人類全体の歴史のとうとうたる流れの中で、その意味するところを考察する必要がある。たまたま一人の個人がその時期に生をうけ、世界史の流れの中で人生を全うした場合、その個人がどのような生き方をするのかは、まさにそれぞれの生きざまであろう。

日本の歴史は、本年（二〇二二）で日本暦二六八二年ということになる。文字で残されていなくても田中英道氏が唱えるように、人類の残した様々な遺物により、その文明の成熟度が明らかにされるのである。世界四大文明以前に、人類は北京原人やジャワ原人も含めて、故郷のアフリカを出て、太陽の登る東へ東へと移動し、ホモサピエンスの一集団は日本列島にたどり着いたのであろう。そこに一万六千年前ごろに縄文土器が作られ、一万二千年前ごろには縄文文化が花開いたのである。世に言う四大文明よりも、日本列島の縄文文明は約一万年もの、いまで言う持続可能なエコ社会を享受していたのである。

モンゴロイドのホモサピエンスは、さらに当時陸続きであったベーリング海峡を渡って、米国大陸に至り、さらに南下を続け、ついには南米の最南端フェゴ島にまでたどり着いたのである。彼らの所有していた土器が縄文土器に似ているのは、彼らがモンゴロイドであり、一万年以上も前にグレートジャーニーを完成させたことは、人類史上の最大の快挙である。しかし、彼らの文明は石器文明にとどまっていたので、鉄と火器と馬を持ち込んだスペイン人にインカ帝国とアステカ帝国がいとも簡単に征服されてしまい、先住民は凌辱されて、メキシコ人の七〇％が混血している。北米大陸に自己完結型のエコ生活を一万五千年にわたり続けてきた米国先住民（インディアンというのは差別語として使用されず、米大リーグのクリーブランド・インディアンズはガーディアンズと球団名を変更した）は、居留地に押し込められたり、反抗すると虐殺されつくされたりしたのである。

コロンブスが発見した新大陸などと西欧社会は勝手に自分たちの領土としてしまったが、インカやアステカのみならず、様々な民族の興亡があったことが発掘調査で明らかになりつつある。マヤ文明とアステカ文明には濃密な交流があったことや、五大湖周辺の先住民が西欧の思想家に民主主義の概念を発想させる生活様式を長い間続けていたことは、驚くべき事実なのである。

日本は存亡の危機にある

エネルギー資源を石炭と石油に依存する消費生活を八十億人を超える全人類にもたらし続けると、炭酸ガスなどの蓄積による地球温暖化が進行し、これまでのような社会生活を継続してゆくことが困難になる。炭酸ガスを閉じ込める科学的技術が期待されているが、これまでに人類が作り出してきた様々な化学物質による土壌や大気の汚染やチェルノブイリや福島の核汚染がアンダーコントロールではないなど、未解決な難題が目白押しなのである。すでに老齢に達した人々にとっては「後は野となれ山となれ」で、明日にでも巨大隕石が衝突したとしてもその人生が決着するだけのことで、諦めもつくであろう。しかし、その子や孫やひ孫により住みやすい世の中を残したいと願うのは、ホモサピエンスがたどり着いた思慮というものであろう。

二〇一九年に武漢で始まった新型コロナウイルスの蔓延は、二〇二二年になっても収束の兆しが見えない。二〇二二年二月二十四日に始まったロシアによるウクライナ侵略は、プーチンが化学兵器や核戦力まで使うことになれば、間違いなく第三次世界大戦が勃発するであろう。プーチンによるウクライナ侵攻は、数日でキーウを落とし、傀儡政権を樹立し、ウクライナのNATOへの参加を阻止することであった。ウラジーミル大公が建設したキエフ公国はロシアの母国であり、同じウラジーミルを名乗るプーチンはモスクワに大公の巨大な像を立て、自分がロシア皇帝のようなゆるぎなき地位を確立しようとしているのであろう。急にロシア正教に極端に帰依したプーチンは、あたかも十字軍の遠征のように、聖地キエフを奪還しようとした時代錯誤の宗教戦争を始めたのではないだろうか。ロマノフ王朝のロシア帝国を滅ぼしたのはウラジーミル・レーニンであり、ウラジーミル・

プーチンと渡り合っているのは、ロシア語のウラジーミル・ゼレンスキーである。たまたま、偶然の一致にしても、歴史の重大な転換点に同じ名前が出現することは単なる偶然ではないであろう。

毎日報道されるウクライナ情報は凄惨のきわみであるが、一九四五年の広島、長崎、東京や日本の諸都市に対する大空襲が、七十七年の時を越えて遠い記憶となって蘇ってくる。札幌には丘珠空港に米軍戦闘機がやってきて乱射したことはあったが、距離が遠く、爆弾を積んだB29がテニヤン島に帰還することができないことから、ナパーム弾の絨毯爆撃や原爆投下から免れていたが、戦後の何年かは南側に出窓のある茶の間に寝転がって昼寝していた際、なぜか札幌の空で空中戦が演じられ、出窓の外で日本軍と米軍の戦闘機が飛び交っている戦闘場面が頭にこびりついて、ひどく脅えたことを思い出す。実際に戦火に遭われた人々にとって、ウクライナ報道は七七年の時を隔てて出現したデジャビューであり、恐ろしい悪夢の再現であると言える。

米国からの情報によると、習近平はそう遠くない時期に尖閣諸島と台湾さらに沖縄諸島に軍事侵攻を開始するという。中国の三隻目の空母はステルス性を有し、電磁カタパルトから戦闘機を発着させる能力をもった最新鋭の空母である。近い将来、中国共産党はこの空母を含めて三隻の空母を台湾海峡や日本近海に遊弋させるであろう。横須賀にロナルド・レーガンしか寄港しない米軍の抑止力の相対的低下は、まさに日本存亡の危機にあるのだ。つまり、軍事力だけでの対抗ではもはや手遅れの状況にある。日本の軍事費をGNPの二％まで引き上げたところで、かの国に対抗することは不可能なのだ。

中国の軍事費は、世界の工場としてフル活動した利益に基づいている。トヨタをはじめ日本の企業が膨大な利益をかの国の軍事費の増大に貢献してしまったのである。いまからでも遅くはない。中国から日本企業の撤退を早急に開始し、ベトナム、マレーシア、インドネシア、フィリピン、タイ、台湾、インド、ミャンマー、オーストラリアなどに工場を移転しなければならない。習近平のやっていることは北朝鮮の金正恩の軍事力増強に相似である。違うのは、資本主義経済導入による莫大な利益を軍事費の増強に無制限につぎ込むことができることであろう。中国の資本家たちへの締め付けが米国主導で世界中に発動されれば、資本家たちの不満は習近平に向けられるであろうが、彼は鄧小平がやったように軍事力で彼らの不満を抑圧するであろう。資本家たちが海外に逃げ、中国本土が北朝鮮のようになっても、習近平は軍事力増強をやめないに違いない。そうなると、ミサイルの雨が、東京をはじめ日本の諸都市を壊滅させるかもしれない。

イージスアショアでミサイル攻撃を防御できると本当に信じているとしたら、全く能天気で、ほとんどの日本人は性善説の信奉者なのであろうか。桜井よしこ氏が多くの書物で述べているように、このままでは確実に日本は沈没するであろう。能天気な日本人は東京に超高層ビルを次々に建て、まるでニューヨークのマンハッタンのようになりつつある。

それはそれで大いに結構であり、どこかの最上階はシンガポールの大金持ちがすでに購入ずみのものがあるとのこと。どんどん世界の大金持ちに購入してもらい、人間の盾となってもらってはどうか。ビル・ゲイツは軽井沢に広大な別荘を所有しているという。地下三階もあり、核戦争が勃発した際の避難所シェルター機能を備えているとのうわさもある。米国のGAFAの面々に頼み込んで、東京の高層マンションの最上階をぜひ所有していただきたいものである。

東京を国際都市として、習近平のミサイル攻撃から守りぬくには、自由社会の人々の連帯が絶対に必要である。中国共産党は宇宙まで支配をすることをもくろんでいるが、対抗するには、日本の技術と欧米の経済力と軍事力との密接な協力が必要であろう。さらに、昭和戦後に失われた日本人の誇りをもう一度取り戻すには、それぞれがどのように生きてきたかを思い起こす作業が必要なのである。ヘレン・ミアーズの『アメリカの鏡・日本』は一九四八年に出版されたものとは思えない、この七十数年の出来事をすでに予測している。一九八九年まで生きたミアーズは、米ソ冷戦の結末を見ないで亡くなったが、日本についての冷静な分析は日本人に新たな活力を与え、将来どうすべきかの道筋を示している。彼女は本当に偉大な日本人のメンターであった。

参考文献

藤田　田：『勝てば官軍』（２０１９）ベストセラーズ
藤巻　一保：『偽史の帝国』（２０２１）アルタープレス
山田　克哉：『原子爆弾　その理論と歴史』（１９９６）講談社
ロバート・ニーア：『ナパーム空爆史　日本人をもっとも多く殺した兵器』（２０１６）田口俊樹訳　太田出版
ヘレン・ミアーズ：『アメリカの鏡・日本』（２０１５）伊藤延司訳　角川ソフィア文庫
永野　護：『敗戦真相記―予告されていた平成日本の没落』（２００２、２０１２）バジリコ
ジョン・ダワー：『敗北を抱きしめて〈上〉』（２００１）三浦陽一・高杉忠明訳　岩波書店
ハーバート・フーバー：『裏切られた自由　上、下』（２０１７）渡辺惣樹訳　草思社
エズラ・ボーゲル：『ジャパン・アズ・ナンバーワン：アメリカへの教訓』（１９７９）広中和歌子他訳　ＴＢＳブリタニカ
西部　邁：『保守の真髄』（２０１７）講談社
西部　邁：『六〇年安保―センチメンタル・ジャーニー』（２００７）洋泉社

立花　隆：『田中角栄研究─その金脈と人脈』（1974）文藝春秋11月特別号
ウィンストン・チャーチル：『第二次大戦回顧録抄』（2001）毎日新聞社編訳　中央公論新社
ナオミ・クライン：『ショック・ドクトリン』（2011）幾島幸子他訳　岩波書店
アンドレ・ルロワ＝グーラン：『身ぶりと言葉』（2012）荒木亨訳　筑摩書房
トマ・ピケティ：『21世紀の資本』（2014）山形浩生他訳　みすず書房
黄　文雄：『世界を変えた日本と台湾の絆』（2018）徳間書店
黄　文雄：『台湾は日本人がつくった』（2018）徳間書店
石　平：『日本の心をつくった12人　わが子に教えたい武士道精神』（2012）PHP研究所
呉　善花：『韓国併合への道』（2012）文春新書
ケント・ギルバート：『日本人だけが知らない世界から尊敬される日本人』（2018）SBクリエイティブ
ヘンリー・ストークス：『戦争犯罪国はアメリカだった！』（2016）藤田裕行訳　ハート出版
渡辺　幸一：『イエロー』（1999）栄光出版社
会田　雄次：『アーロン収容所　西欧ヒューマニズムの限界』（1962）中公新書

ハミルトン・フィッシュ：『ルーズベルトの開戦責任　大統領が最も恐れた男の証言』（2017）渡辺惣樹訳　草思社
ドナルド・キーン：『日本人の美意識』（1999）金関寿夫訳　中央公論新社
アーサー・ウェイリー：『紫式部　源氏物語』（2019）毬矢まりえ他訳　左右社
エドワード・サイデンステッカー：『流れゆく日々・サイデンステッカー自伝』（2004）安西徹雄訳　時事通信出版局
堀　辰雄：『風立ちぬ』（1938）野田書房
ジェフリー・ゴーラー：『日本人の性格構造とプロパガンダ』（2011）福井七子訳　ミネルヴァ書房
福井七子：『ルース・ベネディクトとジェフリー・ゴーラーの日本人論』（2007）学位論文　関西大学
草間　洋一：『近世日本は超大国だった』（2020）ハート出版
矢部　宏治：『日本はなぜ、「基地」と「原発」を止められないのか』（2014）集英社インターナショナル
中路　啓太：『ゴー・ホーム・クイックリー』（2020）文藝春秋
曽野　綾子：『ある神話の背景　沖縄・渡嘉敷島の集団自決』（1973）文藝春秋
小泉　八雲：『怪談』（2011）国書刊行会

江藤　淳：『閉ざされた言語空間　占領軍の検閲と戦後日本』（1989）文藝春秋
三島　由紀夫：『英霊の声』（1966）河出書房新社
西部　邁：『獅子たりえぬ超大国』（2003）日本実業出版社
佐伯　啓思：「グローバリズムの『復讐』が始まった」（2020）文藝春秋5月号
北　杜夫：『楡家の人びと〈上〉』（1974）新潮社
アル・カンパニス：『ドジャースの戦法』（1954年刊、1957年ベースボール・マガジン社翻訳出版）
立原　正秋：『血と砂』（1972）文藝春秋
三浦　綾子：『塩狩峠　道ありき』（2001）主婦の友社
増田　俊也：『木村政彦はなぜ力道山を殺さなかったのか』（2014）文庫版上下、新潮社
三村　文男：『米内光政と山本五十六は愚将だった　「海軍善玉論」の虚妄を糺す』（2002）テーミス
マーガレット・ミッチェル：『風と共に去りぬ』（2015）鴻巣友季子訳　新潮文庫
西尾　正道：『被曝インフォデミック　トリチウム、内部被曝　ICRPによるエセ科学の拡散』（2021）寿郎社
イリナ・モルドコビチ：「民間機乗務員のがん発生率」（2018）エンバイロメンタル・

ヘルス
マット・リドレー：『繁栄〈上下〉』（２０１０）太田直子他訳　早川書房
オリバー・ストーン：『オリバー・ストーンオンプーチン』（２０１８）土方奈美訳　文藝春秋
ウィリアム・ペリー、トム・コリーナ：『核のボタン』（２０２０）田井中雅人訳　朝日新聞出版
ハンナ・アーレント：『イェルサレムのアイヒマン―悪の陳腐さについての報告』（１９６９）大久保和郎訳　みすず書房
高木　仁三郎：『プルトニウムの恐怖』（１９８１）岩波新書
水戸　巌：『原発は滅びゆく恐竜である』（２０１４）緑風出版
小出　裕章：『原発のウソ』（２０１１）扶桑社
大野　芳：『伊藤博文を暗殺したのは誰なのか』（２０２０）二見書房
中谷　宇吉郎：『雪』（１９９４）岩波書店
内村　鑑三：『代表的日本人』（１９９５）岩波書店
廣井　勇：『プレート・ガーダー・コンストラクション Plate-Girder Construction』（１８９３）D VanNostrand
新渡戸　稲造：『武士道　現代語訳』（２０１０）山本博文訳　筑摩書房

河内敏康、八田浩輔：『偽りの薬　降圧剤ディオバン臨床試験疑惑を追う』（２０１８）新潮文庫
ピエール・ブール：『戦場にかける橋』（１９７５）関口英男訳　早川書房
ピエール・ブール：『猿の惑星』（１９６８）大久保輝臣訳　東京創元社
将口　泰浩：『魂還り魂還り皇国護らん―沖縄に散った最後の陸軍大将牛島満の生涯』（２０１２）海竜社
スヴァンテ・ペーボ：『ネアンデルタール人は私たちと交配した』（２０１５）野中香方子訳　文藝春秋
田中　英道：『日本国史・上』（２０２２）育鵬社
田中　英道他：『ルネサンスｖｏｌ．７「日本」とは何か「日本人」とは何か』（２０２１）ダイレクト出版

著者プロフィール

浦 太郎（うら たろう）

1940年11月6日生まれ（82歳）
北海道出身
北海道大学医学部卒
北海道大学保健管理センター勤務
札幌市にてメンタルクリニック院長
著書：『精神分裂病の謎』（1998）花林書房

失われた時1940-2022年を求めて

2023年3月15日　初版第1刷発行

著　者　浦 太郎
発行者　瓜谷 綱延
発行所　株式会社文芸社
〒160-0022　東京都新宿区新宿1－10－1
電話　03-5369-3060（代表）
03-5369-2299（販売）

印刷所　株式会社フクイン

ISBN978-4-286-28087-5